SW를 활용한 데이터 분석

서창갑, 김진백, 박영재, 신미향, 정기호, 정이상, 황종호, 김정인 지음

∑ 시그마프레스

SW를 활용한 데이터 분석

발행일 | 2019년 12월 10일 1쇄 발행

지은이 | 서창갑, 김진백, 박영재, 신미향, 정기호, 정이상, 황종호, 김정인
발행인 | 강학경
발행처 | ㈜시그마프레스
디자인 | 김은경
편 집 | 류미숙

등록번호 | 제10-2642호
주소 | 서울특별시 영등포구 양평로 22길 21 선유도코오롱디지털타워 A401~402호
전자우편 | sigma@spress.co.kr
홈페이지 | http://www.sigmapress.co.kr
전화 | (02)323-4845, (02)2062-5184~8
팩스 | (02)323-4197

ISBN | 979-11-6226-243-6

저자서문

스마트! 지금의 삶을 표현하는 핵심 키워드이다. 무엇이 스마트인가? '차별화'이며 '경쟁적 우위'를 스마트라고 한다. 남보다 빠르고 정확하게 문제를 인식하고 그에 합당한 대안을 제시하며 최적의 대안을 선택하는 의사결정이 효과적이고 효율적일 때 스마트라고 할 수 있다. 7살배기가 동갑내기와 같은 학습능력이나 지능을 가지고 있을 때 스마트하다고 하지 않는다. 7살배기가 10살배기와 같은 학습능력이나 지능을 가지고 있을 때 스마트라고 한다. 스마트한 의사결정을 위한 풍부한 디지털 리터러시(digital literacy)가 필요하다. 디지털 리터러시란 디지털 기기나 소프트웨어를 활용하여 빠르고 정확하게 데이터를 취합하고 분류하고 분석하고 예측한 후에 의미 있는 통찰력을 제시할 수 있는 능력을 말한다.

이 책은 소프트웨어를 활용하여 스마트한 데이터 관리 능력의 함양을 의도하고 있다. 데이터 관리를 위한 대표 소프트웨어로서 엑셀 활용을 포함하고 있다. PC 기반의 엑셀과 아울러 클라우드 기반의 엑셀, 즉 오피스 365의 활용과 빅데이터 활용을 위한 R의 활용도 포함하고 있다. 그러나 대부분은 엑셀이다. 엑셀은 패턴 학습을 통해 데이터를 정리하여 시간을 절약할 수 있다. 서식 파일로 간편하게 또는 직접 스프레드시트를 만들고 최신 수식을 이용하여 계산 작업을 수행할 수 있다. 공동작업, 한눈에 일목요연한 데이터 시각화의 방법을 학습한다.

이 책은 3개의 파트로 구성되어 있다.

제1부는 '엑셀 2016의 입문'이다. 엑셀 2016의 초급 활용, 클라우드 오피스와 엑셀 연동, 빈번하게 사용하는 함수에 대하여 학습한다.

제2부는 '엑셀 함수'이다. 논리, 편집, 통계, 날짜, 참조, 재무함수를 학습한다.

제3부는 엑셀 2016을 통한 '데이터 분석'과 시각화이다. 피벗 테이블과 시각화, 매크로, R과의 연동을 학습한다.

독자와 빨리 만나고 싶은 마음에 서둘러 출간하다 보니 부족함이 있을 수 있으며, 개정을 통해서 계속 보완해 나갈 것이다. 다수의 저자가 공동으로 집필을 하면서 생길 수 있는 각 장의 미세한 조정이 필요할 수 있다. 또한 풍부한 사례를 추가하여 실무 중심의 데이터 분석이 되도록 보완해 나갈 것이다.

마지막으로 이 책의 발간을 위해 노력해 주신 교수님과 완벽한 편집을 위해 많은 노력을 해준 (주)시그마프레스 편집부 여러분께 깊은 감사를 드린다.

용당 언덕배기에서
대표저자 서창갑

차례

2 엑셀 함수

제3장 엑셀 함수 개요 및 자주 사용하는 함수

제4장 논리함수

제5장 편집함수

3   데이터 분석

제10장   피벗 테이블과 시각화

본문에 포함된 예제파일 자료는 시그마프레스 홈페이지(http://www.sigmapress.co.kr) 일반자료실에서 내려받을 수 있습니다.

엑셀 2016 입문

제1장

엑셀 2016의 시작

엑셀 2016은 윈도우 기반에서 동작하므로 엑셀 2016 시작 이전에 윈도우 운영체제가 설치되어 있어야 한다. 또한 컴퓨터의 기본 동작은 충분히 가능하다는 전제가 필요하다. 제1장에서는 엑셀 2016의 시작, 데이터 입력, 서식, 차트 작성, 저장과 불러오기, 인쇄하기에 대하여 학습한다.

제**1**절 시작 및 종료하기

1. 시작

여러 가지 시작 방법 중에서 많이 사용하는 방법 몇 가지를 학습한다.

(1) 가장 일반적인 방법

윈도우의 화면 왼쪽 아래에 있는 윈도우 시작 버튼을 클릭하여 나타나는 팝업메뉴에서 'Excel 2016'을 클릭한다.

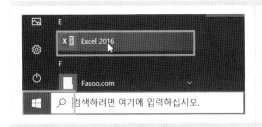

• 윈도우 시작 버튼 → 모든 프로그램 → Microsoft Office → Microsoft Excel 2016 선택

그림 1-1 Excel 2016 시작 방법 : 시작 버튼 이용

(2) 검색창을 이용

윈도우 시작 버튼을 누르면 화면 왼쪽 아랫부분에 나타나는 검색창에 'excel'을 입력한다. 검색하고자 하는 글자를 입력할 때마다 목록이 다르게 나타나는데, 'excel'의 처음 일부 글자만 입력해도 목록에서 'Excel 2016'의 아이콘을 찾을 수 있다.

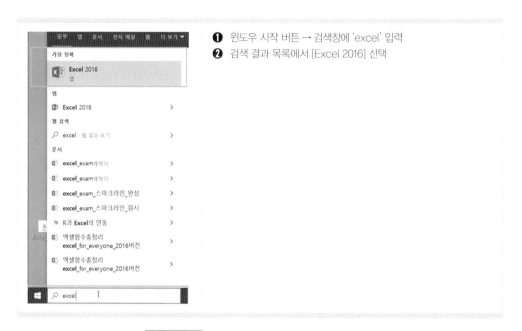

❶ 윈도우 시작 버튼 → 검색창에 'excel' 입력
❷ 검색 결과 목록에서 [Excel 2016] 선택

그림 1-2   Excel 2016 시작 방법 : 검색창 이용

(3) 바탕화면 바로가기 이용

엑셀 2016이 설치되면서 생긴 바탕화면의 '바로가기' 아이콘을 선택한다.

• 바탕화면에 있는 'Excel 2016' 바로가기 아이콘 더블클릭

그림 1-3   Excel 2016 시작 방법 : 바로가기 아이콘 이용

2. 종료하기

엑셀의 '파일' 탭메뉴에서 닫기 하위메뉴를 선택해서 엑셀 구동을 종료한다.

그림 1-4   Excel 2016 종료 방법

3. 기존 엑셀 파일 열기

엑셀 프로그램의 작성된 기존 파일의 재작업을 위해서는 기존 파일의 아이콘을 더블클릭하거나 엑셀 프로그램을 구동한 상태에서 '파일' 탭메뉴에서 열기를 선택한 후에 원하는 위치의 엑셀파일을 선택하면 된다.

- 바탕화면에 있는 이미 작성된 엑셀 파일 아이콘
- 예 : TU_MIS_재학생.xlsx 아이콘을 더블클릭

(a)

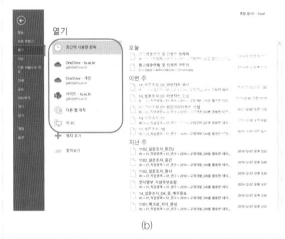

❶ 파일 탭메뉴 → [열기] 하위메뉴 선택
❷ '최근에 사용한 항목', 'OneDrive', '이 PC', '위치 추가', '찾아보기' 등을 선택 → 해당 파일을 찾아서 더블클릭

(b)

그림 1-5 기존 엑셀 파일 열기

제2절 새 통합 문서 작성하기

1. 새 통합 문서 시작하기

엑셀을 시작하면 통합 문서라고 하는 창이 열린다. 하나의 통합 문서에는 기본적으로 한 개 이상의 워크시트가 포함되어 있다. [그림 1-6]에서 [새 통합 문서]를 클릭해 엑셀 2016을 시작한다.

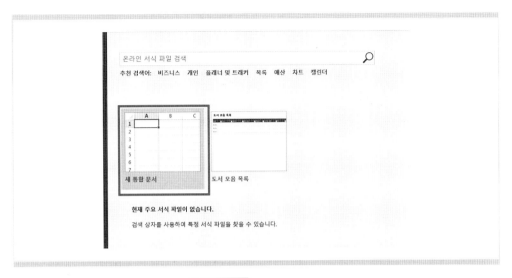

그림 1-6   새 통합 문서 창

엑셀이 구동 중이라면 [파일 → 새로 만들기]를 클릭하거나 단축키 'Ctrl +N'을 동시에 눌러서 새로운 통합 문서를 시작할 수 있다. [그림 1-6]에서와 같이 다양하게 추천 서식을 제공하고 있으므로 미리 만들어진 템플릿을 사용하여 유사한 통합 문서를 작성할 수 있다. 미리 디자인된 통합 문서인 서식파일에서는 월별 예산, 학년도 달력, 담보대출 계산기, 학급명부 등과 같은 문서를 제공한다. 서식파일에는 레이블, 값, 수식, 서식 등을 포함하고 있으므로 사용자의 작업량을 경감시켜 준다.

2. 워크시트 구성

엑셀의 워크시트는 여러 요소로 구성된다. 본인의 컴퓨터 화면크기나 픽셀 설정에 따라서 화면의 구성이 달라질 수 있다.

① 빠른 실행 도구 모음 : 주메뉴 바를 통해 단계적 명령 실행을 하지 않고 특정 명령을 바로 실행하기 위한 버튼 모음

② 제목 표시줄 : 통합 문서의 이름을 표시하는 곳

③ 주메뉴 바 : 파일, 홈 등 다양한 탭으로 구성

④ 리본 메뉴 : 탭별 세부 메뉴를 표시하는 곳

⑤ 이름창 : 선택된 셀 주소를 표시하는 곳

⑥ 수식 입력줄 : 선택된 셀의 수식을 입력 및 표시하는 곳

⑦/⑧ 행/열 머리글 : 행과 열의 주소를 표시하는 곳

⑨ 셀 : 데이터 입력 기본 단위

⑩ 워크시트 : 셀로 구성된 작업 공간

⑪ 시트 탭 : 워크시트의 이름 표시

⑫ 새 시트 버튼 : 새 시트 버튼을 눌러서 작업할 시트를 추가하며, 최대 255개 시트까지 추가 가능

⑬ 상태 표시줄 : 현재 작업 상태 정보를 표시

⑭ 화면크기 조절 : 10%~400%로 조절 가능

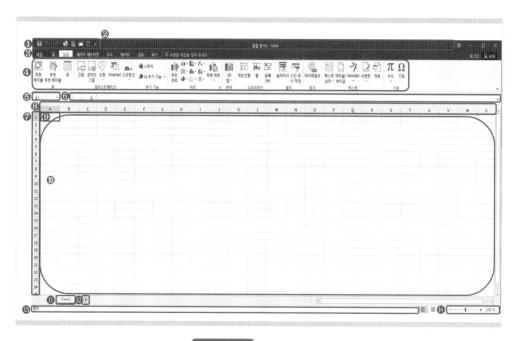

그림 1-7 워크시트 구성

통합 문서에는 문서가 파일로 저장되는 단위로서 하나 이상의 워크시트가 있다. 워크시트는 셀들의 모임으로서 행(1,048,567개)과 열(16,384개)이 있다. 행은 가로줄, 열은 세로줄이며 셀은 값이 입력되는 곳이며 행과 열이 교차하는 곳이다. 행과 열이 가끔은 헷갈리는 경우가 있는데, 행 글자에는 [−]이 있고 열 글자에는 [|]이 있다는 것을 기억하면 잘 구분할 수 있다.

그림 1-8 엑셀의 행과 열의 구분

3. 데이터 입력과 서식

(1) 입력

1) 데이터 입력

엑셀에 입력할 수 있는 자료는 텍스트, 숫자, 수식이다. 텍스트는 문자, 숫자, 공백, 특수문자를 포함한다.

- 텍스트는 32,375개의 문자까지 포함할 수 있으며, 입력된 텍스트는 왼쪽 정렬이 기본 값으로 설정
- 한자는 한글을 입력하고 커서를 글자 앞에 놓은 상태에서 [한자]키를 누르면 입력한 한글 음(音)을 갖는 한자 목록이 나타나고 해당 한자를 마우스로 클릭하거나 번호를 클릭하여 입력
- 특수문자는 한글 자음을 입력한 후에 [한자]키를 누르면 나타난 목록 중에서 마우스로 클릭하거나 번호를 클릭하여 입력
- 숫자는 양, 날짜, 시간을 표시할 수 있으며 계산에 사용. 입력된 숫자는 오른쪽 정렬이 기본 값으로 설정. 숫자는 단순숫자, 백분율, 시간, 통화 등 다양한 형식으로 입력
- 수식은 계산에 사용되는 식으로 '=(등호)' 기호로 시작하고, 숫자, 셀 참조, 연산자, 함수 등을 포함
- 분수를 입력하려면 정수 부분과 소수 부분 사이에 공백을 입력
- 정수와 실수는 엑셀이 자동으로 인식하고 적당한 방법으로 표시
- 예 : 1/2, '1/2, =1/2, 0 1/2 을 입력하고 그 결과를 비교한 후 그 이유를 확인

	A	B	C	D
1				
2		과목명	중간	기말
3		국어	90	100
4		영어	95	95
5		수학	90	90

• 문자는 왼쪽 정렬
• 숫자는 오른쪽 정렬

그림 1-9   문자와 숫자의 입력

	B	C	D
7		입력	결과
8	(1)	1/2	01월 02일
9	(2)	1/2	1/2
10	(3)	=1/2	0.5
11	(4)	0 1/2	1/2

(1) 날짜로 인식
(2) 문자로 지정
(3) 수식
(4) 소수

그림 1-10   1/2, '1/2, =1/2, 0 1/2을 입력

2) 표 작성

정해진 것은 없지만 일반적으로는 레이아웃의 제일 위쪽 행에 제목을 입력한다. 제목 행 아래에 빈 행을 선택적으로 둘 수 있고, 그 아래에 열 제목을 입력한다. 가장 왼쪽 열에 행 제목을, 열 제목 아래쪽 부분과 행 제목 오른쪽 부분이 교차되는 셀에 데이터를 입력한다. 데이터의 아래쪽이나 오른쪽에 통계값(예 : 합계, 평균, 개수 등)을 표시한다.

	A	B	C	D	E	F	G
1							
2				빛나는학과 성적(2019)			
3							
4		학생이름	국어	영어	수학	총점	석차
5		이쁜이	90	90	100	280	2
6		멋쟁이	95	100	95	290	1
7		고단비	80	85	90	255	4
8		강한나	95	90	90	275	3
9		평균	90	91	94		

• 제목은 레이아웃의 제일 위쪽의 행
• 제목 아래에 선택적으로 빈 행
• 그 아래에 열 제목
• 가장 왼쪽에 행 제목
• 데이터의 아래쪽과 오른쪽에 통계값

그림 1-11   표 작성

3) 데이터 자동입력

① 자동 채우기 핸들 이용

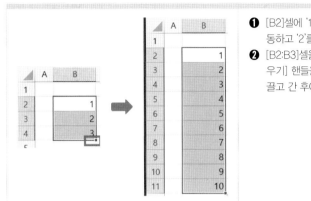

❶ [B2]셀에 '1'을 입력한 후 [Enter]를 하여 [B3]셀로 이동하고 '2'를 입력
❷ [B2:B3]셀을 동시에 선택 후 [B4]셀 하단의 [자동 채우기] 핸들을 마우스 왼쪽 버튼으로 누르고 [B11]까지 끌고 간 후에 손을 놓음

그림 1-12 자동 채우기 핸들을 이용한 연속된 값의 입력

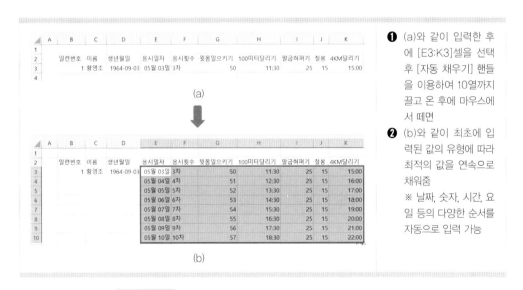

❶ (a)와 같이 입력한 후에 [E3:K3]셀을 선택 후 [자동 채우기] 핸들을 이용하여 10열까지 끌고 온 후에 마우스에서 떼면
❷ (b)와 같이 최초에 입력된 값의 유형에 따라 최적의 값을 연속으로 채워줌
※ 날짜, 숫자, 시간, 요일 등의 다양한 순서를 자동으로 입력 가능

그림 1-13 자동 채우기 핸들을 이용한 연속된 값의 입력-다중 셀

　(a)와 같이 입력한 후에 [E3:K3]셀을 선택 후 [자동 채우기] 핸들을 이용하여 10열까지 끌고 온 후에 마우스에서 손을 뗀다. 이렇게 마우스를 끌었다가 손을 놓는 것을 드래그 앤 드롭(drag & drop)이라고 한다. 그렇게 하면 (b)와 같이 동시에 데이터가 입력된다.

연속 데이터 채우기를 마친 후에 나타나는 [자동 채우기] 옵션을 이용하여 채우기 방식을 선택할 수 있다.

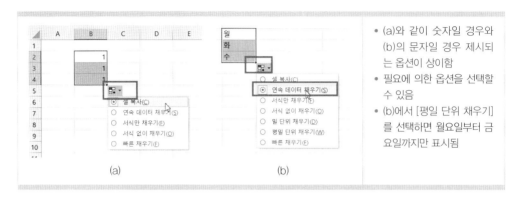

• (a)와 같이 숫자일 경우와 (b)의 문자일 경우 제시되는 옵션이 상이함
• 필요에 의한 옵션을 선택할 수 있음
• (b)에서 [평일 단위 채우기]를 선택하면 월요일부터 금요일까지만 표시됨

그림 1-14 자동 채우기 옵션을 이용한 채우기 방식 활용

사용자가 별도로 정의한 순서대로 자동 채우기를 할 수도 있다. 메뉴의 [파일 → 옵션 → 고급 → 사용자 지정 목록 편집]을 이용하여 사용자가 정의할 수 있다. 정의된 목록에 포함된 값을 입력한 후 자동 채우기를 실행하면 정의된 순서대로 값이 입력된다.

② [Ctrl] + [Enter]를 이용한 동시 입력

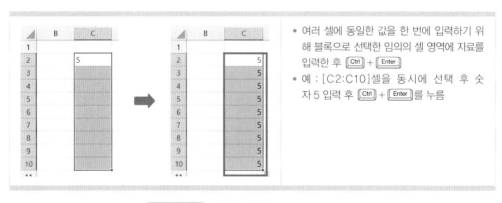

• 여러 셀에 동일한 값을 한 번에 입력하기 위해 블록으로 선택한 임의의 셀 영역에 자료를 입력한 후 [Ctrl] + [Enter]
• 예 : [C2:C10]셀을 동시에 선택 후 숫자 5 입력 후 [Ctrl] + [Enter]를 누름

그림 1-15 [Ctrl] + [Enter]를 이용한 동시 입력

연속된 셀을 선택할 수 있으며 [Ctrl]을 이용하여 연속하지 않는 셀을 복수로 선택하여 동시에 입력하는 것도 가능하다. [Ctrl] + [Enter]를 이용하여 동일한 값을 입력하는 방식은 셀의 서식을 변화시키지 않기 때문에 서식의 관리에 유용하다. 수식을 입력할 때도 그대로 사용할 수 있다.

③ 데이터 자동 완성

엑셀은 같은 열에 입력된 적이 있는 값을 자동으로 완성해 주는 기능이 있다. [그림 1-16]에서와 같이 [A2]셀에 '동명대학교'라는 값이 입력되어 있다. 이후에 [A3]셀에서 '동'만 입력해도 엑셀에서 '동명대학교'라는 값을 제시해 준다. 맞으면 Enter 를 하여 입력의 수고를 줄일 수 있다.

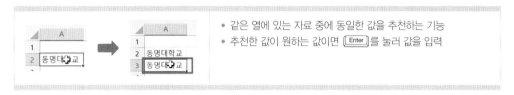

그림 1-16   같은 열에 입력된 적이 있는 값을 자동 완성

동일한 열에 같은 자료가 여러 개 존재하면 추천하지 않는다. 추천한 값을 사용하지 않을 때는 추천을 무시하고 계속 입력하면 된다.

④ 미리 선택한 셀에서만 값을 입력

여러 개의 셀을 선택한 후에 Enter 를 하면 선택된 셀에만 값을 입력할 수 있다. 필요하지 않는 셀로 커서가 이동하는 것을 방지할 수 있다.

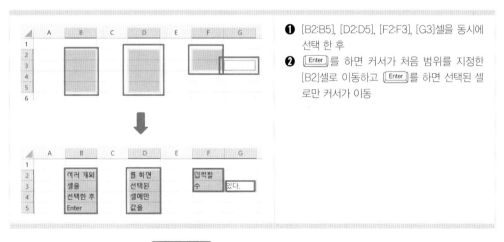

그림 1-17   미리 선택한 셀에서만 값을 입력

⑤ 셀의 크기 조절

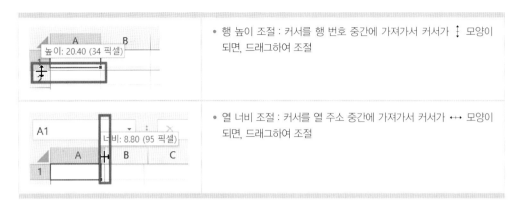

• 행 높이 조절 : 커서를 행 번호 중간에 가져가서 커서가 ↕ 모양이
  되면, 드래그하여 조절

• 열 너비 조절 : 커서를 열 주소 중간에 가져가서 커서가 ↔ 모양이
  되면, 드래그하여 조절

그림 1-18 셀의 높이 및 너비 조절

제3절 수식

엑셀을 이용하는 가장 주된 목적은 계산이며, 모든 계산은 수식에 의해서 이루어진다. 모든 수식은 반드시 등호(=)로 시작해야 한다. 계산식의 대상(피연산자)은 상수와 셀 주소 그리고 다른 계산식으로부터 얻은 결과 등으로 개수나 값의 데이터형이 다르다.

1. 수식 입력하기

(1) 연산자의 종류

[0101_수식연습_원시.xlsx] 파일을 연다. [그림 1-19] 엑셀의 연산자 종류와 기능에서는 [A1]셀에 '5', [B1]셀에 '3', [C1]셀에 '동명', [D1]셀에 '대학교', [E1]셀에 '4' 그리고 [F1]셀에 '7'이라는 값이 들어 있을 때 각 연산자의 수식과 표시결과 그리고 우선순위를 표시하고 있다.

종류	연산자	기능	수식	표시결과	우선순위
참조연산자	:	범위 연산자	=SUM(A1:B1)	8	1
	""	논리곱연산자	*별도로 설명함*		1
	,	결합연산자	=SUM(A1:B1,E1:F1)	19	1
산술연산자	^	제곱	=A1^B1	125	2
	*	곱하기	=A1*B1	15	3
	/	나누기	=A1/B1	1.6666667	3
	+	더하기	=A1+B1	8	4
	-	빼기	=A1-B1	2	4
비교연산자	=	같다	=A1=B1	FALSE	5
	>	작다	=A1>B1	TRUE	5
	<	크다	=A1<B1	FALSE	5
	>=	작거나 같다	=A1>=B1	TRUE	5
	<=	크거나 같다	=A1<=B1	FALSE	5
	<>	같지 않다	=A1<>B1	TRUE	5
연결연산자	&	텍스트 연결	=C1&D1	동명대학교	6

● 엑셀에는 참조연산자, 산술연산자, 비교연산자, 연결연산자가 있음
● 산술연산자는 계산용이며, 비교연산자는 논리, 연결연산자는 텍스트를 연결
● 우선순위는 '참조＞산술＞연결＞비교' 연산자 순서

그림 1-19　엑셀의 연산자 종류와 기능

[0102_논리곱연산자_원시.xlsx] 파일을 연다. [=SUM(B3:D4 C2:D5)] 이 수식은 공백을 이용해서 두 개의 범위를 구분하여 연결하고 있다. 결과는 이 두 범위를 모두 만족하는 논리곱을 구하여 그 범위의 합을 구하는 수식이다.

● [B3:D4]셀과 [C2:D5]셀이 교차하는(공동으로 겹치는) [C3:D4]셀을 지정하여 합계를 구함

그림 1-20　엑셀의 참조연산자-공백(논리곱연산자)

(2) 산술연산자

[0301_종합실습_원시.xlsx] 파일을 연다. 엑셀에서 수식은 수식 입력줄에 입력하고 함수에 대한 입력은 함수 마법사를 이용할 것을 권고한다. 수식 입력줄을 이용함으로써 셀에서 직접 입력하는 것보다 시야를 확보할 수 있어 타이핑 에러를 줄일 수 있다. 함수 마법사를 사용함으로써 파라미터만 지정해 주면 마법사의 안내를 받을 수 있는 장점이 있다.

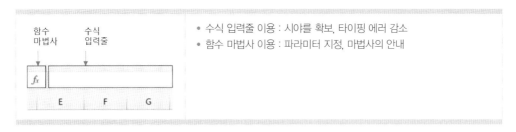

그림 1-21   수식 입력줄과 함수 마법사

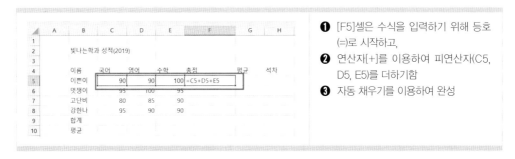

그림 1-22   수식 입력의 간단한 예-더하기

　　[그림 1-23]은 연습을 위한 연습이다. 이런 식으로는 절대 사용하지 않으며 나중에는 함수를 사용함으로써 한결 간결해질 것이다.

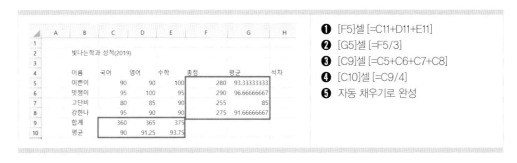

그림 1-23   산술연산자를 이용한 총점, 평균 구하기

2. 기본 함수

앞에서는 산술연산자만을 이용하여 합계와 평균을 산출했지만 실제로는 함수를 사용하면 간결해진다. 총점(SUM), 평균(AVERAGE) 함수를 사용하여 간결하게 총점과 평균을 구한다. 그런 다음 석차와 합격 여부에 대한 조건식도 산출한다.

(1) 총점(SUM)

엑셀에서는 자주 사용하는 합계나 평균 등의 계산기능을 메뉴로 모아 놓고 편리하게 사용할 수 있도록 하고 있다. 합계, 평균, 숫자개수, 최대값, 최소값을 계산하는 함수로 구성되어 있다.

총점을 구하는 자동 합계 도구를 활용해 본다.

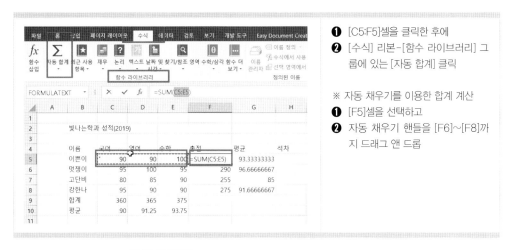

❶ [C5:F5]셀을 클릭한 후에
❷ [수식] 리본-[함수 라이브러리] 그
  룹에 있는 [자동 합계] 클릭

※ 자동 채우기를 이용한 합계 계산
❶ [F5]셀을 선택하고
❷ 자동 채우기 핸들을 [F6]∼[F8]까
  지 드래그 앤 드롭

그림 1-24 합계함수 사용하기-[자동 합계] 도구를 이용

자동 합계에 있는 '합계'를 이용한 후에 [G5]셀의 수식을 보면 '=SUM(C5:E5)'로 되어 있다. 정확한 함수는 SUM()이다.

(2) 평균(AVERAGE)

자동 합계 팝업 메뉴에서 [평균]을 선택하여 평균을 구할 수 있다. 다른 방법으로는 함수 마법사를 이용하는 것이다. 여기서는 함수 마법사를 사용하는 방법을 설명한다.

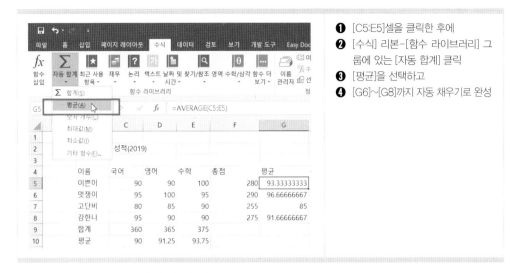

❶ [C5:E5]셀을 클릭한 후에
❷ [수식] 리본-[함수 라이브러리] 그룹에 있는 [자동 합계] 클릭
❸ [평균]을 선택하고
❹ [G6]~[G8]까지 자동 채우기로 완성

그림 1-25 평균함수 사용하기-함수 마법사 이용

자동 합계에 있는 '평균'을 이용한 후에 [G5]셀의 수식을 보면 '=AVERAGE(C5:E5)'로 되어 있다. 정확한 함수는 AVERAGE()이다.

(3) 석차(RANK)

함수 마법사를 이용하는 것이 편리하다. 엑셀 2016에서는 석차함수가 두 가지가 있다. 동점일 경우에 모두 같은 등수를 부여하는 방법(rank.eq)과 동점일 경우 동점자 순위의 평균등수(rank.avg)를 부여하는 방법이다. 성적의 경우는 동점자일 경우 같은 등수를 부여하는 방법을 사용한다. 수식 입력줄에는 '=RANK.EQ'를 입력한다.

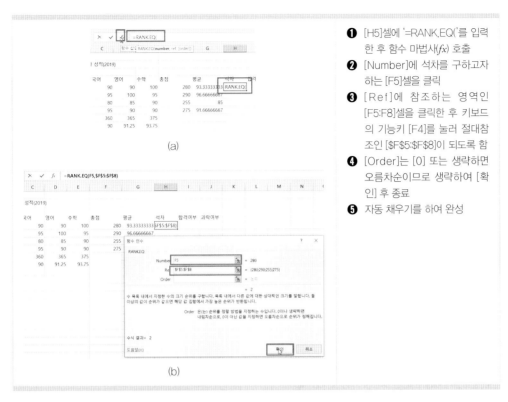

❶ [H5]셀에 '=RANK.EQ('를 입력한 후 함수 마법사(*fx*) 호출

❷ [Number]에 석차를 구하고자 하는 [F5]셀을 클릭

❸ [Ref]에 참조하는 영역인 [F5:F8]셀을 클릭한 후 키보드의 기능키 [F4]를 눌러 절대참조인 [$F$5:$F$8]이 되도록 함

❹ [Order]는 [0] 또는 생략하면 오름차순이므로 생략하여 [확인] 후 종료

❺ 자동 채우기를 하여 완성

그림 1-26　석차함수 사용하기-함수 마법사 이용

3. 참조연산자

상대참조란 참조하는 셀의 위치에 따라 참조되는 위치가 변하는 참조를 말한다. 다른 셀에 주소를 복사하면 수식의 참조 범위가 변경된다. 이러한 기능 때문에 자동 채우기가 적절하게 셀의 주소를 변경하면서 정확한 값을 산출할 수 있도록 한다. 절대참조란 참조하는 셀의 위치와 관계없이 항상 일정하며, 한 셀을 지정하는 셀의 주소를 참조한다. 다른 셀에 복사하여도 주소가 변경되지 않는다. 앞의 석차와 같이 참조하는 영역이 항상 일정할 경우에 반드시 절대참조로 지정해야만 한다.

상대참조와 절대참조의 변환은 상대주소 앞에 '$' 기호를 붙이거나 함수키 [F4]를 누르면 상대주소 → 절대주소 → 혼합주소의 순서로 번갈아 가며 바뀐다.

4. 논리연산자

특정한 조건을 만족하는 경우와 그렇지 않은 경우로 구분하여 판정을 할 때 조건식을 사용하며 대표적인 조건식이 IF문이다. 앞의 예에서 국어, 영어, 수학의 평균점수가 90점을 넘으면 [합격], 그렇지 않으면 [불합격]을 판정하고자 할 때 IF문이 제격이다. 함수 마법사를 이용하여 설명한다.

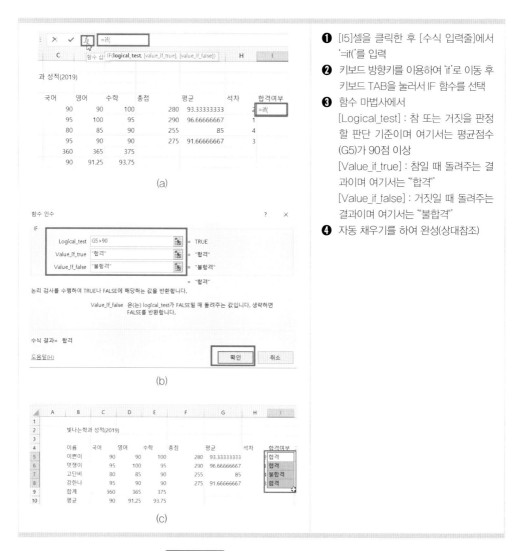

❶ [I5]셀을 클릭한 후 [수식 입력줄]에서 '=if('를 입력
❷ 키보드 방향키를 이용하여 'if'로 이동 후 키보드 TAB을 눌러서 IF 함수를 선택
❸ 함수 마법사에서
　[Logical_test] : 참 또는 거짓을 판정할 판단 기준이며 여기서는 평균점수(G5)가 90점 이상
　[Value_if_true] : 참일 때 돌려주는 결과이며 여기서는 "합격"
　[Value_if_false] : 거짓일 때 돌려주는 결과이며 여기서는 "불합격"
❹ 자동 채우기를 하여 완성(상대참조)

그림 1-27 　논리연산자-조건식(IF 함수)

국어, 영어, 수학 점수 중에서 과목 전체평균(93.75) 미만의 과목이 있다면 [과락]으로 판정하기 위하여 다중 조건식을 사용하거나 함수를 결합한다. 여기서는 OR 함수를 이용한다.

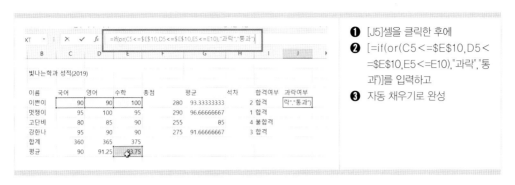

그림 1-28 논리연산자 – 조건식(다중함수)

[그림 1-28]의 내용은 이렇다. 국어나 영어나 수학 점수 중에서 하나라도 전체평균(E10셀) 이하라면 '과락'이라는 뜻이다. 이때 판단의 기준이 되는 [E10]셀은 절대참조를 하여서 셀의 이동에도 계속 해당되는 값을 기준으로 하도록 묶어놓고 있다. 이쁜이는 국어, 영어에서 과락이고, 고단비는 모든 과목에서 과락이고, 강한나는 영어, 수학에서 과락이다. 멋쟁이는 멋있게 모든 과목에서 전체평균을 상회하고 있다.

이렇게도 해볼 수 있다. 만약 과목의 최저점수가 전체평균 이하라면 [과락]이라고 정의할 수도 있다. [K5]셀에 [=IF(MIN(C5:E8)<$E$10,"과락","통과")]를 입력하고 자동 채우기를 해주면 된다. 또한 모든 과목이 평균 이상([=IF(AND(C5>=$E$10,D5>=$E$10,E5>=$E$10),"과락","통과")])이거나 모든 과목의 최소점수가 평균 이상([=IF(MIN(C5:E5)>=$E$10,"과락","통과")])이면 '통과'로 설정할 수도 있다. 결과는 동일하니 스스로 확인 바란다.

제4절 서식

입력한 데이터를 이해하기 쉽고 보기 좋게 화면에 표시하는 기능에 대하여 학습한다. 메뉴의 [홈]에서 다양한 서식을 제공하고 있다.

그림 1-29 엑셀 2016의 다양한 서식 – 홈 탭

1. 기본 서식

(1) 셀 서식 기본 이해

데이터를 입력한 후 필요에 따라 셀의 서식을 정리한다.

	A	B	C	D	E	F	G	H	I	J	k
1											
2		빛나는학과 성적(2019)									
3											
4		이름	국어	영어	수학	총점		평균	석차	합격여부	과락여부
5		이쁜이	90	90	100	280		93.33333333	2	합격	과락
6		멋쟁이	95	100	95	290		96.66666667	1	합격	통과
7		고단비	80	85	90	255		85	4	불합격	과락
8		강한나	95	90	90	275		91.66666667	3	합격	과락
9		합계	360	365	375						
10		평균	90	91.25	93.75						

그림 1-30 서식을 적용하지 않은 원시 테이블

셀 서식을 적용하는 과정은 [그림 1-31]과 같다. 표시 형식, 맞춤, 글꼴, 테두리, 채우기, 보호 등의 상세 메뉴가 존재하며, [그림 1-29]의 홈 탭에서 제공하는 셀 서식들과 일치하는 부분들이 많다. WYSWYG(What You See is What You Get)이므로 어떠한 결과가 나타날지 보면서 서식을 정하면 된다.

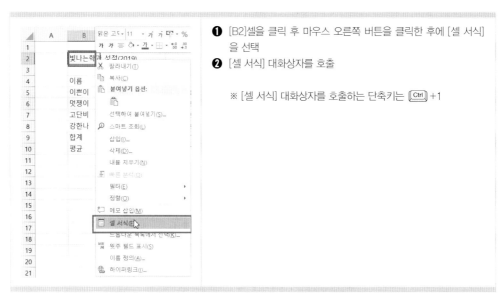

❶ [B2]셀을 클릭 후 마우스 오른쪽 버튼을 클릭한 후에 [셀 서식]을 선택

❷ [셀 서식] 대화상자를 호출

※ [셀 서식] 대화상자를 호출하는 단축키는 Ctrl +1

그림 1-31 [셀 서식] 대화상자 호출

(2) 셀 서식 다듬기

이제 [그림 1-30]의 원시 테이블 서식을 이용하여 보기 좋게 다듬어 보자. 셀을 병합하고 테두리 정리, 계산에 의해서 구한 평균의 소수점 자리 정리, 테이블 아래의 합계, 평균의 서식 채우기 등을 한다.

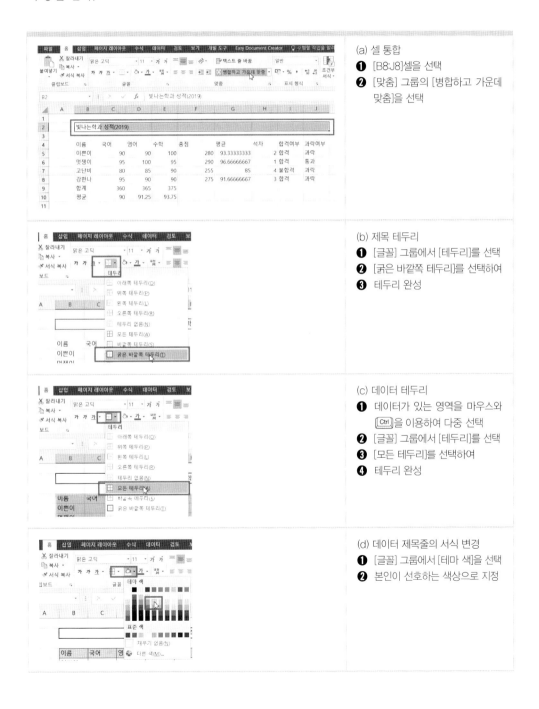

(a) 셀 통합
❶ [B8:J8]셀을 선택
❷ [맞춤] 그룹의 [병합하고 가운데 맞춤]을 선택

(b) 제목 테두리
❶ [글꼴] 그룹에서 [테두리]를 선택
❷ [굵은 바깥쪽 테두리]를 선택하여
❸ 테두리 완성

(c) 데이터 테두리
❶ 데이터가 있는 영역을 마우스와 [Ctrl]을 이용하여 다중 선택
❷ [글꼴] 그룹에서 [테두리]를 선택
❸ [모든 테두리]를 선택하여
❹ 테두리 완성

(d) 데이터 제목줄의 서식 변경
❶ [글꼴] 그룹에서 [테마 색]을 선택
❷ 본인이 선호하는 색상으로 지정

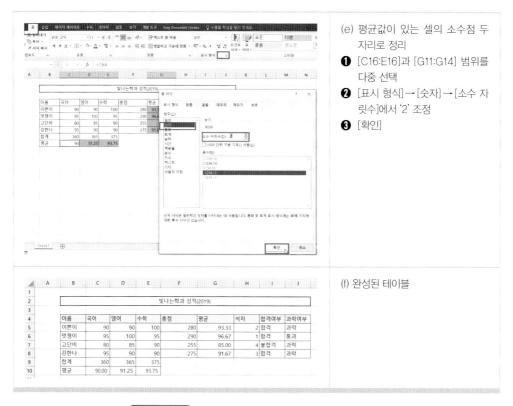

(e) 평균값이 있는 셀의 소수점 두
자리로 정리

❶ [C16:E16]과 [G11:G14] 범위를
다중 선택

❷ [표시 형식]→[숫자]→[소수 자
릿수]에서 '2' 조정

❸ [확인]

(f) 완성된 테이블

그림 1-32   셀 서식 다듬기-셀 통합, 테두리, 표시 형식

2. 조건부 서식

좀 더 완성도 높은 서식을 위해 시각화된 조건부 서식을 적용한다. 조건부 서식이란 특정 조건
을 만족하는 값을 갖는 셀에만 적용하는 서식이다.

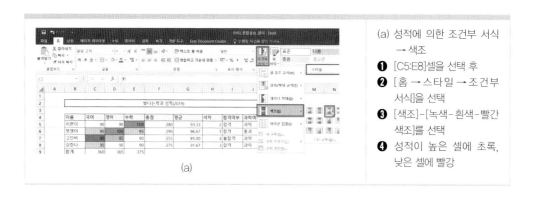

(a) 성적에 의한 조건부 서식
→ 색조

❶ [C5:E8]셀을 선택 후

❷ [홈 → 스타일 → 조건부
서식]을 선택

❸ [색조]-[녹색-흰색-빨간
색조]를 선택

❹ 성적이 높은 셀에 초록,
낮은 셀에 빨강

(a)

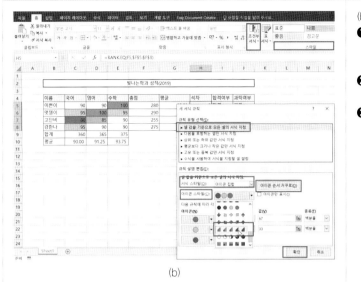

(b)

(b) 석차의 아이콘 조건부 서식
❶ 석차 구간의 [H5:H8] 범위를 선택 후 [홈 → 스타일 → 조건부 서식]을 선택
❷ [아이콘 집합 → 기타 규칙]을 선택
❸ '새 서식 규칙'을 지정한 후 [확인]을 선택

그림 1-33 조건부 서식

	이름	국어	영어	수학	총점	평균	석차	합격여부	과락여부
	빛나는학과 성적(2019)								
	이쁜이	90	90	100	280	93.33	2	합격	과락
	멋쟁이	95	100	95	290	96.67	1	합격	통과
	고단비	80	85	90	255	85.00	4	불합격	과락
	강한나	95	90	90	275	91.67	3	합격	과락
	합계	360	365	375					
	평균	90.00	91.25	93.75					

그림 1-34 서식을 적용한 완성 테이블

제5절 차트

테이블을 시각적으로 표현하기 위하여 차트를 그려 보자. 목적에 따라 차트를 선택할 수 있다. 주로 크기 비교에 막대차트, 추이 비교에 꺾은 선차트, 비율 비교에 원차트를 사용한다.

가장 간단한 막대차트를 하나 그려 보자.

1. 막대그래프 작성

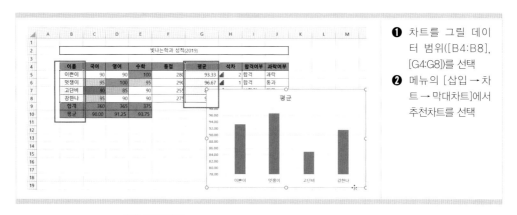

① 차트를 그릴 데이터 범위([B4:B8], [G4:G8])를 선택
② 메뉴의 [삽입 → 차트 → 막대차트]에서 추천차트를 선택

그림 1-35 막대그래프 작성-데이터 선택과 기본 차트 작성

2. 제목 변경

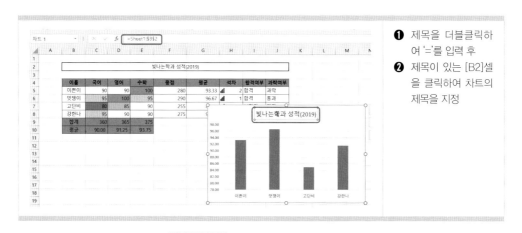

① 제목을 더블클릭하여 '='를 입력 후
② 제목이 있는 [B2]셀을 클릭하여 차트의 제목을 지정

그림 1-36 막대그래프 작성-제목 변경

3. 레이블 추가

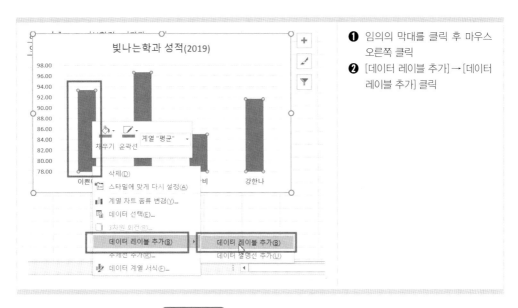

❶ 임의의 막대를 클릭 후 마우스 오른쪽 클릭
❷ [데이터 레이블 추가]→[데이터 레이블 추가] 클릭

그림 1-37　막대그래프 작성-레이블 추가

4. 완성된 차트

가장 간단한 형태이지만 시각적인 차트를 완성하였다. 향후에는 필요에 의해서 다양한 옵션을 선택할 수 있다.

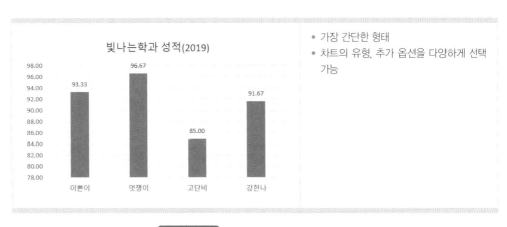

• 가장 간단한 형태
• 차트의 유형, 추가 옵션을 다양하게 선택 가능

그림 1-38　막대그래프 작성-완성된 차트

제6절 **화면 보기 기능**

동시에 여러 워크시트를 보면서 편집해야 하거나 1개의 워크시트를 편집하면서도 모니터가 작아서 워크시트의 일부분만 볼 수 있을 경우에도 파일, 워크시트, 모니터 화면 영역 등이 떨어져 있는 자료를 동일 화면 내에서 볼 수 있도록 하는 방법은 다양하다.

1. 동일 워크시트 내 자료 보기

(a)

(b)

• 자료 파일 전체가 동일 화면에 나타나지 않을 경우 스크롤바를 이용해서 자료를 볼 수 있음
• 방향키 혹은 스크롤바로 좌우, 상하로 이동

• 화면 보기가 작거나 크게 설정되어 자료 파일을 볼 수 없으면 화면 크기를 10%~400%로 조절해서 자료를 볼 수 있음
• 시트 우측 하단의 화면 크기 조절 도구 이용
• 또는 Ctrl +마우스 휠 회전

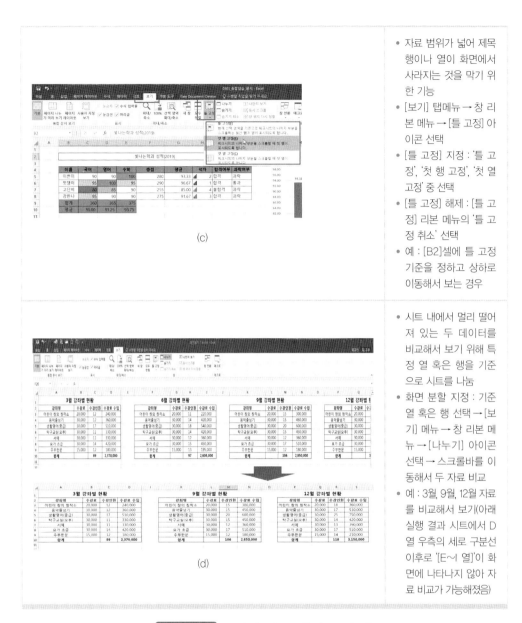

(c)

(d)

- 자료 범위가 넓어 제목 행이나 열이 화면에서 사라지는 것을 막기 위한 기능
- [보기] 탭메뉴 → 창 리본 메뉴 → [틀 고정] 아이콘 선택
- [틀 고정] 지정 : '틀 고정', '첫 행 고정', '첫 열 고정' 중 선택
- [틀 고정] 해제 : [틀 고정] 리본 메뉴의 '틀 고정 취소' 선택
- 예 : [B2]셀에 틀 고정 기준을 정하고 상하로 이동해서 보는 경우

- 시트 내에서 멀리 떨어져 있는 두 데이터를 비교해서 보기 위해 특정 열 혹은 행을 기준으로 시트를 나눔
- 화면 분할 지정 : 기준 열 혹은 행 선택 → [보기] 메뉴 → 창 리본 메뉴 → [나누기] 아이콘 선택 → 스크롤바를 이동해서 두 자료 비교
- 예 : 3월, 9월, 12월 자료를 비교해서 보기(아래 실행 결과 시트에서 D열 우측의 세로 구분선 이후로 '[E~] 열]'이 화면에 나타나지 않아 자료 비교가 가능해졌음)

그림 1-39 동일 워크시트 내 큰 자료 보기 기능

2. 워크시트 간 자료 보기

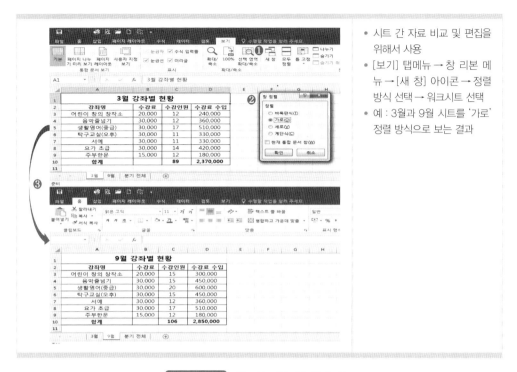

• 시트 간 자료 비교 및 편집을 위해서 사용
• [보기] 탭메뉴 → 창 리본 메뉴 → [새 창] 아이콘 → 정렬 방식 선택 → 워크시트 선택
• 예 : 3월과 9월 시트를 '가로' 정렬 방식으로 보는 결과

그림 1-40   워크시트 간 자료 보기 기능

3. 엑셀 파일 간 자료 보기

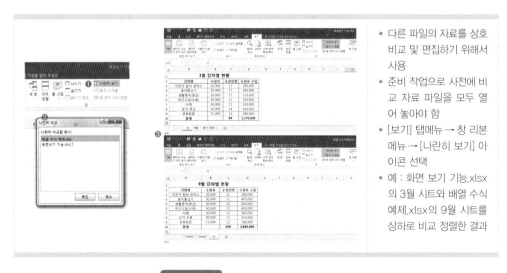

• 다른 파일의 자료를 상호 비교 및 편집하기 위해서 사용
• 준비 작업으로 사전에 비교 자료 파일을 모두 열어 놓아야 함
• [보기] 탭메뉴 → 창 리본 메뉴 → [나란히 보기] 아이콘 선택
• 예 : 화면 보기 기능.xlsx의 3월 시트와 배열 수식 예제.xlsx의 9월 시트를 상하로 비교 정렬한 결과

그림 1-41   엑셀 파일 간 자료 보기 기능

제7절 저장과 인쇄

엑셀 파일은 하드디스크 드라이브, 네트워크 위치, 클라우드, DVD, 바탕화면, 플래시 드라이브의 폴더에 저장할 수 있다. 기본적으로는 기본 작업 폴더에 저장한다. 저장 형태는 CSV 또는 PDF 등의 다른 파일 형식으로도 가능하다.

1. 기본 작업 폴더 저장

가장 기본이 되는 작업 폴더에 저장하는 방법이다. Ctrl +S키를 누르거나 파일 탭을 클릭한 다음 저장을 클릭한다. 빠른 실행 도구 모음의 저장 아이콘을 클릭하는 방법도 있다.

(1) 새로 작성한 파일 저장

파일을 저장할 클라우드, 웹사이트 또는 장치 등의 저장위치를 선택한 후 파일 이름을 입력하고 [저장]을 클릭한다.

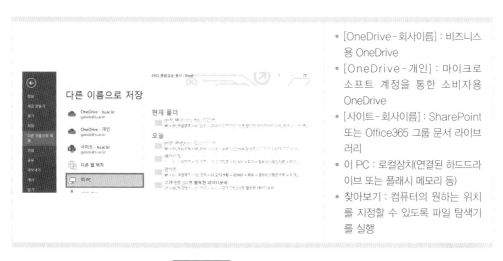

- [OneDrive - 회사이름] : 비즈니스용 OneDrive
- [OneDrive - 개인] : 마이크로소프트 계정을 통한 소비자용 OneDrive
- [사이트 - 회사이름] : SharePoint 또는 Office365 그룹 문서 라이브러리
- 이 PC : 로컬장치(연결된 하드드라이브 또는 플래시 메모리 등)
- 찾아보기 : 컴퓨터의 원하는 위치를 지정할 수 있도록 파일 탐색기를 실행

그림 1-42 저장할 위치 선택 옵션

2. 다른 이름으로 저장

파일명 변경 혹은 다른 프로그램이나 이전 버전에서 파일을 열 수 있도록 다른 형식으로 저장할 수 있다. 매우 다양한 저장방법이 있으며, 최근에는 온라인에 저장하여 다른 사람과의 자료 공유도 지원한다.

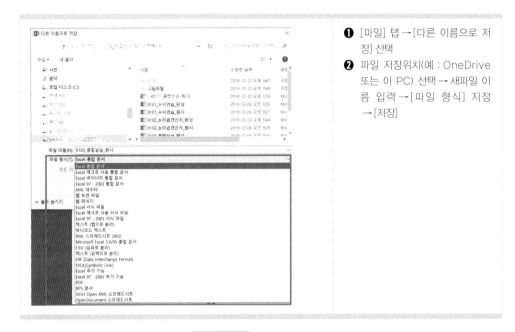

그림 1-43 저장할 유형 선택

0 [파일] 탭→[다른 이름으로 저장] 선택
2 파일 저장위치(예 : OneDrive 또는 이 PC) 선택→새파일 이름 입력→[파일 형식] 지정→[저장]

3. 파일에 암호 설정하기

문서를 배포하거나 저장할 때 무단으로 공유되는 것을 방지하기 위하여 엑셀 파일에 암호를 설정할 수 있다.

(1) 암호 설정

0 [파일] 탭→[정보]→[통합 문서 보호]→[암호 설정]
2 [문서 암호화] 대화상자에서 [암호]에 원하는 값을 입력하고 [확인]

그림 1-44 엑셀 파일에 암호 설정

다른 파일 이름으로 저장할 때도 옵션으로 암호를 설정할 수 있다. [다른 이름으로 저장] →
[도구] → [일반 옵션]에서 열기 및 읽기 암호를 설정한다.

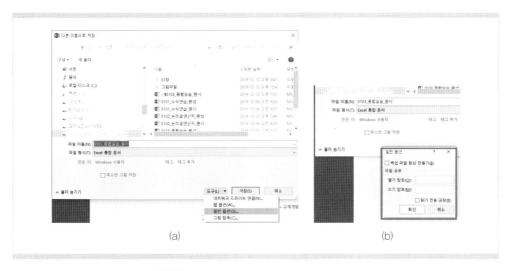

(a)   (b)

그림 1-45   엑셀 파일에 암호 설정하여 저장하기

(2) 암호 파일 열기

암호가 설정된 파일을 열 때는 암호를 정확하게 입력해 주어야만 파일을 열 수 있다.(당연한 말
이지만!)

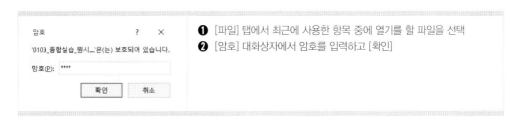

❶ [파일] 탭에서 최근에 사용한 항목 중에 열기를 할 파일을 선택
❷ [암호] 대화상자에서 암호를 입력하고 [확인]

그림 1-46   암호 설정한 엑셀 파일 열기

4. 인쇄하기

작업한 엑셀 파일을 자신을 포함한 누군가에게 보고하기 위해서는 인쇄를 할 것이다. 다양한
옵션을 선택하여 출력하는 방법이 있지만 지금까지 작업한 내용 중 일부만을 선택하여 한 페이
지에 시트를 맞추어 출력해 본다.

(1) 인쇄 준비하기

[파일] 탭에서 [인쇄]를 누르면 어떻게 인쇄가 될 것인지 미리 보기를 할 수 있다.

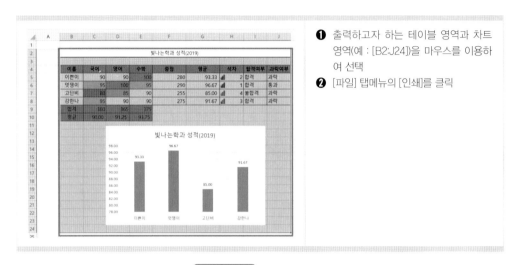

❶ 출력하고자 하는 테이블 영역과 차트 영역(예 : [B2:J24])을 마우스를 이용하여 선택

❷ [파일] 탭메뉴의 [인쇄]를 클릭

그림 1-47 인쇄 준비하기

(2) 인쇄 옵션 설정하고 인쇄

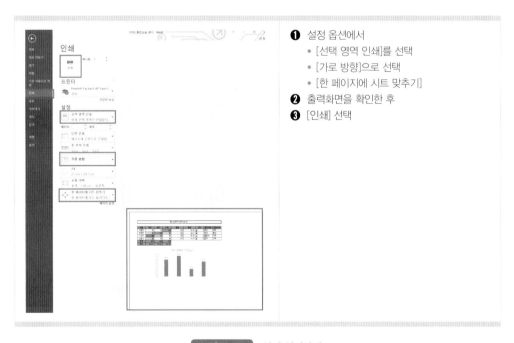

❶ 설정 옵션에서
- [선택 영역 인쇄]를 선택
- [가로 방향]으로 선택
- [한 페이지에 시트 맞추기]

❷ 출력화면을 확인한 후

❸ [인쇄] 선택

그림 1-48 인쇄 설정하기

제2장

클라우드 오피스와 엑셀 2016의 연동

엑셀이 설치되어 있지 않아도 엑셀을 사용할 수 있다. 마이크로소프트의 클라우드 스토리지 서비스인 원드라이브(OneDrive)는 개인용 파일과 업무용 파일을 온라인에 백업할 수 있다. 윈도우 10에 내장된 기능이며, 원드라이브로 윈도우 10 PC에 저장된 파일을 클라우드와 윈도우 PC에 동시에 동기화할 수 있다. 스마트폰이나 태블릿에도 앱을 설치하면 동기화가 가능하다. 원드라이브는 클라우드 파일을 심지어 MAC에도 동기화해 준다. 쉽게 말해서 온라인 공간에 나만의 저장공간을 만들어서 그곳에 작업 파일을 저장할 수 있으며 더불어 MS 오피스가 없어도 사용할 수 있다. 이 장에서는 원드라이브의 설치 및 운영 그리고 핵심사항으로 엑셀을 설치하지 않아도 온라인 버전을 사용할 수 있는 방법에 대하여 설명한다.

제1절 원드라이브의 시작

원드라이브는 윈도우 10에서 기본으로 포함되어 있으므로 따로 설치가 필요하지 않다. [내 컴퓨터] 등 윈도우 탐색기를 연 뒤 왼쪽 카데고리에서 [OneDrive]를 클릭하고 MS 계정을 입력하면 준비완료이다.

1. MS 계정 만들기

학생이나 교사들은 오피스 365 A1을 무료로 사용할 수 있다. 5GB(Giga byte)의 메일공간과 무제한 저장공간을 이용할 수 있다. 단, 교사나 학생임을 입증할 방법이 있어야 한다. 학교의 공

식 메일주소가 있으면 충분하다.[1] 자세한 제품 비교는 MS사의 웹사이트[2]를 참고할 수 있다. 가
격 정책이 회사 방침에 의해 바뀔 수 있으니 홈페이지를 통해 확인할 것을 권고한다.

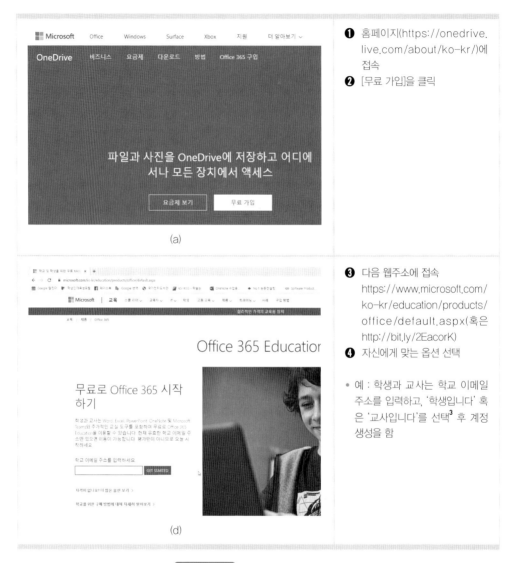

❶ 홈페이지(https://onedrive.
live.com/about/ko-kr/)에
접속
❷ [무료 가입]을 클릭

❸ 다음 웹주소에 접속
https://www.microsoft.com/
ko-kr/education/products/
office/default.aspx(혹은
http://bit.ly/2EacorK)
❹ 자신에게 맞는 옵션 선택

• 예 : 학생과 교사는 학교 이메일
주소를 입력하고, '학생입니다' 혹
은 '교사입니다'를 선택[3] 후 계정
생성을 함

그림 2-1 원드라이브 계정 만들기

1 동명대학교 가족은 누구나 학교 메일계정을 이용할 수 있다. http://sys.tu.ac.kr/default/sub/subLocation.tu?cate
gorySeq=2006002&menuSeq=200600201&confSeq=&boardSeq=-1 (혹은 http://bit.ly/2EdcKhu)을 참고하여 신
청할 수 있다.

2 https://www.microsoft.com/ko-kr/microsoft-365/academic/compare-office-365-education-plans?rtc=1&active
tab=tab%3aprimaryr1 (혹은 http://bit.ly/2sq7u7b)

3 한 번 계정 유형을 선택하고 나면 변경이 불가능하며, 엑셀 연동과 관련하여 교사용과 학생용에 차이는 없음

2. 온라인으로 접속

가입을 완료한 후 원드라이브 선택 후 안내 화면이 나타나면 [다음]을 세 번 누른다. 원드라이브의 첫 화면이 나타나며, 해당 화면에는 자료가 없는 공간이 나타난다. 아직 아무것도 하지 않았기 때문이다.

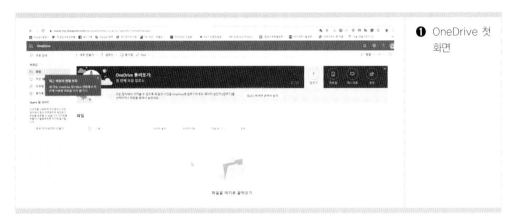

❶ OneDrive 첫 화면

그림 2-2 원드라이브 로그인

(1) PC 버전 실행하기

윈도우 8 이후 기본으로 탑재되어 있으므로 설치할 필요가 없다. 다만 업데이트를 지속적으로 하지 않았다면 다운로드한 후 설치하는 것이 바람직하다.

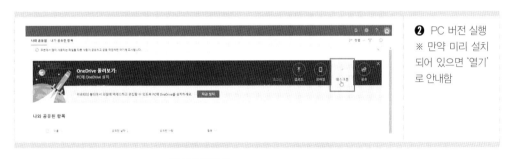

❷ PC 버전 실행
※ 만약 미리 설치되어 있으면 '열기'로 안내함

그림 2-3 PC 버전 원드라이브 실행

(2) 사용자 인증하기

로그인 화면에서 자신이 가입한 유형과 암호를 입력한다. 그러면 PC 환경에서 원드라이브를 활용할 수 있다. 현재는 설치된 폴더에 아무런 파일이 존재하지 않는다. 이제부터는 PC에서 파일을 관리하는 것과 마찬가지로 클라우드의 폴더, 파일을 관리할 수 있다.

그림 2-4   사용자 인증 후 폴더 관리

(3) 빠른 실행 아이콘을 이용해 원드라이브 관리하기

바탕화면의 시간이 나타나는 부분에 'OneDrive' 아이콘이 생성된다. 이후 이 아이콘을 클릭하여 PC용 원드라이브를 관리할 수 있다.

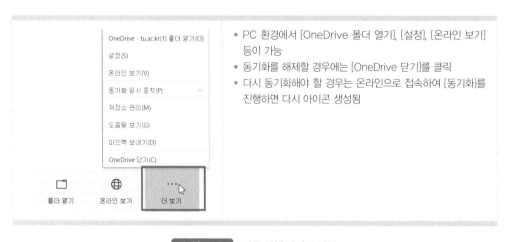

- PC 환경에서 [OneDrive 폴더 열기], [설정], [온라인 보기] 등이 가능
- 동기화를 해제할 경우에는 [OneDrive 닫기]를 클릭
- 다시 동기화해야 할 경우는 온라인으로 접속하여 [동기화]를 진행하면 다시 아이콘 생성됨

그림 2-5   빠른 실행 아이콘 실행

(4) PC와 온라인의 동기화 확인하기

PC 환경에서 임의 폴더를 복사하여 원드라이브 폴더 내에서 '붙여넣기'를 한다. 폴더 내에 1개 이상의 엑셀 파일과 문서 파일과 그림 파일 그리고 동영상이 있으면 추가 실습에 편리하다.

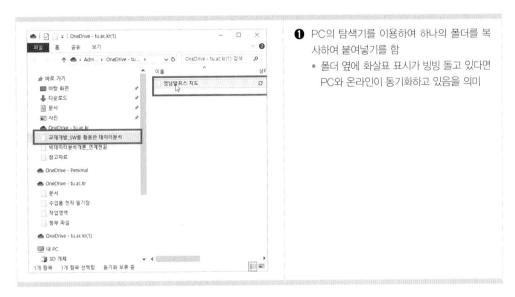

❶ PC의 탐색기를 이용하여 하나의 폴더를 복사하여 붙여넣기를 함
  • 폴더 옆에 화살표 표시가 빙빙 돌고 있다면 PC와 온라인이 동기화하고 있음을 의미

그림 2-6 PC와 온라인 동기화

❷ 바탕화면의 OneDrive 아이콘을 클릭하면 현재의 작업 상태를 확인 가능
  • PC를 이용한 복사 후 붙여넣기 이후 온라인의 OneDrive로 실시간 동기화 가능
  • 다만 얼마의 시간이 소요될지에 대한 정보는 제공하지 않음

그림 2-7 PC와 온라인 동기화 진행 중

PC와 온라인 동기화를 통한 파일 관리

(5) 온라인 원드라이브에서 미리 보기 해보기

온라인에서 정렬 방법을 '목록'에서 '타일' 형태로 바꾸어 보면 이미지 파일의 경우 썸네일을 볼수 있다. 이것을 클릭하면 이미지를 미리 볼 수 있다.

❷ 특정한 파일을 선택하면 대부분의 파일을 미리 보기 가능

❸ 이미지 파일을 미리 보기하고 있음
- 공유, 링크복사, 다운로드, 삭제, 이름 바꾸기, 이동, 복사 등이 가능

그림 2-9   온라인 미리 보기

3. PC 환경에서 원드라이브 활용하기

클라우드이지만 그것을 느끼지 못할 만큼 마치 나의 C드라이브인 것처럼 원드라이브의 폴더가 준비되어 있다. 그러나 온라인으로 연동되고 있다.

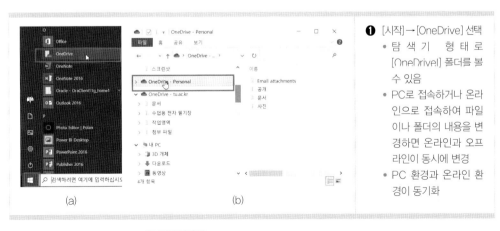

❶ [시작]→[OneDrive] 선택
- 탐색기 형태로 [OneDrive] 폴더를 볼 수 있음
- PC로 접속하거나 온라인으로 접속하여 파일이나 폴더의 내용을 변경하면 온라인과 오프라인이 동시에 변경
- PC 환경과 온라인 환경이 동기화

(a)   (b)

그림 2-10   PC 환경에서 원드라이브 활용하기

제2절 오피스 365의 엑셀 활용

윈드라이브는 오피스 365(Office 365)의 일부이다. 교사나 학생의 경우 오피스 365를 무료로 이용할 수 있다. 집에 엑셀이나 파워포인트 등이 없어서 작업을 중단해야 할 일은 없다. 출장 중에서도 인터넷에 연결만 된다면 MS 오피스를 자유롭게 그리고 이전에 작업했던 것을 이어서 작업할 수 있다. 본 절에서는 오피스 365의 엑셀과 PC의 엑셀과의 연동에 대하여 살펴본다. 또한 다른 사람과의 공유에 대한 내용을 포함한다.

1. 온라인 엑셀을 이용한 통합 문서 만들기

(1) 온라인 엑셀 열기

온라인 윈드라이브를 실행한 후 왼쪽 상단에 있는 'HOME'을 누르면 아래와 같이 오피스 365의 다양한 아이콘을 볼 수 있다. 지금 보고 있는 애플리케이션은 온라인, 오프라인, 모바일에서 연동하여 동작한다.

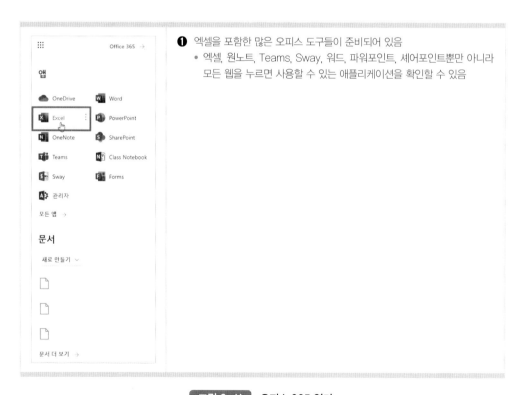

❶ 엑셀을 포함한 많은 오피스 도구들이 준비되어 있음
- 엑셀, 원노트, Teams, Sway, 워드, 파워포인트, 셰어포인트뿐만 아니라 모든 웹을 누르면 사용할 수 있는 애플리케이션을 확인할 수 있음

그림 2-11 오피스 365 열기

(2) 새 통합 문서 만들기

① 온라인 엑셀을 실행하고 나면 다음과 같은 빈 화면이 나오고 여기에서 '새 빈 통합 문서'를
클릭하여 새로운 통합 문서 만들기를 시작한다.

❶ [새 빈 통합 문서]를 클릭하여 새로 만들기

그림 2-12　오피스 365를 이용한 새 통합 문서 만들기-(1) 시작

② 통합 문서의 간단한 작성 후 저장한다. 온라인과 PC와의 연동을 실습하기 위해 간단하게 값
을 입력한다.

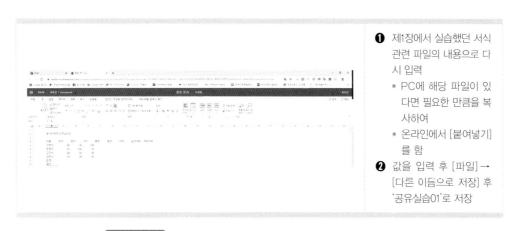

❶ 제1장에서 실습했던 서식
　관련 파일의 내용으로 다
　시 입력
　● PC에 해당 파일이 있
　　다면 필요한 만큼을 복
　　사하여
　● 온라인에서 [붙여넣기]
　　를 함
❷ 값을 입력 후 [파일] →
　[다른 이름으로 저장] 후
　'공유실습01'로 저장

그림 2-13　오피스 365를 이용한 새 통합 문서 만들기-(2) 파일 열기

2. 온라인과 PC 엑셀과 연동하기

(1) PC 기반의 엑셀에서 원드라이브 폴더에 있는 '공유실습01.xlsx' 파일을 연다

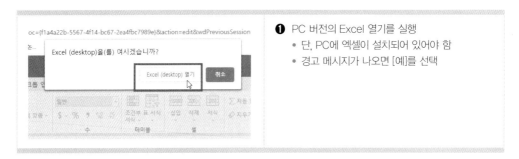

❶ PC 버전의 Excel 열기를 실행
- 단, PC에 엑셀이 설치되어 있어야 함
- 경고 메시지가 나오면 [예]를 선택

그림 2-14 오피스 365와 PC 엑셀 연동하기

(2) PC 기반 엑셀에서 아래와 같이 서식, 합계, 평균, 석차를 구한다.

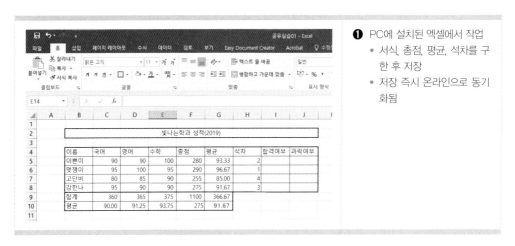

❶ PC에 설치된 엑셀에서 작업
- 서식, 총점, 평균, 석차를 구한 후 저장
- 저장 즉시 온라인으로 동기화됨

그림 2-15 PC 작업의 실시간 동기화

(3) 온라인에서 해당 파일 열기

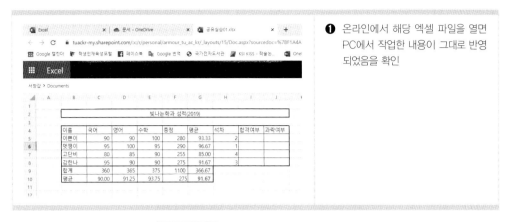

❶ 온라인에서 해당 엑셀 파일을 열면 PC에서 작업한 내용이 그대로 반영되었음을 확인

그림 2-16 온라인에서 PC 작업 파일 열기

(4) 온라인에서 편집하기

❶ [브라우저에서 편집]을 실행
- 합격 여부, 과락 여부를 편집
- 저장을 실행하지 않아도 변경 내용을 실시간 저장하며 PC로 실시간 공유함

그림 2-17 온라인에서 편집하기

3. 원드라이브 파일의 공유

엑셀을 비롯한 원드라이브에 저장된 파일을 특정인과 공유할 수 있다. 실시간 작업의 공유도 기능하다.

(1) 공유 옵션 확인

공유하기에 다양한 옵션이 준비되어 있다.

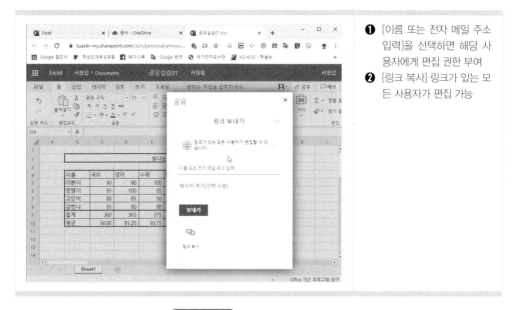

❶ [이름 또는 전자 메일 주소
 입력]을 선택하면 해당 사
 용자에게 편집 권한 부여
❷ [링크 복사] 링크가 있는 모
 든 사용자가 편집 가능

그림 2-18 원드라이브 파일의 공유

(2) 사용자, 전자 메일로 보내기

공유를 자신의 주소록에 있는 사용자나 자신이 알고 있는 이메일 주소를 입력하여 공유문서를
전송한다.

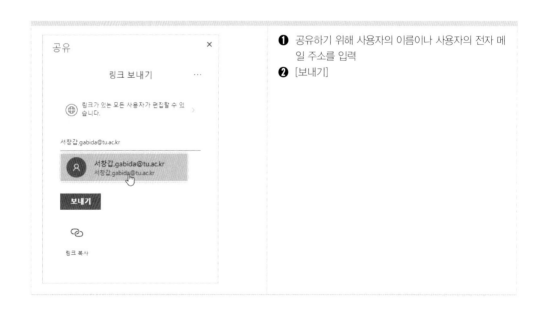

❶ 공유하기 위해 사용자의 이름이나 사용자의 전자 메
 일 주소를 입력
❷ [보내기]

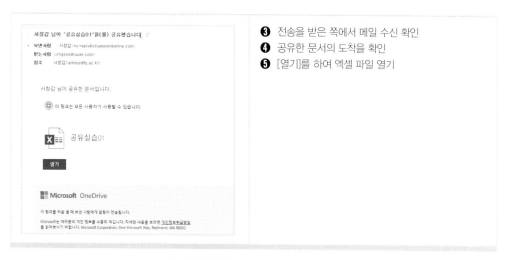

❸ 전송을 받은 쪽에서 메일 수신 확인
❹ 공유한 문서의 도착을 확인
❺ [열기]를 하여 엑셀 파일 열기

그림 2-19 파일 공유를 위한 설정

(3) 공동작업하기

공유문서를 수신한 사용자가 해당 엑셀 파일을 열어서 작업을 진행할 수 있다. 원격에서 누가 현재 편집하고 있는지 화면에 나타난다.

이름	국어	영어	수학	총점	평균	석차	합격여부	과락여부
이쁜이	90	90	100	280	93.33	2	불합격	과락
멋쟁이	95	100	95	290	96.67	1	합격	통과
고단비	80	85	90	255	85.00	4	불합격	과락
강한나	95	90	90	275	91.67	3	불합격	과락
합계	360	365	375	1100	366.67			
평균	90.00	91.25	93.75	275	91.67			

• 해당 파일을 누가 작업하고 있는지 나타내고 있음

그림 2-20 온라인에서 공동작업하기

(4) 공유 관리하기

공유된 파일의 공유를 중지하거나 공유를 설정할 때 권한(읽기와 편집)을 지정할 수 있다.

❶ 공유를 관리하기 위해 [공유]를 클릭
❷ [엑세스 관리]에서 [공유 중지]를 클릭하여 공유를 중지
❸ 공유를 설정할 때 '보기 가능'과 '편집 가능' 중에서 지정

그림 2-21 온라인에서 공유 관리하기

(5) 그래프 작성하여 완성하기

PC 엑셀에서 그래프를 작성하여 저장하면 온라인 엑셀로 실시간 연동된다. 온라인에서 해당 파일의 연동을 확인한다.

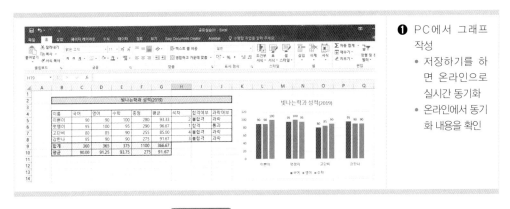

❶ PC에서 그래프 작성
  • 저장하기를 하면 온라인으로 실시간 동기화
  • 온라인에서 동기화 내용을 확인

그림 2-22 온라인에서 그래프 작성

4. 모바일 원드라이브

원드라이브는 스마트폰, 컴퓨터(PC와 MAC) 및 사용하는 모든 장치에서 문서, 사진, 기타 파일을 탑재하고 액세스하고 공유할 수 있다. 구글플레이에서 'OneDrive'를 검색하여 설치할 수 있다. 모바일 버전에서 수정한 것은 서버로 실시간 동기화되며 서버와 연결된 다른 단말기가 인터넷에 연결되어 있다면 실시간으로 연동된다.

❶ 'OneDrive'를 검색
❷ [설치]
  ● OneDrive를 설치 후 첫 화면에서 온라인 버전과 같이 작업 및 관리가 가능
  ● 화면 아래의 '카메라' 버튼은 사진을 찍은 즉시 OneDrive로 올릴 수 있는 기능

그림 2-23　모바일에서 원드라이브 접속

　원드라이브 외에도 네이버클라우드, 구글클라우드 등의 클라우드 드라이브가 더 있다. 이 둘을 설치해도 원드라이브와 마찬가지로 클라우드에서 저장공간과 오피스를 활용할 수 있다.

표 2-1　원드라이브, 구글드라이브, 네이버드라이브 비교

비교 기준	원드라이브	구글드라이브	네이버드라이브
특징	접근성	직관성	실용성
용량	5GB(개인용)	15GB	30GB
속도	매우 빠름	느림	느림
사진 저장	모바일 앱을 이용한 사진 실시간 업로드	구글 포토와 연동하여 무제한	사진 촬영 후 네이버 클라우드로 바로 저장
문서 편집	MS 오피스 모든 제품	구글오피스로 제한적	네이버오피스로 제한적
교육용 지원 프로그램	무료 지원	없음	없음

(1) 원드라이브

마이크로소프트의 클라우드 스토리지 서비스인 원드라이브는 윈도우 10에 기본적으로 내장된 기능이며 MS 계정으로 사용 가능하다. 원드라이브는 클라우드 서비스와 PC의 파일 동기화를

위해서 소프트웨어를 추가 설치할 필요가 없다. 또한 변경되는 파일이 발생하면 자동으로 동기화한다. 원드라이브는 다른 클라우드 서비스와 달리 원드라이브 계정에 로그인하여 한 대의 PC 사본을 다른 컴퓨터에 복사할 수 있는 기능을 제공한다.

(2) 구글드라이브

구글드라이브는 세계에서 가장 잘 알려진 클라우드 스토리지이다. 구글 계정을 만드는 순간 모든 사용자 자동으로 15GB의 저장소가 생성되며, 연동된 구글 이메일 계정 관련 데이터는 해당 드라이브 스토리지 용량에 포함되며, 그 밖에 구글 문서, 스프레드시트, 프레젠테이션 데이터 용량은 계산에서 제외된다. 스프레드시트, 구글 문서, 프레젠테이션, 구글 설문지 등 구글 서비스와 연동성이 뛰어나며 오프라인 작업이 가능해 인터넷이 약하거나 인터넷이 끊긴 상황에서도 문서를 만들거나 편집이 가능하다.

(3) 네이버클라우드

네이버클라우드는 현재 국내 사용자들이 가장 많이 사용하고 있다. 한국 포털 중 최고 점유율을 자랑하는 네이버에서 내놓은 클라우드 서비스로 다수의 서비스(밴드, 블로그, 메일, 카페 등)와 편리하게 연동해 사용 가능하다.

엑셀 함수

2

제3장

엑셀 함수 개요 및 자주 사용하는 함수

제1절 엑셀 함수 개요

사용자들이 많이 사용하는 수식들을 엑셀은 내장된 프로그램으로 사용자에게 제공하는데, 이를 함수라고 부른다. 엑셀 2016에서는 470여 개의 다양한 함수를 제공한다.

각각의 엑셀 함수는 고유한 함수 이름과 구문을 가지고 있다. 구문은 함수의 여러 인수를 입력하는 순서와 쉼표, 괄호 등을 입력하는 위치 등이 약속되어 있어 사용자는 이를 지켜야만 한다. 엑셀 함수들의 구문 형식은 다음과 같다.

=함수 이름(인수1, 인수2, …, 인수n)

- = (등호) : 함수도 수식이기 때문에 등호로 시작해야 한다.
- 함수 이름 : 엑셀에서 제공하는 계산식이 정해진 함수 이름으로 모든 함수의 이름은 고유하다.
- () (괄호) : 괄호 안에 해당 함수의 인수들을 작성, 함수 이름과 여는 괄호 사이에 공백이 있어서는 안 된다.
- 인수 : 해당 함수에서 사용하는 자료로 숫자, 문자, 셀(범위) 참조, 또 다른 함수 등이 올 수 있다. 인수가 여러 개일 경우에는 쉼표로 구분하고 연속된 인수 범위를 지정할 때는 콜론(:)을 사용한다.

그림 3-1 엑셀 함수 구문

아래의 SUM 함수를 살펴보자.

=SUM(A1:A5, B2, C7)

SUM은 함수 이름이고 A1:A5, B2, C7은 인수이다. 이 함수는 아래의 수식과 같다.

=A1+A2+A3+A4+A5+B2+C7

다음 [그림 3-2]에서는 함수 이름과 여는 괄호 사이에 공백이 있을 경우의 예를 보여준다. 함수 이름 SUM과 여는 괄호 사이에 공백이 있을 경우 엑셀 2016은 수식 오류를 발견하고 수정안을 보여준다.

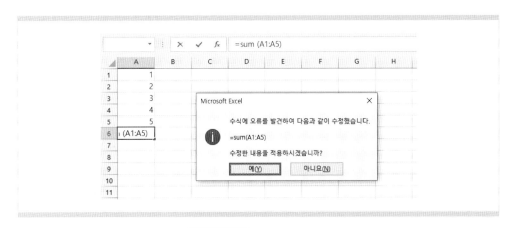

그림 3-2   함수 구문 오류 예

함수 이름은 대문자가 원칙이나 소문자로 입력하여도 구문에 오류가 없으면 엑셀이 자동으로 대문자로 바꾸어 준다. 엑셀 2016에서 제공하는 함수들은 사용 분야에 따라 다음과 같이 14개 범주로 분류되어 있다.

재무	날짜/시간	수학/삼각	통계	찾기/참조영역
데이터베이스	텍스트	논리	정보	공학
큐브	호환성	웹	정육면체	

일반적으로 수식보다는 함수를 사용하는 것이 편리하다. 함수가 적용되는 워크시트 내의 열이나 행이 추가되거나 삭제되면 함수는 이것을 반영하여 자동으로 함수 인수들의 범위 값을 조정하지만 수식은 포함하지 않기 때문이다.

제2절 함수 사용하기

엑셀에서 함수를 사용하는 방법은 여러 가지가 있다. 수식을 입력할 때처럼 수식란에 직접 입력할 수도 있고 리본 메뉴나 함수 마법사도 사용할 수 있다.

1. 수식 입력줄에 직접 입력

함수 사용에 익숙한 사용자라면 수식 입력줄에 직접 입력하는 방법을 많이 사용하게 된다. 아래의 [그림 3-3]에서와 같이 수식란에 함수를 직접 입력하기 시작하면 엑셀은 마치 자동 완성 기능처럼 입력하려는 함수 이름을 찾아준다.

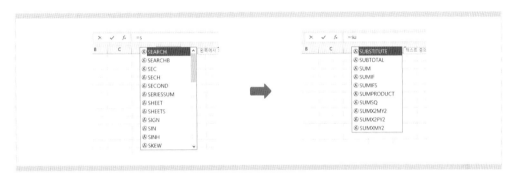

그림 3-3 수식 입력줄에 함수 직접 입력하기

2. 리본 메뉴 사용

함수의 리본 메뉴를 보려면 [수식] 탭의 [함수 라이브러리] 그룹에 다음과 같이 함수 범주별 목록이 있으며, [함수 더 보기]를 클릭하면 '통계, 공학, 정육면체, 정보, 호환성, 웹' 등을 확인할 수 있다.

그림 3-4 리본 메뉴의 함수 라이브러리 사용하기

3. 함수 마법사 이용

엑셀에서 제공하는 함수나 사용에 익숙하지 않은 사용자라면 제1장에서 설명한 함수 마법사를 사용하여 도움을 얻을 수 있다. 함수 마법사의 대화상자는 다음과 같이 세 가지 방법으로 열 수 있다.

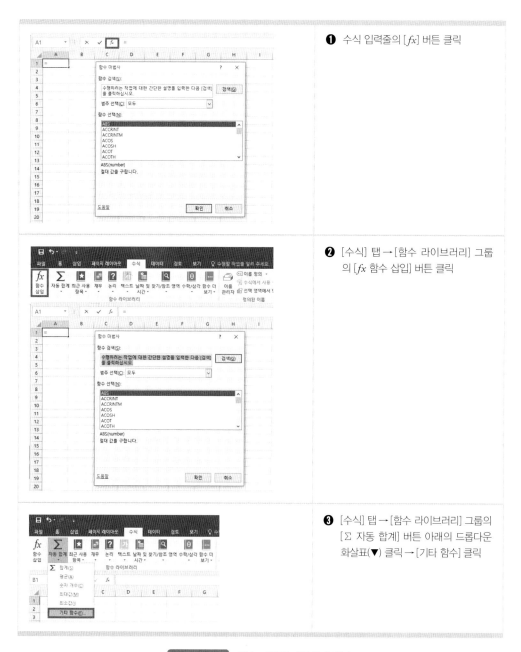

❶ 수식 입력줄의 [fx] 버튼 클릭

❷ [수식] 탭 → [함수 라이브러리] 그룹의 [fx 함수 삽입] 버튼 클릭

❸ [수식] 탭 → [함수 라이브러리] 그룹의 [Σ 자동 합계] 버튼 아래의 드롭다운 화살표(▼) 클릭 → [기타 함수] 클릭

그림 3-5 함수 마법사 대화상자 열기

4. 오류 코드

자주 사용하는 함수를 익히기에 앞서 함수를 입력하고 실행하였을 때 여러 가지 이유로 오류가 발생하기도 한다. 엑셀의 함수를 이용하다가 자주 나타나는 오류 코드와 원인은 다음과 같은 것들이 있다. 오류 코드 앞에는 항상 '#' 기호로 시작한다.

표 3-1　오류 코드와 원인

오류 코드	원인
#VALUE!	잘못된 인수, 피연산, 참조 셀 등을 사용했을 경우
#DIV/0!	0 또는 값이 없는 셀로 나누었을 경우
#NAME?	함수 이름이 잘못되었거나 인용부호 없이 텍스트를 입력했을 경우
#N/A	사용할 수 없는 값(Not Available)이라는 것을 알려줌
#REF!	참조하는 셀
#NUM!	사용하는 함수에 숫자 인수(Number)가 필요하다는 것을 알려줌
#NULL!	잘못된 범위 또는 교차되지 않는 두 영역을 지정했을 경우

　오류 코드가 나온 셀(왼쪽 위 모서리에 초록색 삼각형이 표시됨)을 클릭하면 옆에 오류 원인과 해소에 도움을 줄 수 있는 정보기호 아이콘(🔷)이 표시된다. 이곳에 마우스를 올려놓거나 클릭하면 오류에 대한 도움말을 포함하여 많은 옵션을 볼 수 있다.

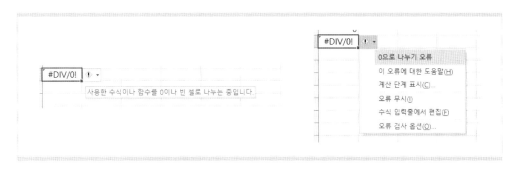

그림 3-6　오류 코드에 관한 정보기호 및 대화상자

제3절 자주 사용하는 함수 익히기

엑셀 사용자의 업무에 따라 자주 사용하는 함수들은 매우 다양할 것이나 기본적인 함수들은 조직이나 업무 영역의 구분 없이 자주 사용된다. 이 절에서는 기본 함수 중에서도 많이 사용되는 함수들에 대해서 그 사용법을 익힐 수 있도록 한다.

1. SUM

SUM 함수는 수학/삼각함수 범주에 속해 있는 함수로 함수 이름과 같이 값을 더해 준다. 개별 값, 셀 참조, 범위 또는 이 세 가지 모두의 혼합 값을 더할 수 있다. 범위는 인접하지 않은 두 개 이상의 범위에 속한 값들도 더할 수 있다.

(1) SUM 구문

=SUM(number1,[number2],…)

표 3-2 SUM 함수 인수

인수	설명
number1 (필수)	더하기 위해 추가할 첫 번째 숫자, 4 같은 숫자이거나 A6 같은 셀 참조이거나 A2:A8 같은 범위도 될 수 있음
number2~255 (선택)	더하기 위해 추가할 두 번째 숫자, 255개까지 추가 가능

(2) SUM 함수 따라 하기

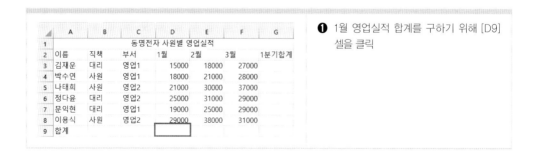

❶ 1월 영업실적 합계를 구하기 위해 [D9] 셀을 클릭

❷ 수식 입력줄에 '=SUM('을 입력

❸ 마우스로 [D3]셀부터 [D8]셀까지 드래그한 후, 괄호 닫기까지 입력하고 Enter를 누름

❹ [D9]에 합계가 표시됨

❺ [D9]셀을 클릭한 후, 채우기 핸들로 [F9]셀까지 마우스를 드래그하여 SUM 함수를 채우면 2월과 3월의 합계도 표시됨

❻ 사원별 1분기 합계를 위해 [G3]을 클릭한 후 같은 방법으로 SUM 함수를 입력하고 값이 표시되면 역시 채우기 핸들을 사용하여 다른 사원들의 합계도 구함

그림 3-7　SUM 함수 사용하기

2. AVERAGE

수학/삼각함수 범주에 속해 있는 AVERAGE는 산술 평균값을 구해 주는 함수로 여러 수를 더한 다음 더한 수의 개수로 나누어 계산된다. 수학/삼각함수 범주에 속해 있다. 개별 값, 셀 참조, 범위 또는 이 세 가지 모두의 혼합값의 평균값을 구할 수 있다. 범위는 인접하지 않은 두 개 이상의 범위에 속한 값들의 평균도 구할 수 있다.

(1) AVERAGE 구문

$$=\text{AVERAGE}(number1, [number2], \cdots)$$

표 3-3 AVERAGE 함수 인수

인수	설명
number1 (필수)	평균을 구하려는 첫째 숫자, 셀 참조 또는 범위
number2 ~ 255 (선택)	평균을 구하려는 추가 숫자, 셀 참조 또는 범위로서 255개까지 지정 가능

(2) AVERAGE 함수 따라 하기

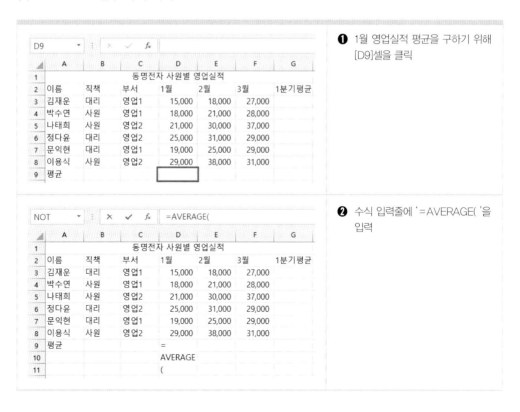

❶ 1월 영업실적 평균을 구하기 위해 [D9]셀을 클릭

❷ 수식 입력줄에 '=AVERAGE('을 입력

❸ 마우스로 [D3]셀부터 [D8]셀까지 드래그한 후, 괄호 닫기까지 입력하고 Enter 를 누름

❹ [D9]에 평균값이 표시됨

❺ [D9]셀을 클릭한 후, 채우기 핸들로 [F9]셀까지 마우스를 드래그하여 AVERAGE 함수를 채우면 2월과 3월의 평균값도 표시됨

❻ 사원별 1분기 평균값을 구하기 위해 [G3]을 클릭한 후 같은 방법으로 AVERAGE 함수를 입력하고 값이 표시되면 역시 채우기 핸들을 사용하여 다른 사원들의 평균값도 구함

그림 3-8　AVERAGE 함수 사용하기

3. IF

IF 함수는 엑셀 2016에서 가장 많이 사용되는 함수 중 하나로 논리함수 범주에 속해 있다. 특정 값과 예상값을 논리적으로 비교해 주는 함수이다. 따라서 비교의 결과 참, 또는 거짓이 되는데, 첫 번째 결과는 비교가 참(TRUE)인 경우이며, 두 번째 결과는 비교가 거짓(FALSE)인 경우이다. 예를 들어 = IF(B2 = "Yes", 1,2)는 [B2] 셀에 있는 값이 'Yes'이면 1을 반환하고, 그렇지 않으면 2를 반환한다. IF 함수는 중첩해서 사용할 수도 있다.

(1) IF 구문

=IF(logical_test, value_if_true, [value_if_false])

표 3-4   IF 함수 인수

인수	설명
logical_test (필수)	검사할 조건
value_if_true (필수)	logical_test의 결과가 참(true)일 경우 반환할 값, 숫자나 문자 다 가능하며 숫자는 수학적 계산도 가능, 문자일 경우 따옴표 사용
value_if_false (선택)	logical_test의 결과가 거짓(false)일 경우 반환할 값, 숫자나 문자 다 가능하며 숫자는 수학적 계산도 가능, 문자일 경우 따옴표 사용

(2) IF 함수 따라 하기

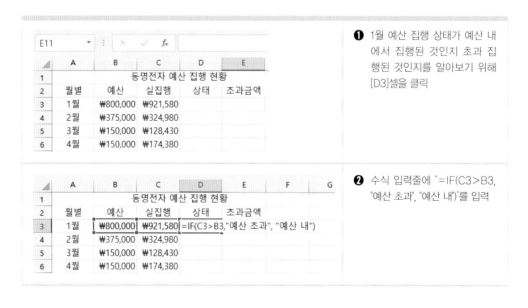

❶ 1월 예산 집행 상태가 예산 내에서 집행된 것인지 초과 집행된 것인지를 알아보기 위해 [D3]셀을 클릭

❷ 수식 입력줄에 '=IF(C3>B3, "예산 초과", "예산 내")'를 입력

❸ 실집행이 많으므로 '예산 초과'
  가 표시됨

❹ [D3]셀을 클릭한 후 채우기 핸들
  로 [D6]셀까지 마우스를 드래그
  하여 IF 함수를 채우면 2월~4월
  까지의 예산 상태가 표시됨

❺ 월별 초과금액이 있으면 계산
  하여 표시하고, 초과하지 않으
  면 '0'으로 표시하기 위해 [E2]
  를 클릭, 수식 입력줄에 '=
  IF(C3>B3,C3-B3,0)'을 입력

❻ [E3]셀을 클릭한 후 채우기 핸
  들로 [E6]셀까지 마우스를 드
  래그하여 IF 함수를 채우면 2월
  ~4월까지의 초과금액이 표시됨

그림 3-9 IF 함수 사용하기

4. SUMIF

SUMIF 함수는 수학/삼각함수 범주에 속한다. SUMIF 함수는 사용자가 지정한 범위 내에서 지정한 조건에 해당하는 값들만의 합계를 구하는 함수이다. SUM 함수는 범위 내의 값을 무조건 더하지만, SUMIF 함수는 범위 내의 값 중에서 지정한 조건을 만족하는 값들만 더한다.

(1) SUMIF 구문

=SUMIF(range, criteria, [sum_range])

표 3-5　SUMIF 함수 인수

인수	설명
range (필수)	조건을 적용할 셀 범위, 빈 셀과 텍스트 값은 무시되며 표준 엑셀 형식의 날짜는 포함될 수 있음
criteria (필수)	추가할 셀을 정의하는 숫자, 식, 셀 참조, 텍스트 또는 함수 형식의 조건, 텍스트 조건이나 논리 기호 또는 수학 기호가 포함된 조건은 큰따옴표(")를 사용해야 함
[sum_range] (선택)	인수로 와일드카드 문자인 물음표(?)와 별표(*) 사용 가능, 물음표는 한 문자에 해당하고 별표는 개수에 상관없는 임의의 문자열에 해당, 실제 물음표나 별표를 찾으려면 해당 문자 앞에 물결표(~)를 입력, sum_range 인수의 크기와 모양은 range 인수와 같지 않아도 됨

(2) SUMIF 함수 따라 하기

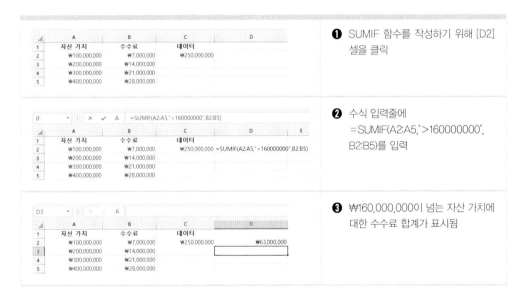

❶ SUMIF 함수를 작성하기 위해 [D2] 셀을 클릭

❷ 수식 입력줄에
=SUMIF(A2:A5,">160000000",
B2:B5)를 입력

❸ ₩160,000,000이 넘는 자산 가치에 대한 수수료 합계가 표시됨

그림 3-10 SUMIF 함수 사용하기

5. LOOKUP

LOOKUP 함수는 찾기 및 참조 영역 범주에 속하는 함수이다. 하나의 행 또는 열을 찾은 다음 두 번째 행 또는 열에서 같은 위치에 있는 값을 찾을 때 사용하는 함수로 벡터형(하나의 행이나 열)과 배열형(여러 행이나 열)의 두 가지 방법이 있다. 배열형은 LOOKUP 함수보다는 다음에 설명할 VLOOKUP 함수나 HLOOKUP 함수를 사용하는 것이 더욱 좋다. VLOOKUP을 사용하여 하나의 행 또는 열을 검색하거나 표와 같은 여러 열과 행을 검색할 수 있다. 즉, VLOOKUP은 LOOKUP의 업그레이드 버전이다. LOOKUP 함수 사용 시 주의해야 할 점은 LOOKUP 함수에서 lookup_value를 찾지 못할 경우, lookup_vector에서 lookup_value보다 작거나 같은 값 중 최대값이 사용되며, lookup_value가 lookup_vector의 최소값보다 작으면 LOOKUP에서 #N/A 오류값을 반환한다.

(1) LOOKUP 구문

=LOOKUP(lookup_value, lookup_vector, [result_vector])

표 3-6 LOOKUP 함수 인수

인수	설명
lookup_value (필수)	LOOKUP 함수를 사용하여 첫 번째 벡터에서 검색하려는 값, 숫자, 텍스트, 논리값, 값을 참조하는 이름이나 값이 될 수 있음
lookup_vector (필수)	행이나 열을 한 개만 포함하는 범위, 값은 텍스트, 숫자 또는 논리값이 될 수 있으며 오름차순으로 배치해야 함, 대소문자는 구분 안 함
[result_vector] (선택)	행이나 열을 한 개만 포함하는 범위, result_vector 인수는 lookup_vector와 반드시 동일한 크기여야 함

(2) LOOKUP 함수 따라 하기

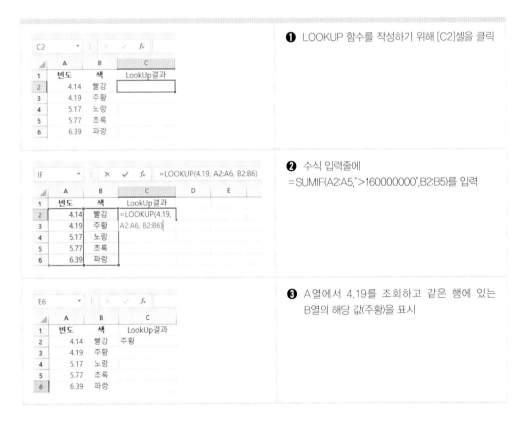

❶ LOOKUP 함수를 작성하기 위해 [C2]셀을 클릭

❷ 수식 입력줄에
=SUMIF(A2:A5,">160000000",B2:B5)를 입력

❸ A열에서 4.19를 조회하고 같은 행에 있는 B열의 해당 값(주황)을 표시

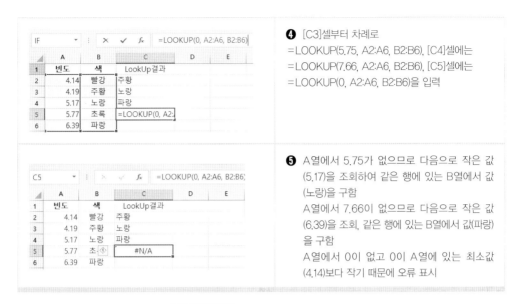

❹ [C3]셀부터 차례로
=LOOKUP(5.75, A2:A6, B2:B6), [C4]셀에는
=LOOKUP(7.66, A2:A6, B2:B6), [C5]셀에는
=LOOKUP(0, A2:A6, B2:B6)을 입력

❺ A열에서 5.75가 없으므로 다음으로 작은 값
(5.17)을 조회하여 같은 행에 있는 B열에서 값
(노랑)을 구함
A열에서 7.66이 없으므로 다음으로 작은 값
(6.39)을 조회, 같은 행에 있는 B열에서 값(파랑)
을 구함
A열에서 0이 없고 0이 A열에 있는 최소값
(4.14)보다 작기 때문에 오류 표시

그림 3-11 LOOKUP 함수 사용하기

6. VLOOKUP

VLOOKUP 함수는 대표적인 찾기 함수로 찾기 및 참조 영역 범주에 속해 있는 함수이다. 표 또
는 범위에서 값을 찾아야 할 때 사용한다. LOOKUP 함수처럼 이 함수는 찾으려는 값과 같거나
작은 값들 중에서 최대값을 발견할 때까지 정렬된 데이터 테이블을 세로(수직, 열)로 검색한다.

(1) VLOOKUP 구문

=VLOOKUP(lookup_value, table_array, col_index_num, [range_lookup])

표 3-7 VLOOKUP 함수 인수

인수	설명
lookup_value (필수)	조회하려는 값으로 찾으려는 값이 table_array 인수에 지정한 셀 범위의 첫 번째 열에 있어야 함. 예를 들어 표 배열 범위 셀 B2:D7이 있으면 lookup_value가 B열에 있어야 함. lookup_value는 셀에 대한 값 또는 참조일 수 있음
table_array (필수)	VLOOKUP이 lookup_value 및 반환값을 검색하는 셀의 범위, 셀 범위의 첫 번째 열에는 lookup_value가 포함되어야 하며 셀 범위에는 찾으려는 반환값도 포함해야 함
col_index_num (필수)	반환값이 포함된 열 번호(table_array의 맨 왼쪽 열에 대해 1부터 시작)

(2) VLOOKUP 함수 따라 하기

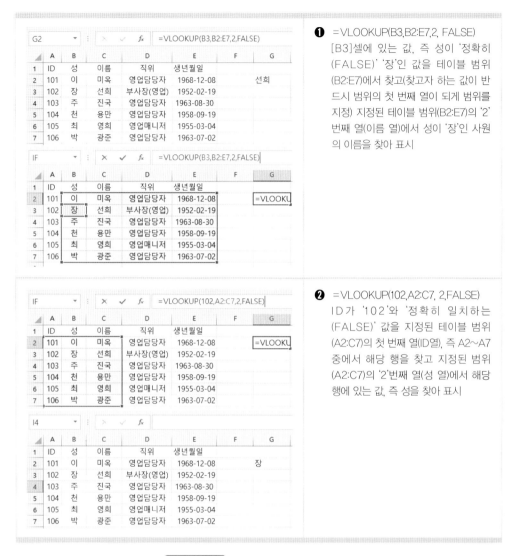

❶ =VLOOKUP(B3,B2:E7,2, FALSE)
[B3]셀에 있는 값, 즉 성이 '정확히
(FALSE)' '장'인 값을 테이블 범위
(B2:E7)에서 찾고(찾고자 하는 값이 반
드시 범위의 첫 번째 열이 되게 범위를
지정) 지정된 테이블 범위(B2:E7)의 '2'
번째 열(이름 열)에서 성이 '장'인 사원
의 이름을 찾아 표시

❷ =VLOOKUP(102,A2:C7, 2,FALSE)
ID 가 '102'와 '정확히 일치하는
(FALSE)' 값을 지정된 테이블 범위
(A2:C7)의 첫 번째 열(ID열), 즉 A2~A7
중에서 해당 행을 찾고 지정된 범위
(A2:C7)의 '2'번째 열(성 열)에서 해당
행에 있는 값, 즉 성을 찾아 표시

그림 3-12 VLOOKUP 함수 사용하기

7. MATCH

MATCH 함수도 찾기/참조 영역 범주에 속해 있는 함수로, 셀 범위에서 지정된 항목을 검색
하고 범위에서 해당 항목이 차지하는 상대 위치를 표시해 준다. 예를 들어 A1:A3 범위에 값 5,
25, 38(순서대로, 세로로)이 있는 경우 =MATCH(25,A1:A3,0) 수식은 25가 범위의 두 번째 항
목이므로 숫자 2를 반환해 준다.

(1) MATCH 구문

=MATCH(lookup_value, lookup_array, [match_type])

표 3-8 MATCH 함수 인수

인수	설명
lookup_value (필수)	lookup_array에서 찾으려는 값으로 인수는 숫자, 텍스트, 논리값 등의 값이거나 숫자, 텍스트 또는 논리값에 대한 셀 참조
table_array (필수)	검색할 셀 범위
[match_type] (선택)	lookup_value와 lookup_array 값과 일치하는 방식을 지정 인수로 -1, 0 또는 1 중 하나를 지정하며 기본값은 1 • 1(또는 생략) : lookup_value보다 작거나 같은 값 중에서 최대값을 찾음. lookup_array 인수값은 오름차순(⋯, -2, -1, 0, 1, 2, ⋯, A-Z, FALSE, TRUE)으로 지정해야 함 • 0 : lookup_value와 같은 첫째 값을 찾음. lookup_array 인수값은 임의의 순서로 지정해도 됨 • -1 : 일치하는 값보다 크거나 같은 값 중에서 최소값을 찾음. lookup_array 인수값은 내림차순(TRUE, FALSE, ㅎ-ㄱ, ⋯, 2, 1, 0, -1, -2, ⋯)으로 지정해야 함

(2) MATCH 함수 따라 하기

❶ =MATCH(39,B2:B5,1)

정확히 일치하는 값이 없기 때문에 범위 [B2:B5]에서 다음으로 낮은 값(38)의 위치를 반환

❷ =MATCH(41,B2:B5,0)

범위 [B2:B5]에서 값 41의 위치를 반환

3 =MATCH(40,B2:B5,−1)

범위 [B2:B5]의 값이 내림차순이 아니므로 오류를 반환

그림 3-13 MATCH 함수 사용하기

(3) MATCH 함수의 TYPE에 대한 이해

MATCH 함수에서 MATCH_TYPE(0,1,01)의 사용예는 다음과 같다.

	1월	2월	3월	4월	5월	6월	7월	8월	9월	10월	11월	12월	비고
누적 수확량_오름	64	123	189	254	325	381	447	502	558	612	692	770	오름차순
누적 수확량_내림	770	692	612	558	502	447	381	325	254	189	123	64	내림차순

이를 이용하여 다음과 같이 수식 입력 결과를 확인할 수 있다.

입력	결과	설명
=MATCH(481,누적_수확량_오름,0)	6	정확하게 일치하는 6열을 반환
=MATCH(481,누적_수확량_오름,0)	#N/A	정확하게 일치하는 값이 없음
=MATCH(481,누적_수확량_오름,1)	7	447(7열) < 481 < 502(8열)이므로 최소값 447이 있는 7열을 반환
=MATCH(481,누적_수확량_내림,−1)	5	503(5열) > 481 > 471(6열)이므로 최대값 502가 있는 5열을 반환함

8. CHOOSE

CHOOSE 함수는 인수들의 값 또는 항목 중에서 하나의 값 또는 항목을 선택하기 위해 사용되는 함수로 찾기 및 참조 영역 범주에 속해 있는 함수이다. 아래의 구문에서와 같이 index_num을 사용하여 인수값 목록(value1, value2, …, value 254)에서 값을 반환한다. CHOOSE 함수를

사용하여 254개까지의 값 중에서 인덱스 번호를 기준으로 한 개의 값을 선택할 수 있다.

(1) CHOOSE 구문

$$=\text{CHOOSE(index\_num, value1, [value2], \cdots)}$$

표 3-9 CHOOSE 함수 인수

인수	설명
index_num (필수)	• 인수가 선택되는 값을 지정, index_num은 1과 254 사이의 숫자이거나 이에 해당하는 숫자가 들어 있는 수식 또는 셀 참조 • index_num이 1이면 CHOOSE에서는 value1이 반환되고, 2이면 value2를 반환 • index_num이 1보다 작거나 목록의 마지막 값에 해당하는 번호보다 크면 CHOOSE에서는 #VALUE! 오류값 반환, index_num이 분수이면 가장 작은 정수로 잘린 후 사용 • index_num이 배열이면 CHOOSE 함수가 계산될 때 모든 값이 계산됨
value1 (필수)	인수는 숫자, 셀 참조, 정의된 이름, 수식, 함수 또는 텍스트, index_num을 기준으로 수행할 작업이나 값을 선택하는 데 사용하는 인수로 1개부터 254개까지 지정할 수 있음
[value2] (선택)	

(2) CHOOSE 함수 따라 하기

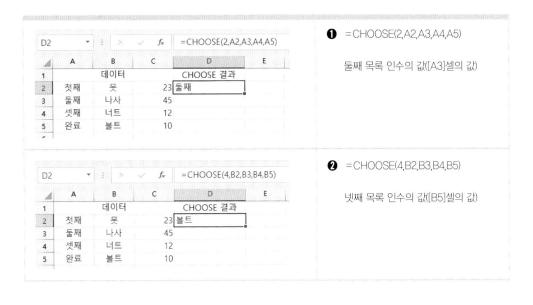

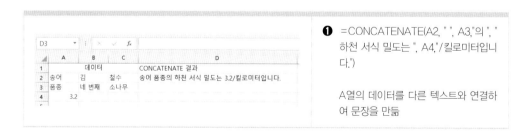

그림 3-14 CHOOSE 함수 사용하기

9. CONCATENATE(CONCAT)

2개 이상의 텍스트 문자열을 하나의 문자열로 연결해 주는 함수로 텍스트 범주에 속해 있는 함수이다. 엑셀 2016까지 'CONCATENATE'라는 함수 이름으로 계속 사용되고 있으나 엑셀 2019또는 오피스 365에서는 'CONCAT'로 대체된다.

(1) CONCATENATE 구문

=CONCATENATE(text1, [text2], …)

표 3-10   CONCATENATE 함수 인수

인수	설명
text1 (필수)	연결할 첫 번째 항목으로 텍스트 값, 숫자 또는 셀 참조가 될 수 있음
[text2] (선택)	연결할 추가 텍스트 항목으로 최대 255개 항목, 총 8,192자까지 추가할 수 있음

(2) CONCATENATE 함수 따라 하기

	A	B	C	D
1		데이터		CONCATENATE 결과
2	송어	김	철수	송어 품종의 하천 서식 밀도는 3.2/킬로미터입니다.
3	품종	네 번째	소나무	
4		3.2		

❶ =CONCATENATE(A2, " ", A3,"의 ", "하천 서식 밀도는 ", A4,"/킬로미터입니다.")

A열의 데이터를 다른 텍스트와 연결하여 문장을 만듦

그림 3-15 CONCATENATE 함수 사용하기

10. FIND, FINDB

FIND와 FINDB는 지정한 문자열에서 원하는 문자의 위치값을 찾아주는 텍스트 범주에 속하는 함수이다. FIND와 FINDB는 사용법이 같은데, 차이점은 FIND는 SBCS(싱글바이트 문자 집합)를 사용하는 언어에 사용하며 FINDB는 DBCS(더블바이트 문자 집합)를 사용하는 언어에 사용한다. 컴퓨터의 언어 설정에 따라 반환값에 영향을 주는데, FIND는 싱글바이트 문자든 더블바이트 문자든 상관없이, 또한 기본 언어 설정에 상관없이 항상 각 문자를 1로 계산한다. 반면 FINDB는 DBCS를 지원하는 언어를 편집할 수 있도록 설정하고 이 언어를 기본 언어로 설정한 경우 각 더블바이트 문자를 2로 계산한다. 그러나 이러한 경우가 아니면 FINDB도 각 문자를 1로 계산한다.

(1) FIND, FINDB 구문

=FIND(find_text, within_text, [start_num])
=FINDB(find_text, within_text, [start_num])

표 3-11 FIND, FINDB 함수 인수

인수	설명
find_text (필수)	찾고자 하는 텍스트
within_text (필수)	찾고자 하는 텍스트를 포함하고 있는 텍스트
[start_num] (선택)	within_text에서 검색을 시작할 위치를 지정, within_text에서 첫 문자의 문자 번호는 1이며, start_num을 생략하면 1로 간주

(2) FIND, FINDB 함수 따라 하기

❶ =FIND("#",A2,1)

[A2]셀에서 위치 1부터 "#" 위치까지의 텍스트를 추출

❷ =FIND("#",A3,1)

[A3]셀에서 위치 1부터 "#" 위치까지의 텍스트를 추출, 텍스트 사이의 공백 문자도 카운팅함

❸ =FIND(" #",A4,1)

[A4]셀에서 위치 1부터 " #" 위치까지의 텍스트를 추출, 찾고자 하는 문자 " #"의 공백 문자도 포함한 두문자가 일치하는 위치 추출

그림 3-16 FIND, FINDB 함수 사용하기

제4장

논리함수

엑셀의 논리함수를 판단함수라고도 한다. 논리함수는 기본적으로 참(TRUE) 또는 거짓(FALSE)을 판단하는 기능을 포함한 함수들을 말한다. 엑셀 2016에서 제공하는 논리함수로는 9개가 있으며 이 장에서는 제3장에서 설명한 IF 함수와 사용이 간단한 FALSE, TRUE 함수를 제외한 6개의 함수와 엑셀 2016에서는 지원하지 않지만 엑셀 2019와 오피스 365에서 제공되는 IFS 함수를 포함해서 7개의 함수에 대해서 그 구문과 사용법에 대해서 설명하도록 한다. FALSE와 TREU 함수의 사용법은 [표 4-1]을 참고하고 IF 함수는 제3장에서 설명하였으므로 참고하기 바란다.

제**1**절 논리함수 개요

엑셀 2016의 논리함수들은 다음의 [그림 4-1]에서와 같이 함수 마법사를 실행하거나 [수식] 탭 →[함수 라이브러리] 그룹→[논리] 리본 메뉴→[드롭다운 화살표(▼)] 버튼을 클릭하여 확인해 볼 수 있다.

그림 4-1 함수 마법사 대화상자를 이용한 논리함수 검색

엑셀 2016에서는 알파벳순으로 나열하면 AND, FALSE, IF, IFERROR, IFNA, NOT, OR, TRUE, XOR 등의 9개의 논리함수가 제공된다. 이들 함수는 크게 논리연산과 선택연산의 2개 계열로 구분할 수 있으면 이들의 설명과 사용법을 정리하면 다음의 [표 4-1]과 같다.

표 4-1 엑셀 2016의 논리함수

계열	함수명	설명
논리연산	AND 함수	인수가 모두 TRUE이면 TRUE를 반환하고, 인수 중 하나라도 FALSE이면 FALSE를 반환 =AND(A2>1,A2<100) : A2가 1보다 크고 AND 100보다 작으면 TRUE를 반환하고, 그렇지 않으면 FALSE를 반환
	OR 함수	인수 중 하나라도 TRUE이면 TRUE를 반환하고, 모든 인수가 FALSE이면 FALSE를 반환 =OR(A2>1,A2<100) : A2가 1보다 크거나 100보다 작으면 TRUE를 반환하고 그렇지 않으면 FALSE를 반환
	XOR 함수	모든 인수의 논리 배타적 OR를 반환 =XOR(3>0,2<9) : 두 테스트 모두 TRUE이므로 FALSE를 반환
	NOT 함수	인수에 들어 있는 논리값을 부정하는 함수로 인수가 FALSE이면 TRUE를 인수가 TRUE이면 FALSE를 반환 =NOT(50>100) : 인수값이 FALSE이므로 부정인 TRUE를 반환

계열	함수명	설명
논리연산	FALSE 함수	워크시트나 수식에 직접 FALSE라는 단어를 입력할 수도 있으나, FALSE 함수는 주로 다른 스프레드시트 프로그램과의 호환성을 위해 사용 =FALSE() : FALSE 함수 구문에는 인수가 없으며, 논리값 FALSE를 반환
	TRUE 함수	워크시트나 수식에 직접 TRUE라는 단어를 입력할 수도 있으나, TRUE 함수는 주로 다른 스프레드시트 프로그램과의 호환성을 위해 사용 =TRUE() : TRUE 함수 구문에는 인수가 없으며, 논리값 TRUE를 반환
선택연산	IF 함수	특정값과 예상값을 논리적으로 비교하는 함수 =IF(C2="Yes",1,2) : C2 = Yes이면 1을 반환하고, 그렇지 않으면 2를 반환
	IFERROR 함수	수식에 오류가 있을 경우 이를 처리할 수 있도록 한 IF 함수의 확장형 =IFERROR(A2/B2, "계산 오류") : 첫 번째 인수의 수식에 오류가 있는지를 검사하여 오류가 없으므로 수식 결과를 반환하고 오류가 있으면 '계산 오류'를 반환
	IFNA 함수	수식이 #N/A 오류값을 반환하는 경우 지정한 값을 반환하고, 그렇지 않으면 수식 결과를 반환 =IFNA(A2/B2, "찾을 수 없음") : 첫 번째 인수의 수식이 오류 코드 #N/A에 해당하면 '찾을 수 없음'을 반환하고 아니면 결과값은 반환

제2절 AND · OR · XOR · NOT 함수

AND · OR · XOR 함수는 대표적인 논리함수로 인수들의 논리곱, 논리합 그리고 배타적 논리합 연산결과를 반환해 준다. 이들 함수는 단독으로도 사용되지만 다른 함수들과 함께 사용되기도 한다.

1. AND 함수

AND 함수는 인수가 모두 TRUE이면 TRUE를 반환하고, 인수 중 하나라도 FALSE이면 FALSE를 반환한다. AND 함수는 논리 테스트를 실행하는 다른 함수의 기능을 확장할 용도로 주로 사용된다. 예를 들어 IF 함수는 논리 테스트를 실행한 다음 그 테스트 결과가 TRUE이면 특정값을 반환하고 테스트 결과가 FALSE이면 다른 값을 반환한다. AND 함수를 IF 함수의 logical_test 인수로 사용하면 한 개의 조건에 그치지 않고 서로 다른 여러 가지 조건을 테스트할 수 있다. AND 함수의 구문과 사용되는 인수는 다음과 같다.

(1) AND 구문과 인수

=AND(logical1, [logical2], ⋯)

표 4-2 AND 함수 인수

인수	설명
logical1 (필수)	테스트하려는 첫 번째 조건으로 TRUE 또는 FALSE
[logical2] (선택)	TRUE 또는 FALSE로 평가될 수 있는 추가 테스트 조건으로 최대 255개까지 선택

(2) AND 함수 사용하기

=AND(A2>1,A2<100)

A2가 1보다 크고 100보다 작으면 TRUE를 반환하고, 그렇지 않으면 FALSE를 반환

그림 4-2 AND 함수 사용하기

(3) IF 함수와 함께 사용하기

실습을 위해 제4장 실습 파일의 'IF & AND' 시트를 사용한다. 이 시트는 판매원들의 총매출이 보너스 목표액을 초과하고 판매계정도 회계목표를 초과했을 경우 정해진 비율로 보너스를 책정하기 위한 것이다. 사원의 총매출이 보너스 목표인 12,5000,000원 이상이면서 계정도 회계목표인 5개 이상인 사원에게 총매출액에 1.5%를 곱하여 보너스를 지급하고자 한다. 이를 위해서는 보너스 목표와 회계목표를 모두 만족해야 하므로 논리곱 함수인 AND 함수를 사용하여 이를 판단한다. 다음으로 해당하는 사원의 경우에는 해당 사원의 총매출액에 보너스 비율을 곱한 값을 반환하도록 하는 IF 함수를 사용한다.

❶ 안예은 사원부터 보너스 계산을 수행하기 위한 함수식. 함수식에서 고정되어 있어야 하는 보너스 목표. 회계목표, 보너스율(%)의 값은 절대주소 사용

❷ [E13]셀에 입력한 후 결과값을 확인

❸ 자동 채우기 핸들을 [E17]셀까지 드래그, 모든 사원의 보너스 책정값 확인

그림 4-3   IF와 AND 함수 함께 사용하기

2. OR 함수

OR 함수는 인수 중 하나라도 TRUE이면 TRUE를 반환하고, 모든 인수가 FALSE이면 FALSE를 반환한다. OR 함수의 일반적인 사용 중 하나는 논리 테스트를 수행하는 다른 함수의 유용성을 확장하는 것이다. 예를 들어 IF 함수는 논리 테스트를 수행하여 테스트가 TRUE이면 특정값을, 테스트가 FALSE이면 다른 값을 반환한다. IF 함수의 logical_test 인수로 OR 함수를 사용하면 하나의 조건이 아닌 여러 조건을 테스트할 수 있다. OR 함수의 구문과 사용되는 인수는 다음과 같다.

(1) OR 구문과 인수

=OR(logical1, [logical2], …)

표 4-3 OR 함수 인수

인수	설명
logical1 (필수)	테스트하려는 첫 번째 조건으로 TRUE 또는 FALSE
[logical2] (선택)	TRUE 또는 FALSE로 평가될 수 있는 추가 테스트 조건으로 최대 255개까지 선택

(2) OR 함수 사용하기

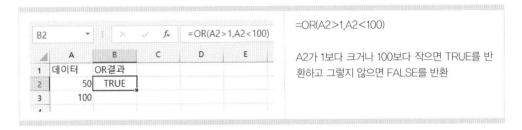

그림 4-4 OR 함수 사용하기

(3) IF 함수와 함께 사용하기

실습을 위해 제4장 실습 파일의 'IF & OR' 시트를 사용한다. 이 시트는 판매원들의 총매출이 판매목표 이상이거나 계정이 회계목표 이상인 경우의 사원에게 수수료를 지급하기 위한 것이다. 판매목표는 8,5000,000원이며 이를 초과하면서 회계목표인 5개 계정도 초과한 사원에게 총매출의 수수료율 2.0%를 곱하여 수수료를 지급한다. 이를 위해서는 판매목표 또는 회계목표 둘 중 하나를 만족해야 하므로 논리합 함수인 OR 함수를 사용하여 이를 판단한다. 다음으로 해당하는 사원의 경우에는 해당 사원의 총매출액에 수수료율을 곱한 값을 반환하도록 하는 IF 함수를 사용한다.

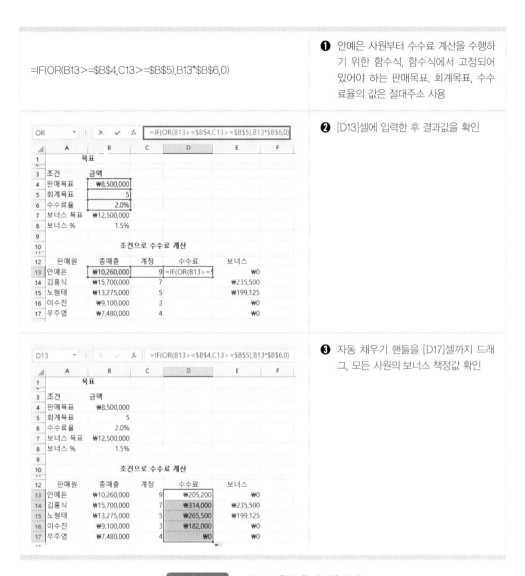

=IF(OR(B13>=$B$4,C13>=$B$5),B13*$B$6,0)

❶ 안예은 사원부터 수수료 계산을 수행하기 위한 함수식, 함수식에서 고정되어 있어야 하는 판매목표, 회계목표, 수수료율의 값은 절대주소 사용

❷ [D13]셀에 입력한 후 결과값을 확인

❸ 자동 채우기 핸들을 [D17]셀까지 드래그, 모든 사원의 보너스 책정값 확인

그림 4-5 IF와 OR 함수 함께 사용하기

3. XOR 함수

XOR 함수는 모든 인수의 배타적 논리합을 반환한다. XOR 함수는 인수들의 논리값이 같으면 FALSE를 반환하고 인수들의 논리값이 다르면 TRUE를 반환한다. XOR 함수 역시 AND, OR 함수처럼 일반적으로 사용하는 방법은 논리 테스트를 수행하는 다른 함수와 함께 사용하는 것이다.

(1) XOR 구문과 인수

=XOR(logical1, [logical2],…)

표 4-4   XOR 함수 인수

인수	설명
logical1 (필수)	테스트하려는 첫 번째 조건으로 TRUE 또는 FALSE
[logical2] (선택)	TRUE 또는 FALSE로 평가될 수 있는 추가 테스트 조건으로 최대 254개까지 선택

(2) XOR 함수 사용하기

=XOR(A2>1,A2<100)

A2>1은 TRUE가 되고, A2<100도 TRUE가 되어 배타적 논리합 결과값은 FALSE를 반환

그림 4-6   XOR 함수 사용하기

4. NOT 함수

NOT 함수는 인수의 논리적 부정값을 반환한다. NOT 함수는 인수의 논리값이 FALSE이면 TRUE를, 논리값이 TRUE이면 FALSE를 반환한다. NOT 함수 역시 일반적으로는 논리 테스트를 수행하는 다른 함수의 유용성을 확장하는 것, 즉 함께 사용하는 것이다. 예를 들어 IF 함수는 논리 테스트를 수행하여 테스트가 TRUE이면 특정 값을, 테스트가 FALSE이면 다른 값을 반환한다. IF 함수의 logical_test 인수로 NOT 함수를 사용하면 하나의 조건이 아닌 여러 조건을 테스트할 수 있다.

(1) NOT 구문과 인수

=NOT(logical)

| 표 4-5 | NOT 함수 인수 |

인수	설명
logical1 (필수)	TRUE 또는 FALSE가 될 수 있는 값 또는 식

(2) NOT 함수 사용하기

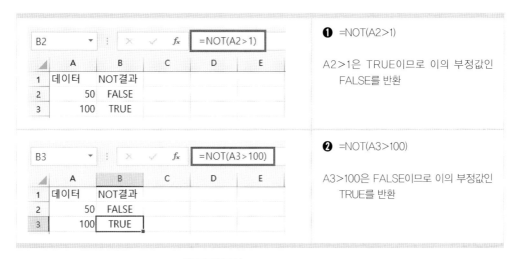

❶ =NOT(A2>1)

A2>1은 TRUE이므로 이의 부정값인 FALSE를 반환

❷ =NOT(A3>100)

A3>100은 FALSE이므로 이의 부정값인 TRUE를 반환

| 그림 4-7 | NOT 함수 사용하기

(3) IF 함수와 함께 사용하기

실습을 위해 제4장 실습 파일의 'NOT & IF & AND' 시트를 사용한다. 이 시트는 앞의 'IF & AND' 시트와 같이 판매원들의 보너스를 산출하는 시트이다. 이번에는 NOT 함수를 함께 사용하여 사원들의 보너스를 계산하는 함수식을 이용하도록 하자. 앞에서와 같이 이 예제는 판매원들의 총매출이 보너스 목표액을 초과하고 판매계정도 회계목표를 초과했을 경우 정해진 비율로 보너스를 책정하기 위한 것이다. 사원의 총매출이 보너스 목표인 12,5000,000원보다 작지 않고, 계정도 회계목표인 5개보다 작지 않은 사원에게 총매출액에 1.5%를 곱하여 보너스를 지급하고자 한다.

=IF(AND(NOT(B13($B$7),NOT(C13<$B$5)),B13*$B$8,0)	❶ 안예은 사원부터 보너스 계산을 수행하기 위한 함수식. 함수식에서 고정되어 있어야 하는 보너스 목표, 회계목표, 보너스율의 값은 절대주소 사용

❷ [E13]셀에 입력한 후 결과값을 확인

❸ 자동 채우기 핸들을 [E17]셀까지 드래그, 모든 사원의 보너스 책정값 확인

그림 4-8 IF와 NOT 함수 함께 사용하기

제3절 IFERROR · IFNA · IFS 함수

엑셀 2016의 논리 범주의 조건을 판단하는 함수로는 IF 함수와 IFERROR 함수 그리고 IFNA 함수가 있다. IF 함수는 제3장에서 설명하였으므로 이 장에서는 IFERROR 함수와 IFNA 함수에 대해서 설명하도록 한다. IFERROR 함수와 IFNA 함수를 사용하면 수식의 오류를 포착하고 처리할 수 있다. 한편 IFS 함수는 엑셀 2016에서는 지원되지 않고 엑셀 2019와 오피스 365 버

전에서 지원한다. IFS 함수는 사용자에게 중첩 IF 함수를 보다 간결하게 사용할 수 있도록 해주는 함수이다.

1. IFERROR 함수

IFERROR 함수는 수식의 오류를 포착하여 처리할 수 있다. IFERROR 함수에서 오류로 계산되는 경우에는 인수로 사용자가 지정한 값을 반환한다. 오류가 없으면 인수에 있는 수식 결과를 반환한다.

(1) IFERROR 구문과 인수

=IFERROR(value, value_if_error)

표 4-6   IFERROR 함수 인수

인수	설명
value (필수)	오류를 검사할 인수
value_if_error (필수)	수식이 오류로 계산되는 경우 반환할 값으로 #N/A, #VALUE!, #REF!, #DIV/0!, #NUM!, #NAME?, #NULL! 등의 오류 유형 평가

(2) IFERROR 함수 사용하기

❶ =IFERROR(A2/B2, "계산 오류")

첫 번째 인수의 수식(210/35)의 오류 검사, 오류가 없으므로 수식 결과 반환

❷ =IFERROR(A3/B3, "계산 오류")

첫 번째 인수의 수식(55/0) 검사, 0으로 나누기 오류이므로 value_if_error 반환

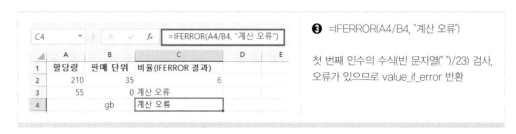

그림 4-9 IFERROR 함수 사용하기

2. IFNA 함수

수식이 #N/A 오류 코드를 반환하게 될 경우 대신에 IFNA 함수의 인수에 지정한 값을 반환하고, 그렇지 않으면 수식 결과를 반환하는 함수이다. IFERROR이 #N/A, #VALUE!, #REF!, #DIV/0!, #NUM!, #NAME?, #NULL! 등의 오류 유형을 평가하는 반면 IFNA 함수는 #N/A 오류값 유형만 판단한다.

(1) IFNA 구문과 인수

=IFNA(value, value_if_na)

표 4-7 IFNA 함수 인수

인수	설명
value (필수)	#N/A 오류값을 검사할 인수
value_if_na (필수)	수식이 #N/A 오류값을 반환하는 경우 반환할 값

(2) IFNA 함수 사용하기

IFNA 함수 사용은 제4장 실습 파일의 IFNA 시트를 사용하도록 한다. 도시의 지역코드 번호를 찾고자 하는 것으로 과천의 도시 코드를 해당 테이블에서 찾고자 한다. 만약 과천이라는 도시가 없으면 '찾을 수 없음'이라는 문자열을 반환하도록 하고 과천을 찾기 위해서는 VLOOKUP 함수와 함께 사용하도록 한다.

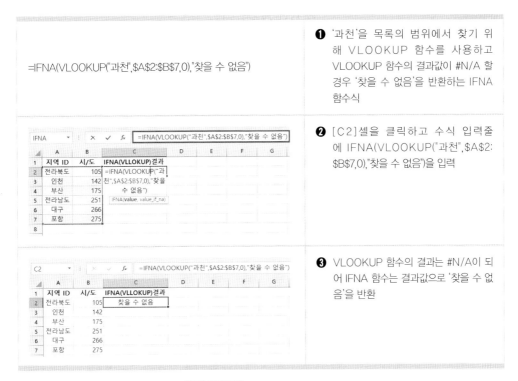

<table>
<tr><td>=IFNA(VLOOKUP("과천",$A$2:$B$7,0),"찾을 수 없음")</td><td>❶ '과천'을 목록의 범위에서 찾기 위해 VLOOKUP 함수를 사용하고 VLOOKUP 함수의 결과값이 #N/A 할 경우 '찾을 수 없음'을 반환하는 IFNA 함수식</td></tr>
</table>

	❷ [C2]셀을 클릭하고 수식 입력줄에 IFNA(VLOOKUP("과천",$A$2:$B$7,0),"찾을 수 없음")을 입력

	❸ VLOOKUP 함수의 결과는 #N/A이 되어 IFNA 함수는 결과값으로 '찾을 수 없음'을 반환

그림 4-10　IFNA 함수 사용하기

3. IFS 함수

IFS 함수는 IF 함수처럼 조건을 체크하여 조건이 TRUE일 경우 TRUE 조건에 해당하는 값을 반환하는데 IF 함수와 다른 것은 다수의 조건을 체크할 수 있고, 조건이 TRUE일 경우 TRUE 조건에 해당하는 값들도 당연히 다수이다. 체크해야 할 조건과 TRUE일 경우 반환해야 할 값은 동일해야 한다. 이와 같이 IFS는 중첩된 IF 함수 대신 사용할 수 있고 여러 조건을 사용해도 이해하기 더욱 쉽다는 장점이 있다. IFS 함수는 엑셀 2016에서는 지원되지 않고 엑셀 2019나 오피스 365 버전에서 사용할 수 있다. 여기서는 중첩 IF 함수의 사용 설명과 이를 IFS 함수로 바꾸어 사용하는 방법에 대해서 설명하도록 한다.

(1) IFS 구문과 인수

=IFS(logical_test1, value_if_true1, [logical_test2, value_if_true2], …)

표 4-8   IFS 함수 인수

인수	설명
logical_test1 (필수)	TRUE 또는 FALSE로 계산되는 조건
value_if_true1 (필수)	logical_test1이 TRUE로 계산되는 경우에 반환될 결과 비어 있을 수도 있음
[logical_test2] (선택)	logical_test1을 기준으로 127개까지 사용할 수 있음
[value_if_true2] (선택)	value_if_true1 127개까지 사용할 수 있음

(2) IFS 함수 사용하기

IFS 함수를 사용하기 전에 먼저 중첩 IF 함수의 예부터 살펴본 후, IFS 함수를 사용해 보면 IFS 함수의 장점을 보다 잘 이해할 수가 있다. 학생의 기말 총점을 기준으로 학점을 평가하는 예를 들어 보면 총점이 90점 이상이면 A, 80점 이상이면 B, 70점 이상이면 C, 60점 이상이면 D, 60점 미만이면 F일 때, 이를 판단하기 위한 IF 함수를 제4장 실습 파일의 IFS 시트를 사용하여 계산해 보면 다음의 [그림 4-11]과 같다.

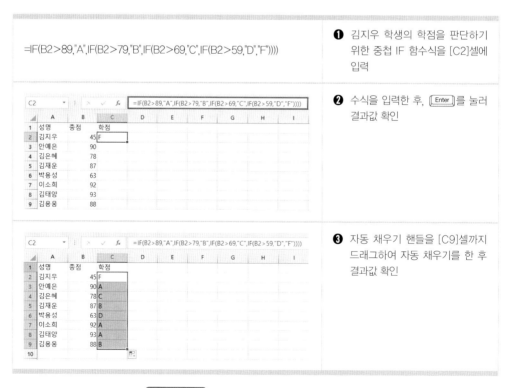

그림 4-11   중첩 IF 함수를 사용한 학점 구하기

이를 IFS 함수로 사용하면 중복되는 IF문도 없어지고 가독성도 훨씬 좋아진다. 위의 학점 판단 중첩 IF 함수를 IFS 함수로 바꾸어 학생들의 학점을 구해 보면 다음의 [그림 4-12]와 같으며 오피스 365에서 실행한 화면이다.

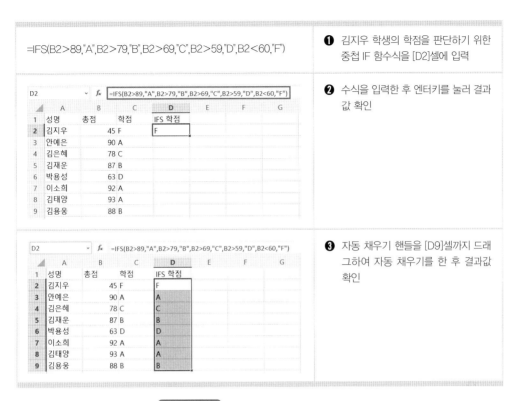

그림 4-12 IFS 함수를 사용한 학점 구하기

제**5**장

편집함수

이 장에서는 편집함수에 대해서 학습한다. 편집함수는 데이터로부터 필요한 문자를 추출할 때 사용하는 함수로서 텍스트 함수라고도 한다. 편집함수는 엑셀 2016의 메뉴 [수식] → [함수 라이브러리]의 텍스트에 해당한다. 드롭다운 화살표(▼)를 눌러서 보면 다양한 텍스트 함수가 있다.

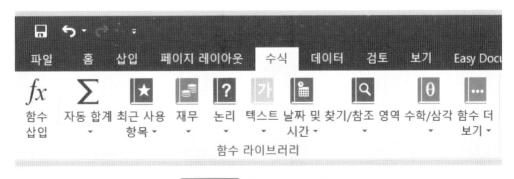

그림 5-1   함수 라이브러리 찾기

제1절   편집함수 총괄

엑셀에서 제공하는 문자열 편집과 관련된 함수는 얼마나 많을까?

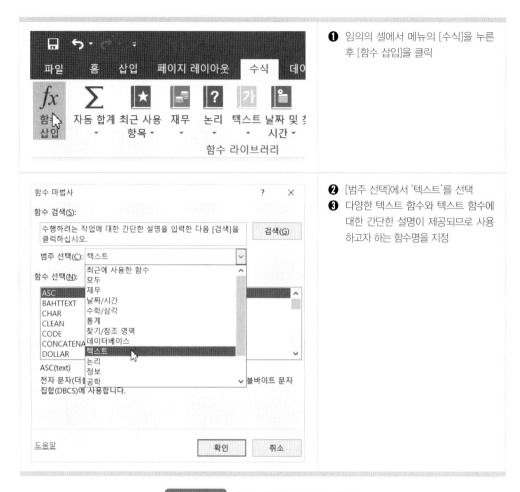

❶ 임의의 셀에서 메뉴의 [수식]을 누른 후 [함수 삽입]을 클릭

❷ [범주 선택]에서 '텍스트'를 선택
❸ 다양한 텍스트 함수와 텍스트 함수에 대한 간단한 설명이 제공되므로 사용하고자 하는 함수명을 지정

그림 5-2 함수 마법사에서 텍스트 함수

표 5-1 텍스트 함수

함수	설명
ASC(TEXT)	전자문자(더블바이트)를 반자문자(싱글바이트)로 변환
BATHTEXT(number)	숫자를 BATHTEXT로 변환
CHAR(65)	65
CLEAN(TEXT)	출력할 수 없는 모든 문자를 텍스트에서 제거
CODE("A")	65
CONCATENATE("동명", "대학교")	동명대학교
DOLLAR(100,0)	$100

함수	설명
EXACT("동", "동")	TRUE
FIND("명", "동명대학교")	2
FINDB("대학교", "동명대학교")	5
FIXED(2000,0)	2,000
JUNJA(TEXT)	반자문자(싱글바이트)를 전자문자(더블바이트)로 변환
LEFT("동명대학교",2)	동명
LEN("동명대학교")	5
LENB("동명대학교")	10
LOWER("TONGMYONG")	tongmyong
MID("동명대학교",3,2)	대학
MIDB("동명대학교",2,5)	명대
NUMBERVALUE("10,000.00",".")	10000
PROPER("tongmyong")	Tonmyoung
REPLACE("동명대학교",1,2,"명문")	명문대학교
REPLACEB("동명대학교",1,0,"명문")	명문동명대학교
REPT("TU",3)	TUTUTU
REPLACEB("동명대학교",1,4,"명문")	명문대학교
RIGHT("동명대학교",3)	대학교
RIGHTB("동명대학교",6)	대학교
SEARCH("대", "동명대학교")	3
SEARCHB("대", "동명대학교")	5
T("TU")	TU ※=T(65)는 아무 값도 돌려주지 않음
TEXT(12345.67,"$#,##0.00")	$1,234.57
TRIM("　동명 대학교　")	동명 대학교
UNICHAR(65)	A
UNICODE("TU")	84 ※UNICHAR(84)=T
UPPER("TongMyong")	TONGMYONG
VALUE("\1,000,000")	1000000
WON(2457.65)	₩2458

이상의 35가지의 텍스트 함수가 있다. 다음에는 이 중에서 자주 사용하는 LEFT, RIGHT, REPLACE, TEXT, MID, COLUMN, LEN 함수에 대하여 살펴보도록 한다.

제2절 LEFT · RIGHT · REPLACE 함수

LEFT · RIGHT · REPLACE 함수 등은 데이터 셀에 입력된 값의 전체가 아닌 일부를 사용할 경우에 셀 값을 잘라서 가져오는 함수이다. 먼저 LEFT, RIGHT 함수를 사용해서 데이터의 일부를 가져와서 새로운 데이터를 완성해 보고자 한다. 그리고 REPLACE 함수는 특정 위치에 있는 문자들을 다른 텍스트로 대체하는 데 활용되는데, 이는 특정 위치에 있는 데이터를 가져와서 그 위치의 데이터를 변경할 때 유용하다.

표 5-2 LEFT · RIGHT · REPLACE 함수 요약

함수명	기능
LEFT 함수	• 셀 왼쪽부터 지정한 개수의 문자를 가져온다. • 형식 : LEFT(text, num_chars) • text : 추출하려는 문자가 들어 있는 텍스트 문자열 • num_chars : 왼쪽에서부터 추출할 문장의 수를 지정, 생각하면 1이 됨 • 'LEFT("동명대학교",2)'의 의미는 '동명대학교' 문자열에서 왼쪽부터 2개의 문자를 가져오라는 뜻이며 그 결과는 '동명'이 된다.
RIGHT 함수	• 셀 오른쪽부터 지정한 개수의 문자를 가져온다. • 형식 : RIGHT(text, num_chars) • text : 추출하려는 문자가 들어 있는 텍스트 문자열 • num_chars : 오른쪽에서부터 추출할 문장의 수를 지정, 생각하면 1이 됨 • 'RIGHT("동명대학교",3)'의 의미는 '동명대학교' 문자열에서 오른쪽부터 3개의 문자를 가져오라는 뜻이며 그 결과는 '대학교'이다.
REPLACE 함수	• 기존 텍스트의 시작 위치부터 문자수만큼의 문자 부분을 새 텍스트로 바꾼다. • 형식 : REPLACE(old_text, start_num, num_chars, new_text) • old_text : 기존 텍스트 / start_num : 시작 위치 • num_chars : 문자수 / new_text : 새 텍스트 • 'REPLACE("동명대학교",3,3,"파이팅")'은 '동명대학교' 문자열에서 왼쪽부터 3번째에서 시작하여 3글자에 해당하는 '대학교'를 '파이팅'으로 변경하라는 뜻이며, 그 결과는 '동명파이팅'이 된다.

  본 절에서는 거래처예제 파일에 표시된 대표자의 이름에서 지정한 위치의 문자를 'ㅇ'로 처리하여, 새대표자로 표시하고자 한다. LEFT 함수를 사용해서 대표자의 이름 끝자리를 'ㅇ'로 표시한 새대표자(1)을 완성한다. RIGHT 함수를 사용해서 대표자 이름의 성을 'ㅇ'로 표시한 새대표자(2)를 완성한다. 그리고 REPALCE 함수를 사용해서 대표자의 이름 끝자리를 'ㅇ'로 표시한 새대표자(3)을 완성한다.

1. LEFT 함수

LEFT 함수는 셀 왼쪽부터 지정된 개수의 문자를 가져오는 함수이다. LEFT 함수를 적용해서 [0502_거래처예제_원시.xlsx] 파일의 '새대표자(1)'을 '이민ㅇ'와 같이 대표자의 이름 끝자리를 'ㅇ'로 처리하여 채우려고 한다. 먼저 [0502_거래처예제_원시.xlsx] 파일을 연다.

그림 5-3　[0502_거래처예제_원시.xlsx] 파일 열기

그림 5-4　LEFT 함수를 이용한 문자 추출하기

[H5]셀의 '이민○'를 완성하기 위해 '이민' 문자와 '○'라는 특수문자를 연결하는 과정이 필요한데, 여기에 '&' 연산자를 사용한다. 그리고 엑셀에서 '○'라는 특수문자는 한글 'ㅁ'을 누른 후에 '한자'키를 누르면 팝업으로 특수문자가 나타난다(참고 : 한글의 'ㅁ, ㄴ, ㅇ' 등과 같은 자음을 누르고 '한자'키를 누르면 다양한 특수문자가 나타난다).

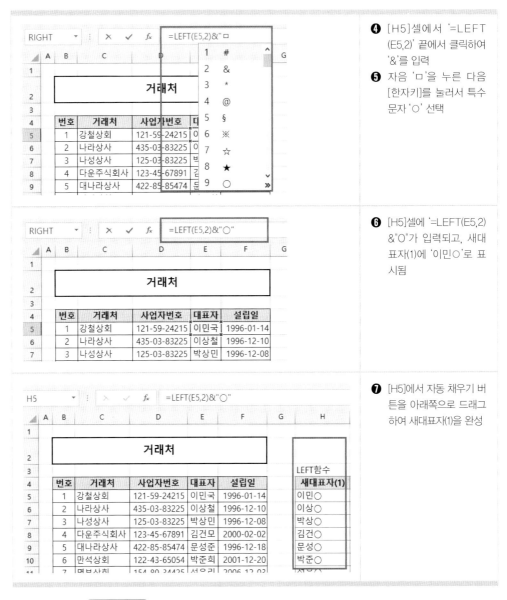

❹ [H5]셀에서 '=LEFT(E5,2) 끝에서 클릭하여 '&'를 입력
❺ 자음 'ㅁ'을 누른 다음 [한자키]를 눌러서 특수문자 '○' 선택

❻ [H5]셀에 '=LEFT(E5,2)&"○"가 입력되고, 새대표자(1)에 '이민○'로 표시됨

❼ [H5]에서 자동 채우기 버튼을 아래쪽으로 드래그하여 새대표자(1)을 완성

그림 5-5   LEFT 함수, '&' 연산자 및 특수문자를 활용해서 문자 추출하기

2. RIGHT 함수

RIGHT 함수는 셀 오른쪽부터 지정한 개수의 문자를 가져오는 함수이다. [I5]셀에 대표자의 이름에서 성을 '○'로 처리한 '○민국'과 같이 표시되도록 RIGHT 함수를 활용해서 '새대표자(2)'를 채우고자 한다.

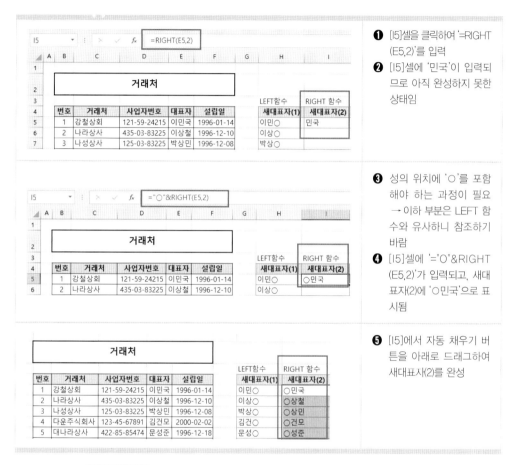

그림 5-6　RIGHT 함수, '&' 연산자 및 특수문자를 활용해서 문자 추출하기

3. REPLACE 함수

REPLACE 함수를 이용하여 대표자의 이름 끝자리를 '○'로 처리하여 새대표자(3)을 완성한다. REPLACE 함수는 특정 위치에 있는 문자를 다른 문자로 대체하는 함수이므로, 앞서 LEFT 함수나 RIGHT 함수에 사용했던 방식보다 좀 더 간단하게 제시된 문제를 해결할 수 있다.

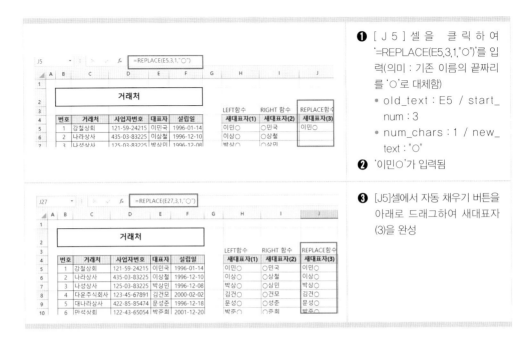

❶ [J5]셀을 클릭하여 '=REPLACE(E5,3,1,"○")'를 입력(의미 : 기존 이름의 끝짜리를 '○'로 대체함)
  • old_text : E5 / start_num : 3
  • num_chars : 1 / new_text : "○"
❷ '이민○'가 입력됨

❸ [J5]셀에서 자동 채우기 버튼을 아래로 드래그하여 새대표자(3)을 완성

그림 5-7 REPLACE 함수를 적용하여 텍스트 변경하기

제3절 TEXT 함수

TEXT 함수는 숫자, 날짜, 시간 등의 데이터를 서식코드를 적용해서 원하는 형식의 문자(format_text) 데이터로 변환시키는 함수이다.

  • 형식 : =TEXT(Value, Format_text)
  • Value : 숫자값이 들어 있는 셀의 주소
  • Format_text는 [셀 서식] 대화상자의 [표시 형식] 탭에서 [범주] 상자에 있는 표시 형식을 의미한다.

1. 서식코드 활용

TEXT 함수를 사용하기 위해서는 엑셀에서 제공하고 있는 다양한 서식코드를 이해하는 것이 필요하다. 이는 [홈] → [표시 형식] 라이브러리에서 [모두 보기] 버튼을 클릭해서 호출된 [셀 서식] 대화상자의 [표시 형식] 탭에서 지정하여 사용하거나, '[Ctrl] +1'을 눌러서 [셀 서식]의 대화상자를 호출해서 [표시 형식] 탭에서 지정하여 사용할 수 있다.

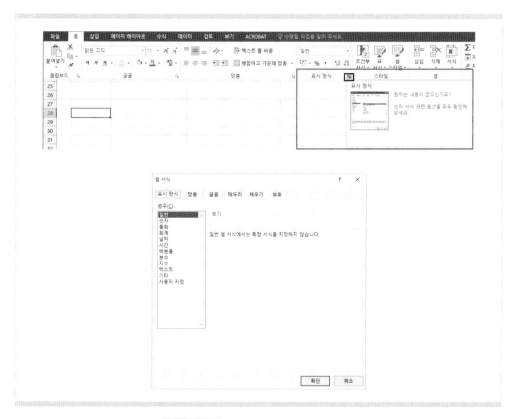

그림 5-8 셀 서식 대화상자의 호출 방법

　여기서 다양한 범주의 서식코드 형식을 지정하거나, [사용자 지정] 범주에서 사용자가 원하는 서식 형식을 만들어서 사용할 수도 있다. [표 5-3]에서 설명하는 서식코드의 의미를 이해하면, 엑셀에서 제공하는 다양한 서식의 의미를 이해할 수 있거나 사용자가 원하는 서식 형식을 생성할 수 있다.

표 5-3　서식코드 요약

데이터 형식	서식코드	설명
숫자	#	숫자 한 자리 또는 입력된 숫자 전체를 의미. 서식코드에 사용된 #의 개수가 셀에 입력된 숫자의 자릿수보다 많아도 입력된 숫자만 표시
	0	숫자 한 자리 또는 입력된 숫자 전체를 의미. 서식코드에 사용된 0의 개수보다 입력된 숫자의 자릿수가 부족하면 숫자 앞자리에 부족한 자릿수에 해당하는 '0'을 표시

(계속)

데이터 형식	서식코드	설명
숫자	?	숫자 한 자리 또는 입력된 숫자 전체를 의미. 서식코드에 사용된 ?의 개수보다 입력된 숫자의 자릿수가 부족하면 숫자 앞자리에 부족한 자릿수에 해당하는 공백(" ")을 표시
	.	소수점 기호
	,	천 단위 기호
	–	마이너스 기호
	%	백분율 기호
	\,$	통화 기호
날짜 시간	yyyy	연도를 네 자리 숫자(2020)로 표시
	yy	연도를 두 자리 숫자 (20)로 표시
	mm	월을 두 자리 숫자(01–12)로 표시
	m	월을 한 자리 숫자(1–12)로 표시
	mmm	월을 Jan–Dec로 표시(영문자)
	mmmm	월을 January–December로 표시(영문자)
	d	일을 한 자리로 표시(1–31)
	dd	일을 두 자리로 표시(01–31)
	ddd	요일을 Sun–Sat로 표시(영문자)
	dddd	요일을 Sunday–Saturday로 표시(영문자)
	aaa	요일을 일–토로 표시(한글)
	aaaa	요일을 일요일–토요일로 표시(한글)
	h	시간을 한 자리로 표시(0–23)
	hh	시간을 두 자리로 표시(00–23)
	mm	분을 두 자리로 표시(01–59)
	ss	초를 두 자리로 표시(00–59)
	AM/PM	12간제로 표시
텍스트	@	셀의 값을 그대로 표시
	*	*뒤에 따라오는 문자를 셀 크기에 맞게 반복해서 표시
	_	_(밑줄)은 공백을 입력

이제 [셀 서식] 대화상자를 이용해서 [통화], [날짜], [기타] 및 [사용자 지정] 범주에서 제공된 서식 형식을 지정하거나, [사용자 지정] 범주에서 새로운 서식 형식을 만들어서 적용하는 실습을 시작하자.

(1) 파일 열기

[0503_서식코드_원시.xlsx] 파일을 열면, B열과 C열에 동일한 자료가 입력되어 있음을 확인할 수 있다. C열에서는 B열과 동일한 데이터에 다양한 서식 형식을 적용한 데이터의 변경된 결과를 실습하고자 한다. C열의 해당되는 셀을 클릭하고, 셀 서식 대화상자를 호출하여, D열에서 지정한 [범주]를 지정한 다음 E열에서 제시한 셀 서식의 [형식]을 찾거나, [형식]에서 제시한 그대로 입력해서 새로운 서식을 지정하는 것이다.

	A	B 입력 데이터	C 서식 변경	D 셀서식의 [범주]	E 셀 서식의 [형식]
2		입력 데이터	서식 변경	셀서식의 [범주]	셀 서식의 [형식]
3		12345	12345	통화	-1,234(흑색)
4		123	123	사용자지정	00000
5		1.275	1.275	사용자지정	0.0%
6		12345	12345	사용자지정	₩#,##0"원"
7		123	123	사용자지정	▶ G/표준
8		3800	3800	기타	숫자(한글)
9		3800	3800	기타	숫자(한자)
10		2019-12-13	2019-12-13	사용자지정	yyyy"년" m"월"
11		2019-12-13	2019-12-13	날짜	14-Mar
12		2019-12-13	2019-12-13	사용자지정	dddd
13		2019-12-13	2019-12-13	사용자지정	aaaa
14		2019-12-13	2019-12-13	사용자지정	(aaa)
15		동명대학교	동명대학교	사용자지정	"너는" @ "학생이지"

그림 5-9   [0503_서식코드_원시.xlsx] 파일 열기

(2) 서식코드 입력을 위한 대화상자 호출

[C3]셀을 클릭하고, [셀 서식] 대화상자를 호출해서 [표시 형식] 탭에서 '통화' 범주를 선택하면, 오른쪽 하단에 흑색으로 표시된 '-1,234'를 선택하면, 변경된 서식이 적용되어 '12,345'로 나타나는 것을 확인할 수 있다. 이와 같은 과정을 순서대로 진행하면 된다.

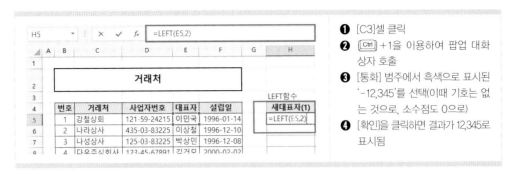

그림 5-10 서식 변경을 위한 [셀 서식] 대화상자에서 서식코드 지정

(3) 서식코드 입력

다음으로 [C4]셀을 클릭하여 [D4]셀, [E4]셀에 지정된 서식을 지정하고, [C5]셀 등 [C15]셀까지 지정된 서식을 적용하여 C열에 나타난 결과를 확인해보자. 그 결과를 [그림 5-11]로 제시한다.

	A	B	C	D	E
1					
2		입력 데이터	서식 변경	셀서식의 [범주]	셀 서식의 [형식]
3		12345	12,345	통화	-1,234(흑색)
4		123	00123	사용자지정	00000
5		1.275	127.5%	사용자지정	0.0%
6		12345	₩12,345원	사용자지정	₩#,##0"원"
7		123	▶123	사용자지정	▶G/표준
8		3800	삼천팔백	기타	숫자(한글)
9		3800	三千八百	기타	숫자(한자)
10		2019-12-13	2019년 12월	사용자지정	yyyy"년" m"월"
11		2019-12-13	13-Dec	날짜	14-Mar
12		2019-12-13	Friday	사용자지정	dddd
13		2019-12-13	금요일	사용자지정	aaaa
14		2019-12-13	13-Dec	사용자지정	(aaa)
15		동명대학교	너는 동명대학교 학생이지	사용자지정	"너는" @ "학생이지"

그림 5-11 서식코드 실습 완성

2. TEXT 함수의 다양한 활용

TEXT 함수는 숫자, 통화, 날짜, 시간, 전화번호 등 다양한 데이터에 앞서 학습한 서식코드를 적용한 문자로 변형이 가능하다(표 5-4 참조). 그리고 날짜나 시간을 문자로 변형하기 위한 서식코드에서 사용한 'yYmMdD'는 대소문자를 구분하지 않는다.

표 5-4   TEXT 함수의 다양한 활용

입력값	결과	설명
=TEXT(1234.567,"$#,##0.00")	$1,234.57	1000단위 구분 기호 및 소수점 두 자리가 있는 통화
=TEXT(2019-11-28,"MM/DD/YY")	11/28/19	MM/DD/YY 형식의 날짜
=TEXT(2019-11-28,"DDDD")	Thursday	요일
=TEXT(2019-11-28 20:22:48,"HH:MM AM/PM")	08:22 PM	시간
=TEXT(0.285,"0.0%")	28.5%	백분율
=TEXT(4.34,"# ?/?")	4 1/3	분수
=TEXT(12200000,"0.00E+00")	1.22E+07	지수적 표기법
=TEXT(1234,"0000000")	0001234	숫자 앞에 자릿수만큼 0을 추가
=TEXT(1234,"???????")	1234	숫자 앞에 자릿수만큼 공백으로 추가

이제 TEXT 함수를 사용하여 날짜 또는 시간을 원하는 서식의 문자 데이터로 변경하는 실습을 해보자. [0503_TEXT함수_원시.xlsx] 파일을 열어서 [C3]셀에 '=TEXT(B3,"yyyy년mm월dd일")' 함수를 입력한다. [C4]셀에 '=TEXT(B4,"MM월DD일/(yyyy년)")' 함수를 입력하고, [C5]셀에 '=TEXT(B5,"hh시mm분ss초")' 함수를 입력하여, TEXT 함수가 적용된 문자서식을 확인한다.

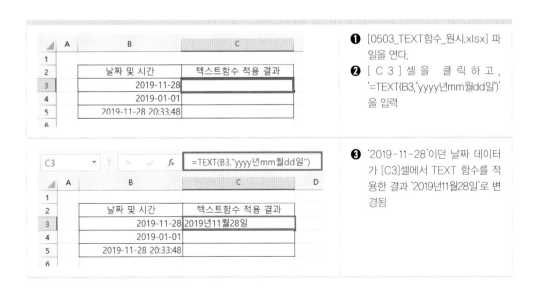

❶ [0503_TEXT함수_원시.xlsx] 파일을 연다.
❷ [C3]셀을 클릭하고, '=TEXT(B3,"yyyy년mm월dd일")'을 입력

❸ '2019-11-28'이던 날짜 데이터가 [C3]셀에서 TEXT 함수를 적용한 결과 '2019년11월28일'로 변경됨

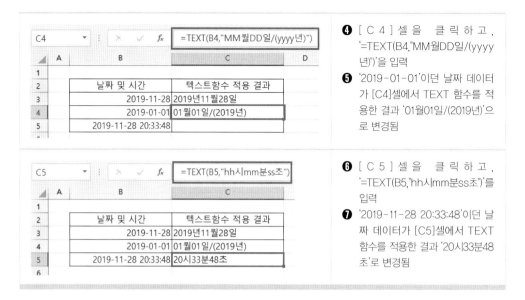

TEXT 함수를 활용한 날짜와 시간의 서식코드 적용

3. TEXT 함수와 LEFT 함수의 복합 활용

TEXT 함수와 LEFT 함수를 함께 활용하는 실습을 실시하고자 한다. [0503_거래처설립연도예제_원시.xlsx] 파일에 있는 설립연도를 입력하는 [H5]셀을 채우기 위해서 [F5]셀에 표시된 설립일에서 연도만 가져오려고 한다. 예를 들어 설립일에 '1996-01-14'로 표시된 날짜 데이터에서 앞의 4자리를 가져와서 설립연도에 '1996년'이라고 표시하려고 한다. 이는 TEXT 함수와 LEFT 함수를 복합적으로 활용하면 가능하다.

(1) 파일 열기

먼저 [0503_거래처설립연도예제_원시.xlsx] 파일을 연다.

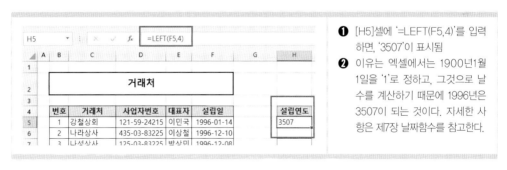

그림 5-13 [0503_거래처설립연도예제_원시.xlsx] 파일 열기

(2) 설립일에서 앞자리 네 자리를 이용하여 '설립연도' 생성하기

F열의 설립일 데이터는 '연도-월-일'로 구분되어 있다. [H5]셀의 설립연도는 [F5]셀에 있는 설립일의 데이터에서 앞의 네 자리를 가져와서 설립연도를 구할 수 있으므로, LEFT 함수를 사용하면 될 것 같다. 그런데 결과는 원하는 설립연도가 표시되지 않고, 3507로 표시된다. 그러므로 이와 같이 날짜 데이터에 바로 LEFT 함수를 적용하면 원하는 결과를 제대로 얻을 수가 없다.

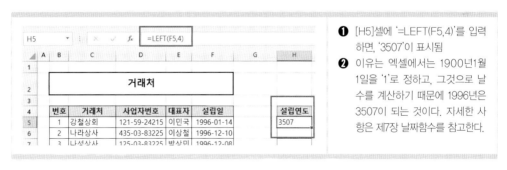

그림 5-14 날짜 데이터에서 LEFT 함수를 이용하여 문자 추출하기

이런 경우 설립일의 날짜 데이터에서 설립연도를 가져오기 위해서는 TEXT 함수를 이용해서 날짜 데이터를 문자 데이터로 변경한 다음에 LEFT 함수를 사용해서 일부 데이터를 가져와야 한다. 그러면 [H5]셀에서 다시 실습을 진행한다.

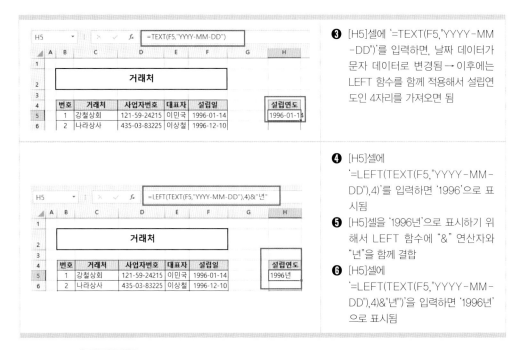

❸ [H5]셀에 '=TEXT(F5,"YYYY-MM-DD")'를 입력하면, 날짜 데이터가 문자 데이터로 변경됨 → 이후에는 LEFT 함수를 함께 적용해서 설립연도인 4자리를 가져오면 됨

❹ [H5]셀에 '=LEFT(TEXT(F5,"YYYY-MM-DD"),4)'를 입력하면 '1996'으로 표시됨

❺ [H5]셀을 '1996년'으로 표시하기 위해서 LEFT 함수에 "&" 연산자와 "년"을 함께 결합

❻ [H5]셀에 '=LEFT(TEXT(F5,"YYYY-MM-DD"),4)&"년")'을 입력하면 '1996년'으로 표시됨

그림 5-15   TEXT 함수, '&' 연산자 및 LEFT 함수를 적용하여 설립연도 추출하기

이번에는 위에서와 동일하게 설립연도를 표시하는데, '&' 연산자를 사용하지 않고, TEXT 함수와 LEFT 함수만으로 설립연도를 가져올 수 있는 방법에 대해서 알아보자.

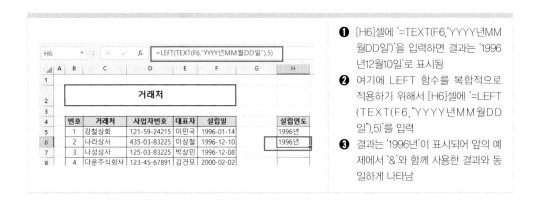

❶ [H6]셀에 '=TEXT(F6,"YYYY년MM월DD일")'을 입력하면 결과는 '1996년12월10일'로 표시됨

❷ 여기에 LEFT 함수를 복합적으로 적용하기 위해서 [H6]셀에 '=LEFT(TEXT(F6,"YYYY년MM월DD일"),5)'를 입력

❸ 결과는 '1996년'이 표시되어 앞의 예제에서 '&'와 함께 사용한 결과와 동일하게 나타남

❹ [H6]셀의 채우기 버튼을 아래쪽으로
드래그하여 설립연도를 완성함

그림 5-16　TEXT 함수와 LEFT 함수를 적용하여 설립연도 추출하기

제4절　MID · COLUMN · LEN 함수

MID · COLUMN · LEN 함수를 이용해서 사업자등록번호, 전화번호, 거래금액, 거래금액(공란) 양식의 빈칸을 채워보자. ⓐ 자료를 이용해서 ⓑ의 빈칸을 채우고자 한다. COLUMN 함수는 찾기/참조 영역 범주에 속하는 함수이지만, MID 함수와 함께 본 사례를 해결하는 데 필요한 함수이므로 이 장에서 간단히 언급하고자 한다.

표 5-5　MID · COLUMN · LEN 함수 요약

함수명	기능
MID 함수	• 문자열의 지정 위치에서 문자를 지정한 개수만큼 가져온다. • 형식 : MID(text, srart_num, num_chars) • text : 문자열이 포함된 셀 / srart_num : 구하려는 문자의 첫 번째 위치 • num_chars : 구하려는 문자의 개수 • 'MID("동명대학교",3,3)'은 '동명대학교' 문자열에서 왼쪽부터 3번째에서 시작하여 3글자를 가져오라는 의미이고 그 결과는 '대학교'가 된다.
COLUMN 함수	• 참조 영역의 열 번호를 가져온다. • 형식 : COLUMN(reference) • reference : 열 번호를 구하려는 셀 또는 셀 범위이다. 생략하면 COLUMN 함수가 들어 있는 셀이 적용된다. • COLUMN(D1)의 의미는 [D1]셀의 열 번호이므로 결과는 4가 된다.

(계속)

함수명	기능
LEN 함수	• 텍스트 문자열 내의 문자 개수를 가져온다. • 형식 : LEN(text) • text : 사용자가 개수를 알고자 하는 문자로 공백도 문자 개수에 포함된다. • 'LEN("동명대학교")'의 의미는 '동명대학교' 문자열의 개수를 찾는 것이므로 5가 된다.

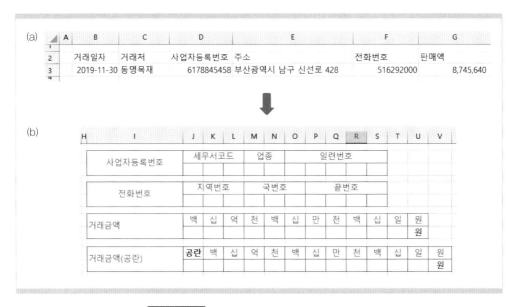

그림 5-17 (a) 자료를 이용해서 (b) 양식 만들기

1. MID 함수와 COLUMN 함수

(1) 파일 열기

[0504_사업자등록예제_원시.xlsx] 파일을 연다.

그림 5-18 [0504_사업자등록예제_원시.xlsx] 파일 열기

(2) 셀 이름 정의하기

편리하게 값을 호출하기 위해서 셀 또는 셀 영역에 이름을 정의한다. 셀 이름을 정의하면 셀 주소가 절대셀 개념이 적용되므로 편리하게 함수에 적용할 수 있다. 특히 선택 영역을 이용해서 이름을 정의하는 경우에는 한꺼번에 셀 이름을 만들 수 있다.

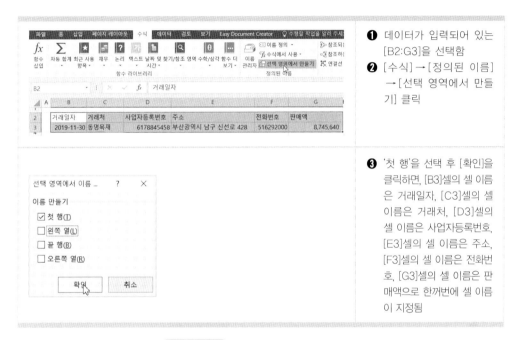

❶ 데이터가 입력되어 있는 [B2:G3]을 선택함
❷ [수식] → [정의된 이름] → [선택 영역에서 만들기] 클릭

❸ '첫 행'을 선택 후 [확인]을 클릭하면, [B3]셀의 셀 이름은 거래일자, [C3]셀의 셀 이름은 거래처, [D3]셀의 셀 이름은 사업자등록번호, [E3]셀의 셀 이름은 주소, [F3]셀의 셀 이름은 전화번호, [G3]셀의 셀 이름은 판매액으로 한꺼번에 셀 이름이 지정됨

그림 5-19 　선택 영역에서 셀 이름 만들기

(3) 사업자등록번호 가져오기

양식에 있는 사업자등록번호를 채우고 자료에 있는 사업자등록번호의 제일 왼쪽에 있는 값을 가져오기 위해서 LEFT 함수를 적용한다. [J3]셀에 '=LEFT(사업자등록번호,1)'을 입력하면 '6'이 입력된다. 다음에는 MID 함수를 적용한다. [K3]셀에 '=MID(사업자등록번호,2,1)'을 입력하면 '1'이 입력된다. 다음번에도 계속적으로 MID 함수를 사용한다. [L3]셀에 '=MID(사업자등록번호,3,1)'을 입력하면 '7'이 입력된다. 참고로 '=LEFT(사업자등록번호,1)'은 '=MID(사업자등록번호,1,1)'과 동일하다. [그림 5-20]과 같이 지정된 셀에 MID 함수를 입력해 본다. 이는 채우기 버튼을 이용하는 것이 아니라 개별 셀에 동일한 함수의 인수만 다르게 해서 각각 입력해야 하는 불편함이 발생한다. 즉, 동일한 계산을 위해서 반복해서 10회를 입력해야 하는 상황이다.

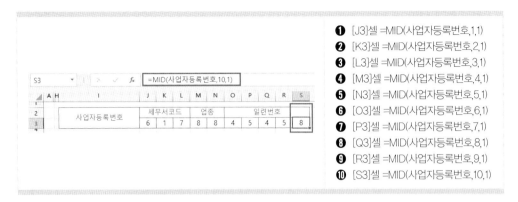

그림 5-20 MID 함수를 이용해서 사업자등록번호 추출하기

이러한 불편함을 해결하기 위해서 [그림 5-20]의 MID 함수에 적용된 규칙성을 발견해야 한다. 자세히 살펴보면 MID 함수의 왼쪽에서 처음 시작하는 출발점(start_num)이 '1'씩 증가하고 있다는 것을 알 수 있다(그림 5-20의 MID 함수에서 밑줄 친 숫자 부분 참조).

이를 해결하는 방법으로 COLUMN 함수를 사용한다. COLUMN 함수는 ( ) 속의 인수에 지정된 셀의 열 번호를 가져온다. 예를 들어 '=COLUMN(A3)' 함수의 결과는 [A3]셀의 열 번호 값인 '1'이 되고, '=COLUMN(B3)' 함수의 결과는 [B3]셀의 열 번호 값인 '2'가 된다. 그러므로 '=COLUMN(A3)' 함수의 결과값과 '=COLUMN(A1)' 함수의 결과값은 동일하게 '1'이 된다. COLUMN 함수는 '행렬 주소'에서 '열의 주소'를 관리하기 때문에 '행'의 위치는 의미가 없다. 그러므로 [J3]셀에 MID 함수를 적용할 때, start_num 값에 '=COLUMN'(A3)'을 입력하면, start_num이 [A3]셀의 열 번호 값인 1이 된다. 이 함수를 채우기 버튼을 이용해서 복사하게 되면, COLUMN 함수의 인수인 [A3]은 상대 셀로 복사되어 자동적으로 [B4], [C4], [D4] 순으로 복사되어 적용된다. 이는 start_num이 자동적으로 '2, 3, 4 …'로 적용된다는 의미이다.

그러므로 사업자등록번호 가져오기는 MID 함수와 COLUMN 함수를 함께 사용하면 간단하게 양식을 완성할 수 있다. [J3]셀에 '=MID(사업자등록번호,COLUMN(A3),1)을 입력하고, 자동 채우기 버튼을 이용해서 사업자등록번호를 채운다.

그림 5-21 MID 함수와 COLUMN 함수를 이용하여 사업자등록번호 추출하기

(4) 전화번호 가져오기

전화번호를 완성 양식에 가져오기 위해서는 기존 전화번호를 TEXT 함수를 사용하여 문자 데이터로 변화해야 한다. 전화번호를 가져오는 완성 양식에는 지역번호가 '051'로 표시하도록 되어 있는데, 기존 전화번호는 '51'로 표시되어 있다. 이를 해결하기 위해서 '051'로 표시된 '새전화번호'를 만들어서 양식을 완성해야 한다. 이를 위해서 앞서 학습한 TEXT 함수를 활용한다. 예를 들어 '=TEXT(1234,"0000000")'의 의미는 텍스트 형식(format_text)에서 지정한 0의 개수인 7자리만큼 확보한 문자열에서 변환할 숫자가 '1234'이므로 TEXT 함수가 적용된 결과는 '0001234'로 표시된다. 이를 활용해서 전화번호 가져오기를 완성해 보자. 양식에 있는 '새전화번호'의 자릿수는 지역번호 3자리＋국번호 3자리＋끝번호 4자리＝10자리로 구성되어 있으므로 '=TEXT(전화번호, "0000000000")' 함수를 적용하면 된다.

그림 5-22   TEXT 함수를 이용해서 전화번호의 지역번호 앞자리 '0' 확보하기

다음으로 전화번호 가져오기를 위해서 MID 함수와 COLUMN 함수를 적용한다. 먼저 셀 호출을 좀 더 간편하게 하도록 [F6]셀을 선택 후 이름정의 상자에서 '새전화번호'로 셀 이름을 정의한다. 다음으로 [J6]셀에 '=MID(새진화번호, COLUMN(A6),1)'을 입력하고, 채우기 버튼을 이용해서 전화번호 양식을 채운다.

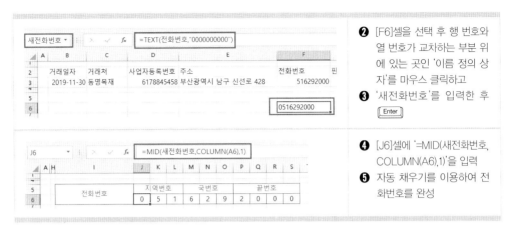

그림 5-23 MID 함수와 COLUMN 함수를 이용해서 전화번호 추출하기

(5) 거래금액 양식에 판매액 가져오기

거래금액은 자료의 '판매액'을 거래금액 양식에 채우는 것이다. 앞서 학습한 전화번호 가져오기와 마찬가지로 판매액을 거래금액 양식으로 가져오기 위해서 TEXT 함수를 사용한다. 거래금액 양식을 살펴보면 원 단위부터 백억 단위까지 11자리 숫자로 표시하도록 되어 있고, 표시하는 숫자의 개수가 자릿수보다 작으면 앞부분에 0을 표시한다. 예제에서 제시된 판매액은 8,745,640원이므로 거래금액 양식에서 천만, 억, 십억, 백억 단위는 0으로 표시해야 한다. 이 양식을 맞추기 위해서 기존의 판매액을 '새판매액'인 '00008745640'으로 변경하는 과정이 필요하다.

이를 위해서 [G6]셀에 '새판매액'을 표시할 수 있도록 '=TEXT(8,745,640,"00000000000") 함수를 적용한다. 다음으로 좀 더 편리한 호출을 위해 [G6]의 셀 이름을 '새판매액'으로 정의한다. 즉, [G6]셀을 클릭 후 행 번호와 열 번호가 교차하는 부분 위에 있는 곳인 '이름 정의 상자'를 마우스 클릭하고 '새판매액'을 입력한 후 Enter 한다.

그림 5-24 TEXT 함수를 이용해서 판매액의 앞자리 '0000' 확보하기

마지막으로 MID 함수와 COLUMN 함수를 적용해서 거래금액을 가져오면 된다. [J9]셀에 '=MID(새판매액,COLUMN(A9),1)'을 입력하고, 채우기 버튼을 이용해서 거래금액 양식을 완성한다.

그림 5-25 MID 함수와 COLUMN 함수를 이용해서 거래금액 양식 완성하기

(6) 거래금액(공란) 양식에 판매액 가져오기

거래금액(공란) 양식은 앞서 학습한 거래금액에 새매출액인 '00008745640'의 앞부분에 위치한 0자리의 공란으로 비워 두라는 것과 공란의 개수가 몇 개인지를 계산해서 표시하라는 양식이다. 먼저 새판매액 '0008745640'에서 앞에 위치한 '0000'을 공란으로 변경해야 한다. 이를 위해서 '만약 값이 없으면 그 자리를 확보하되 아무것도 표시하지 않는 서식'을 지정하는 '?' 서식코드를 사용한 TEXT 함수를 사용하면 된다. 예를 들어 '=TEXT("1234","????????")' 함수의 의미는 텍스트 형식(format_text)에서 지정한 '?'의 개수가 8개이므로, 1234의 앞자리 4자리가 빈칸으로 표시되어 '   1234'로 나타난다. 그러므로 예제에서 제시된 판매액은 8,745,640원이므로 거래금액(공란) 양식에서는 천만, 억, 십억, 백억 단위는 빈칸으로 표시해야 한다. 이 양식을 맞추기 위해서 기존의 판매액을 11칸 중에서 앞의 4자리가 공란으로 될 수 있도록 '   8745640'으로 변경하는 과정이 필요하다. 이는 [G9]를 클릭하여 '=TEXT(판매액, "???????????")' 함수를 적용하면 되고, 11자릿수 중에서 없는 값인 앞의 4자리는 빈칸으로 두었으나 자리는 확보한다는 의미이다. 다음으로 좀 더 편리한 호출을 위해 [G9]의 셀 이름을 '새판매액2'로 정의한다. 즉, [G9]셀을 클릭 후 행 번호와 열 번호가 교차하는 부분 위에 있는 곳인 '이름 정의 상자'를 마우스 클릭하고 '새판매액2'를 입력한 후 [Enter]한다.

그림 5-26 TEXT 함수를 이용해서 판매액의 앞자리 빈칸 확보하기

마지막으로 MID 함수와 COLUMN 함수를 적용해서 거래금액을 가져온다. [K12]셀에 '=MID(새판매액2,COLUMN(A12),1)'을 입력하고, 채우기 버튼을 이용해서 거래금액을 채운다.

그림 5-27 MID 함수와 COLUMN 함수를 이용하여 거래금액(공란) 양식에서 거래금액 채우기

2. LEN 함수

거래금액(공란) 양식은 아직 완성되지 않았다. 공란의 개수를 계산해서 채우는 부분이 아직 남아 있다. 공란은 '새판매액2'에서 공란으로 표시된 부분의 개수가 몇 개인지를 표시하는 것으로 '새판매액2'의 문자수에서 '판매액'의 문자수를 빼서 계산한다. 이를 위해서 선택된 셀 또는 텍스트의 문자수를 알려주는 함수인 LEN 함수를 적용하면 된다. 예를 들어 '=LEN(A2)' 함수의 의미는 [A2]셀에 입력되어 있는 데이터의 문자수를 알려준다. 그러므로 [J12]셀에 '=LEN(새판매액2)−LEN(판매액)' 함수를 입력하면, '=LEN(새판매액2)' 함수의 결과값 11에서 '=LEN(판매액)' 함수의 결과값 7을 뺀 4가 나타난다.

그림 5-28 LEN 함수 이용하여 공란 구하기

이상으로 지금까지 완성된 양식은 [그림 5-29]와 같다.

사업자등록번호	세무서코드			업종		일련번호				
	6	1	7	8	8	4	5	4	5	8

전화번호	지역번호			국번호			끝번호			
	0	5	1	6	2	9	2	0	0	0

거래금액	백	십	억	천	백	십	만	천	백	십	일	원
	0	0	0	0	8	7	4	5	6	4	0	원

거래금액(공란)	**공란**	백	십	억	천	백	십	만	천	백	십	일	원
	4					8	7	4	5	6	4	0	원

그림 5-29 완성된 양식

제6장

통계함수

이번 장에서는 통계함수에 대하여 학습한다. 통계함수는 엑셀 2016의 메뉴 [수식] → [함수 라이브러리]의 [함수 더보기]를 클릭하여 통계함수를 찾을 수 있다. 또한 [함수 삽입]을 클릭하여, 함수 마법사에서 [범주 선택]을 '통계'로 지정해도 동일한 결과를 나타낸다.

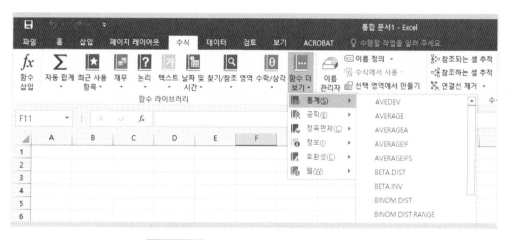

그림 6-1 함수 라이브러리에서 통계함수 실행

제1절 통계함수 총괄

엑셀에서 제공하는 통계함수는 얼마나 많을까?

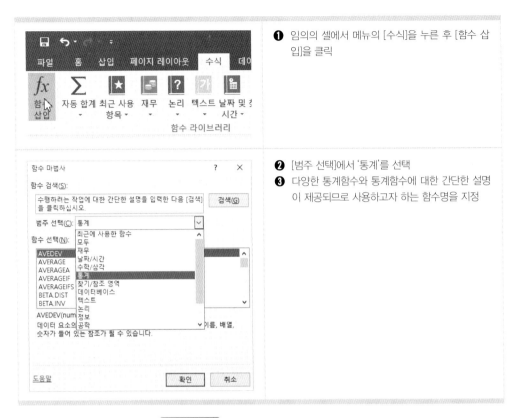

❶ 임의의 셀에서 메뉴의 [수식]을 누른 후 [함수 삽입]을 클릭

❷ [범주 선택]에서 '통계'를 선택
❸ 다양한 통계함수와 통계함수에 대한 간단한 설명이 제공되므로 사용하고자 하는 함수명을 지정

그림 6-2 함수 마법사에서 통계함수 실행

표 6-1 통계함수 설명 요약

함수	설명
AVEDEV	데이터 요소의 절대 편차의 평균을 구한다.
AVERAGE	지정된 범위의 숫자 데이터의 평균을 구한다.
AVERAGEA	지정된 범위의 모든 데이터의 평균을 구한다.
AVERAGEIF	주어진 조건에 따라 지정되는 셀의 평균을 구한다.
AVERAGEIFS	다중 조건에 따라 지정되는 셀의 평균을 구한다.
BETA.DIST	베타 확률 분포 함수값을 구한다.
BETA.INV	역누적 베타 확률 밀도 함수값을 구한다.
BINOM.DIST	개별항 이항 분포 확률을 구한다.
BINOM.DIST.RANGE	이항 분포를 사용한 시행 결과의 확률을 알려준다.

함수	설명
BINOM.INV	누적 이항 분포가 기준치 이상이 되는 값 중 최소값을 구한다.
CHISQ.DIST	카이 제곱 분포의 좌측 검정 확률을 구한다.
CHISQ.DIST.RT	카이 제곱 분포의 우측 검정 확률을 구한다.
CHISQ.INV	카이 제곱 분포의 역좌측 검정 확률을 구한다.
CHISQ.INV.RT	카이 제곱 분포의 역우측 검정 확률을 구한다.
CHISQ.TEST	카이 제곱값으로서 독립 검증 결과를 제시한다.
CONFIDENCE.NORM	정규 분포를 사용하는 모집단 평균의 신뢰구간을 나타낸다.
CONFIDENCE.T	t-분포를 사용하는 모집단 평균의 신뢰구간을 나타낸다.
CORREL	두 데이터 집합 사이의 상관계수를 구한다.
COUNT	지정된 범위에서 숫자가 포함된 셀의 개수를 구한다.
COUNTA	지정된 범위에서 비어 있지 않은 셀의 개수를 구한다.
COUNTBLANK	지정된 범위에서 비어 있는 셀의 개수를 구한다.
COUNTIF	지정한 범위에서 조건에 맞는 셀의 개수를 구한다.
COUNTIFS	지정한 범위에서 다중 조건에 맞는 셀의 개수를 구한다.
COVARIANCE.P	두 데이터 집합 사이의 모집단 공분산을 구한다.
COVARIANCE.S	두 데이터 집합 사이의 표본집단 공분산을 구한다.
DEVSQ	표본 평균으로부터 편차의 제곱의 합을 구한다.
EXPON.DIST	지수 분포값을 구한다.
F.DIST	두 데이터 집합에 대해 좌측 F확률 분포값을 구한다.
F.DIST.RT	두 데이터 집합에 대해 우측 F확률 분포값을 구한다.
F.INV	좌측 F확률 분포의 역함수 값을 구한다.
F.INV.RT	우측 F확률 분포의 역함수 값을 구한다.
F.TEST	F-검정 결과를 구한다.
FISHER	Fisher 변환값을 구한다.
FISHERINV	Fisher 변환의 역변환 값을 구한다.
FORECAST.ETS	지수평활법 적용해서 미래 날짜에 대한 예측값을 구한다.
FORECAST.ETS.CONFINT	지정된 대상 날짜의 예측값에 대한 신뢰구간을 알려준다.

(계속)

함수	설명
FORECAST.ETS.SEASONALITY	시계열을 적용해서 파악한 반복 패턴의 길이를 알려준다.
FORECAST.ETS.STAT	예측에 대해 요청된 통계결과를 알려준다.
FORECAST.LINEAR	기존 값에 근거한 선형 추세에 따른 예측값을 구한다.
FREQUENCY	도수분포를 구하는 빈도분석 결과를 알려준다.
GAMMA	감마 함수값을 알려준다.
GAMMA.DIST	감마 분포값을 구한다.
GAMMA.INV	감마 누적 분포의 역함수를 구한다.
GAMMALN	감마 함수의 자연 로그값을 구한다.
GAMMALN.PRECISE	감마 함수의 자연 로그값을 구한다.
GAUSS	표준 정규 누적 분포값보다 0.5 작은 값을 알려준다.
GEOMEAN	지정된 범위의 기하 평균값을 구한다.
GROWTH	지정된 값들의 지수 추세를 구한다.
HARMEAN	양수 데이터의 조화 평균값을 구한다.
HYPGEOM.DIST	초기하 분포값을 구한다.
INTERCEPT	주어진 x, y값들에 의거한 선형회귀선의 y절편을 구한다.
KURT	데이터 집합의 첨도를 구한다.
LARGE	데이터 집합에서 K번째로 큰 값을 구한다.
LINEST	최소자승법을 적용해서 지정한 값들의 선형추세 계수를 구한다.
LOGEST	지정한 값들의 지수 추세 계수를 구한다.
LOGNORM.DIST	x에서의 로그 정규 분포값을 구한다.
LOGNORM.INV	로그 정규 분포의 역함수 값을 구한다.
MAX	지정된 범위에서 숫자 데이터의 최대값을 구한다.
MAXA	지정된 범위에서 모든 데이터의 최대값을 구한다.
MEDIAN	주어진 수들의 중앙값을 구한다.
MIN	지정된 범위에서 숫자 데이터의 최소값을 구한다.
MINA	지정된 범위에서 모든 데이터의 최소값을 구한다.
MODE.MULT	데이터 집합에서 최빈수의 세로 배열을 구한다.

함수	설명
MODE.SNGL	데이터 집합에서 최빈수(가장 자주 발생하는) 값을 구한다.
NEGBINORM.DIST	음이항 분포값을 구한다.
NORM.DIST	지정한 평균과 표준편차에 의거한 정규 분포값을 구한다.
NORM.INV	정규 분포값의 역함수값을 구한다.
NORM.S.DIST	표준 정규 누적분포값을 구한다.
NORM.S.INV	표준 정규 누적분포의 역함수 값을 구한다.
PEARSON	피어슨 상관계수를 구한다.
PERCENTILE.EXC	지정한 범위에서 K번째 백분위수를 구한다.(경계값 제외)
PERCENTILE.INC	지정한 범위에서 K번째 백분위수를 구한다.(경계값 포함)
PERCENTRANK.EXC	지정한 범위에서 백분율 순위를 구한다.(경계값 제외)
PERCENTRANK.INC	지정한 범위에서 백분율 순위를 구한다.(경계값 포함)
PERMUT	지정된 범위에서 주어진 개체수로 만들 수 있는 순열의 수를 구한다.
PERMUTATIONA	지정된 범위에서 주어진 개체수(반복 포함)로 만들 수 있는 순열의 수를 구한다.
PHI	표준 정규분포에서 파이값을 구한다.
POISSON.DIST	포아송 확률 분포값을 구한다.
PROB	영역 내의 값이 최소값을 포함한 두 한계값 사이에 있을 확률을 구한다.
QUARTILE.EXC	지정된 범위에서 0과 1 사이의 사분위수를 구한다.(경계값 제외)
QUARTILE.INC	지정된 범위에서 0과 1 사이의 사분위수를 구한다.(경계값 포함)
RANK.AVG	수 목록에서 지정한 수의 크기 순위를 구한다(둘 이상의 값이 순위가 같으면, 평균 순위로 한다).
RANK.EQ	수 목록에서 지정한 수의 크기 순위를 구한다.(동일순위 그대로)
RSQ	피어스 상관계수의 제곱을 구한다.
SKEW	분포의 왜곡도를 구한다.
SKEW.P	모집단을 기준으로 왜곡도를 구한다.
SLOPE	선형 회귀선의 기울기를 구한다.
SMALL	데이터 집합에서 K번째로 작은 값을 구한다.

(계속)

함수	설명
STANDARDIZE	정규화된 값을 구한다.
STDEV.P	모집단의 표준편차를 구한다.(텍스트와 논리값 제외)
STDEV.S	표본집단의 표준편차를 구한다.
STDEVA	표본집단의 표준편차를 구한다.(텍스트와 논리값 포함)
STDEVPA	모집단의 표준편차를 구한다.(텍스트와 논리값 포함)
STEYX	회귀분석에 의해 예측한 y값의 표준오차를 각 x값에 대해 구한다.
T.DIST	정규화된 좌측 t-분포값을 구한다.
T.DIST.2T	정규화된 양측 t-분포값을 구한다.
T.DIST.RT	정규화된 우측 t-분포값을 구한다.
T.INV	정규화된 좌측 t-분포의 역함수값을 구한다.
T.INV.2T	정규화된 양측 t-분포의 역함수값을 구한다.
T.TEST	t-검정 결과를 구한다.
TREND	최소자승법을 이용하여 지정한 값들의 선형 추세를 구한다.
TRIMMEAN	데이터 집합의 양 끝값을 제외한 부분의 평균값을 구한다.
VAR.P	모집단의 분산을 구한다.(논리값과 텍스트 제외)
VAR.S	표본집단의 분산을 구한다.(논리값과 텍스트 제외)
VARA	표본집단의 분산을 구한다.(논리값과 텍스트 포함)
VARPA	모집단의 분산을 구한다.(논리값과 텍스트 포함)
WEIBULL.DIST	와이블 분포값을 구한다.
Z.TEST	z-검정의 단측 p값을 구한다.

살펴본 바와 같이 엑셀 2016에서는 108가지의 통계함수가 제공되고 있다. 다음에는 이 중에서 자주 사용하는 함수 COUNT, COUNTA, COUNTBLANK, COUNTIF, COUNTIFS, AVERAGE, AVERAGEA, AVERAGEIF, AVERAGEIFS, MAX, MIN, LARGE, SMALL, RANK.EQ, RANK.AVG 함수에 대하여 자세히 살펴보도록 한다.

제2절　COUNT 계열 함수

지정된 범위에서 셀의 개수를 세기 위해서 COUNT, COUNTA, COUNTBLANK, COUNTIF, COUNTIFS 등을 포함하는 COUNT 계열의 함수를 사용한다. 이들 함수는 데이터 형식에 맞는 데이터 건수를 계산해 준다.

표 6-2　COUNT 계열 함수 요약

함수명	기능
COUNT 함수	• 지정된 범위에서 숫자 데이터가 입력된 셀의 개수를 알려준다. • 형식 : COUNT(Value1, Value2, …) • Value1 : 개수를 계산하고 싶은 셀 또는 셀 범위 • 'COUNT(A1:A9)'의 의미는 [A1]에서 [A9] 범위에서 숫자 데이터가 입력된 셀의 개수를 알려준다.
COUNTA 함수	• 지정된 범위에서 데이터가 입력된 모든 셀의 개수를 알려준다. 또는 지정된 범위에서 비어 있지 않은 셀의 개수를 알려준다. • 형식 : COUNTA(Value1, Value2, …)로서 COUNT 함수와 형식이 동일한데, 함수명 COUNTA에서 A는 All의 약자이다. • 'COUNTA(A1:A9)'의 의미는 [A1]에서 [A9] 범위에서 비어 있지 않은 셀의 개수를 알려준다.
COUNTBLANK 함수	• 지정된 범위에서 데이터가 빈 셀의 개수를 알려준다. • 형식 : COUNTBLANK(Range) • Range : 빈 셀의 개수를 계산하고 싶은 범위 • 'COUNTBLANK(A1:A9)'의 의미는 [A1]에서 [A9] 범위에서 빈 셀의 개수를 알려준다.
COUNTIF 함수	• 지정된 범위에서 지정된 조건에 맞는 셀의 개수를 알려준다. • 형식 : COUNTIF(Range, Criteria) • Range : 조건을 검사할 셀 범위 / Criteria : 조건 • 'COUNTIF(A1:A9,"여성")'의 의미는 [A1]에서 [A9] 범위에서 '여성' 데이터가 입력된 셀의 개수를 알려준다.
COUNTIFS 함수	• 다중조건에 맞는 셀의 개수를 알려준다. • 형식 : COUNTIFS(Criteria_range1, Criteria1, Criteria_range2, Criteria2, …) • Criteria_range1 : 조건1을 검사할 셀 범위 / Criteria1 : 조건1 • Criteria_range2 : 조건2를 검사할 셀 범위 / Criteria2 : 조건2 • 'COUNTIFS(A1:A9,"여성",B1:B9,"참여")'의 의미는 [A1]에서 [A9] 범위에서 '여성' 데이터가 입력되어 있고, [B1]에서 [B9] 범위에서는 '참여' 데이터가 입력된 셀의 개수를 알려준다.

1. COUNTA 함수와 COUNTBLANK 함수

COUNTA 함수와 COUNTABLANK 함수를 이용해서 시험응시 인원과 시험결시 인원 및 총인
원을 파악하려고 한다. 먼저 [0602_비교과프로그램운영현황_원시.xlsx] 파일을 연다. 〈시험응
시현황〉의 [K7]셀에서 COUNTA 함수를 이용해서 시험응시 인원수를 계산할 수 있다. 시험 결
시인원은 비어 있는 셀의 개수를 알려주는 COUNTBLANK 함수를 사용한다. 응시인원과 결
시인원을 자동합계하여 총인원수를 구한다.

(1) 파일 열기

[0602_비교과프로그램운영현황_원시.xlsx] 파일을 연다.

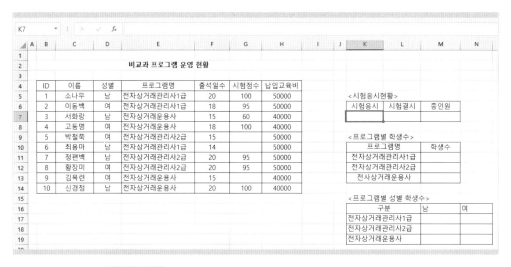

그림 6-3   [0602_비교과프로그램운영현황_원시.xlsx] 파일 열기

(2) COUNTA 함수를 사용해 시험응시 인원수 파악하기

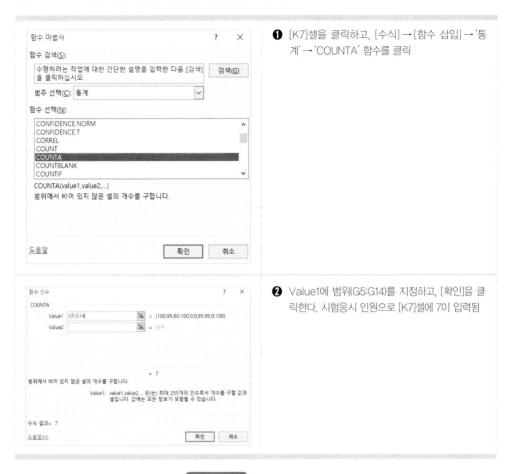

❶ [K7]셀을 클릭하고, [수식] → [함수 삽입] → '통계' → 'COUNTA' 함수를 클릭

❷ Value1에 범위(G5:G14)를 지정하고, [확인]을 클릭한다. 시험응시 인원으로 [K7]셀에 7이 입력됨

그림 6-4 COUNTA 함수

(3) COUNTBLANK 함수를 사용해서 시험결시 인원수를 파악한다. 다음에는 시험응시 인원과 시험결시 인원을 합해서 총인원을 계산하여. 시험응시현황을 완성한다.

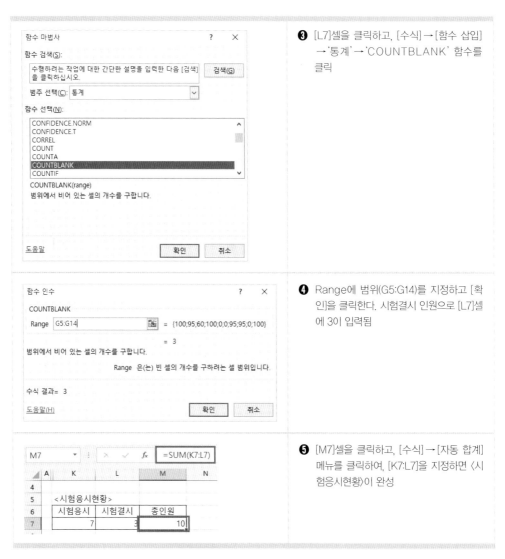

그림 6-5 COUNTBLANK 함수

2. COUNTIF 함수

다음으로 비교과 프로그램 종류별로 인원수를 구하려고 한다. 조건에 맞는 데이터의 인원수를 계산해 주는 COUNTIF 함수를 사용하면 프로그램별 학생수를 구할 수 있다.

❶ [M11]셀을 클릭하고, [수식] → [함수
삽입] → '통계' → 'COUNTIF' 함수를
클릭

❷ Range에 범위(E5:E14)를 지정하고, 기
능키 [F4]를 눌러 절대셀($E$5:$E$14)로
지정

❸ Criteria를 클릭하고, '전자상거래관리사1
급'이 입력되어 있는 [K11]셀을 지정하고
[확인]을 클릭하면, 전자상거래관리사1급
프로그램을 신청한 학생수가 3으로 표시됨

❹ [M11]셀을 클릭한 뒤 마우스포인트를 셀의
오른쪽 하단에 위치한 채우기 버튼을 아래
쪽으로 드래그하면 학생수가 완성

그림 6-6 COUNTIF 함수

3. COUNTIFS 함수

다음으로 조건이 2개 이상 주어졌을 때 조건에 맞는 셀의 개수를 구해 보려고 한다. 즉, 프로그램별 성별 학생수를 계산하는 것이다. 프로그램 중에서 전자상거래관리사1급을 신청한 남학생수는 몇 명인지, 전자상거래관리사1급을 신청한 여학생은 몇 명인지, 전자상거래관리사2급을 신청한 남학생수는 몇 명인지를 구하는 것이다. 이와 같이 2개 이상의 조건에 맞는 데이터의 개수를 구하기 위해서 COUNTIFS 함수를 사용한다.

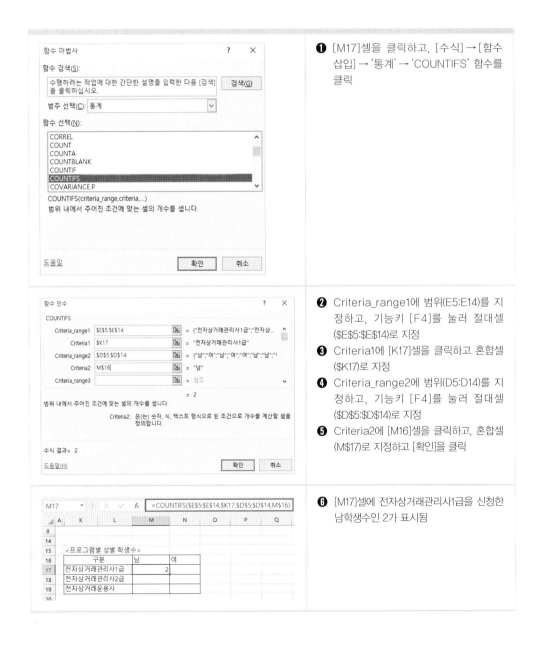

❶ [M17]셀을 클릭하고, [수식] → [함수 삽입] → '통계' → 'COUNTIFS' 함수를 클릭

❷ Criteria_range1에 범위(E5:E14)를 지정하고, 기능키 [F4]를 눌러 절대셀($E$5:$E$14)로 지정

❸ Criteria1에 [K17]셀을 클릭하고 혼합셀($K17)로 지정

❹ Criteria_range2에 범위(D5:D14)를 지정하고, 기능키 [F4]를 눌러 절대셀($D$5:$D$14)로 지정

❺ Criteria2에 [M16]셀을 클릭하고, 혼합셀(M$17)로 지정하고 [확인]을 클릭

❻ [M17]셀에 전자상거래관리사1급을 신청한 남학생수인 2가 표시됨

❼ [M17]셀의 오른쪽 하단의 채우기 버튼을 오른쪽으로 드래그하고, 다시 아래쪽으로 드래그하면 프로그램별 성별 학생수가 채워짐

그림 6-7 COUNTIFS 함수

제3절 AVERAGE 계열 함수

지정된 범위에 있는 데이터들의 평균값을 계산하기 위해서 AVERAGE, AVERAGEA, AVERAGEIF, AVERAGEIFS 등의 함수를 사용한다. 일반적으로 모든 데이터의 평균을 구하기 위해서는 AVERAGEA 함수를 사용하고, 1개의 조건에 맞는 데이터들의 평균을 구하기 위해서는 AVERAGEIF 함수를 사용한다. 2개 이상의 조건에 맞는 데이터들의 평균을 구하기 위해서는 AVERAGEIFS 함수를 활용한다. 그러면 [0603_학생활동평가_원시.xlsx] 파일에서 학생들의 개인별 평균점수와 조별 평균점수, 조별 및 성별 평균점수를 구해 보자. 이를 위해서 AVERAGEA 함수, AVERAGEIF 함수, AVERAGEIFS를 적용한다.

표 6-3 AVERAGE 계열 함수 요약

함수명	기능
AVERAGE 함수	• 지정된 범위에 입력된 숫자 데이터의 평균값을 계산해 준다. • 형식 : AVERAGE(Number1, Number2, …) • Number1 : 평균을 계산하고 싶은 셀 또는 셀 범위 • 'AVERAGE(A1:A9)'의 의미는 [A1]에서 [A9] 범위에 입력되어 있는 숫자 데이터의 평균값을 계산한다.
AVERAGEA 함수	• 지정된 범위에 입력된 모든 데이터(숫자, 문자 포함)의 평균값을 계산해 준다. • 형식 : AVERAGEA(Value1, Value2, …)로서 함수명 AVERAGEA에서 A는 All의 약자이다(문자 데이터는 0으로 취급). • 'AVERAGEA(A1:A9)'의 의미는 [A1]에서 [A9] 범위에 입력된 숫자와 문자를 포함한 모든 데이터의 평균값을 계산한다.

(계속)

함수명	기능
AVERAGEIF 함수	• 지정된 범위에서 지정된 조건에 맞는 평균값을 계산한다. • 형식 : COUNTIF(Range, Criteria, Average_range) • Range : 조건을 검사할 셀 범위 / Criteria : 조건 • Average_range : 평균을 계산할 셀 범위 • 'AVERAGEIF(A1:A9,"여성",B1:B9)'의 의미는 [A1]에서 [A9] 범위에서 '여성'에 해당하는 데이터 중에서 [B1]에서 [B9]에 입력된 데이터의 평균값을 계산한다.
AVERAGEIFS 함수	• 다중조건에 맞는 데이터의 평균값을 계산한다. • 형식 : AVERAGEIFS(Average_range, Criteria_range1, Criteria1, Criteria_range2, Criteria2, …) • Average_range : 평균을 계산할 셀 범위 • Criteria_range1 : 조건1을 검사할 셀 범위 / Criteria1 : 조건1 • Criteria_range2 : 조건2를 검사할 셀 범위 / Criteria2 : 조건2 • 'AVERAGEIFS(C1:C9,A1:A9,"여성",B1:B9,"참여")'의 의미는 [C1]에서 [C9]까지 값들 중에서 [A1]에서 [A9] 범위에서 '여성'이고, [B1]에서 [B9] 범위에서는 '참여'인 평균값을 계산한다.

1. AVERAGEA 함수

봉사점수와 비교과점수를 종합한 평균점수를 학생 개인별로 구하기 위해서 AVERAGEA 함수를 사용한다. 먼저 [0603_학생활동평가_원시.xlsx] 파일을 열어서, 학생활동평가에서 '평균[I5]' 셀을 구해 본다.

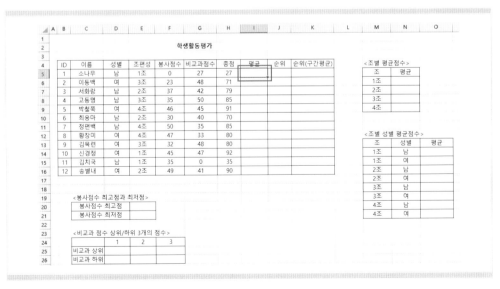

그림 6-8 [0603_학생활동평가_원시.xlsx] 파일 열기

먼저 학생 개인 평균을 구하기 위해서 AVERAGEA 함수를 적용한다.

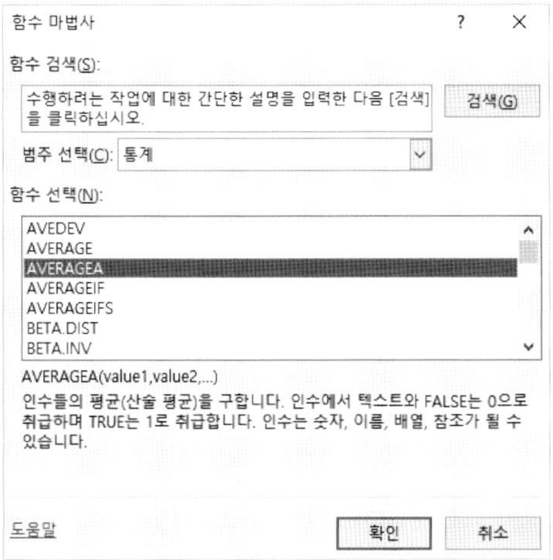

❶ [I5]셀을 클릭하고, [수식]→[함수 삽입]→'통계'→'AVERAGEA' 함수를 클릭

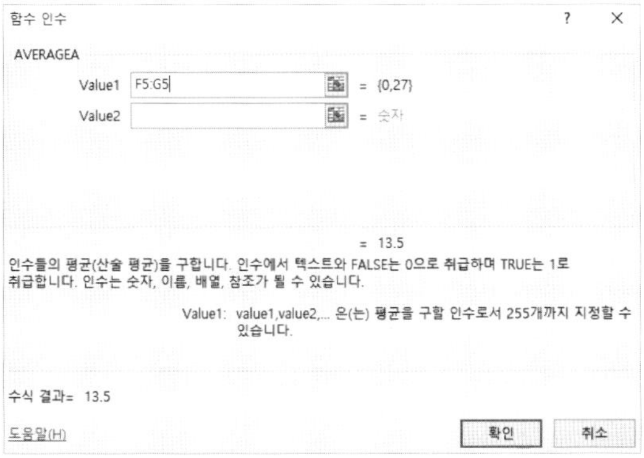

❷ Value1에 범위(F5:G5)를 지정하고 [확인]을 클릭한다. [I5]셀에 평균점수인 13.5가 입력

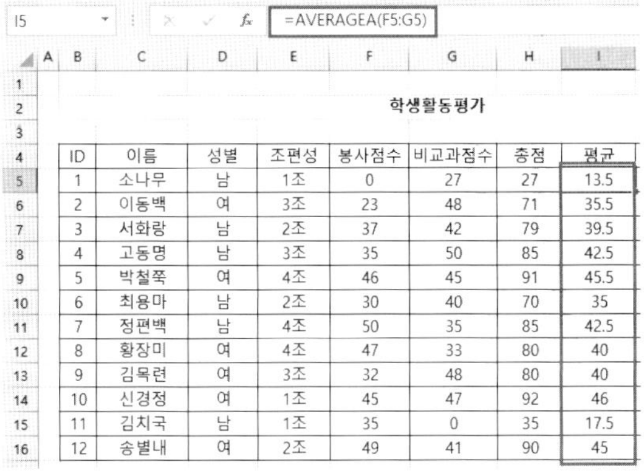
I5 =AVERAGEA(F5:G5)

학생활동평가

ID	이름	성별	조편성	봉사점수	비교과점수	총점	평균
1	소나무	남	1조	0	27	27	13.5
2	이동백	여	3조	23	48	71	35.5
3	서화랑	남	2조	37	42	79	39.5
4	고동명	남	3조	35	50	85	42.5
5	박철쭉	여	4조	46	45	91	45.5
6	최용마	남	2조	30	40	70	35
7	정편백	남	4조	50	35	85	42.5
8	황장미	여	4조	47	33	80	40
9	김목련	여	3조	32	48	80	40
10	신경정	여	1조	45	47	92	46
11	김치국	남	1조	35	0	35	17.5
12	송별내	여	2조	49	41	90	45

❸ [I5]셀을 클릭하고, [I5]셀의 오른쪽 하단에 위치한 채우기 버튼을 누른 상태에서 아래쪽으로 드래그하면, 나머지 평균점수가 채워짐

그림 6-9 AVERAGEA 함수

2. AVERAGEIF 함수

다음으로 조건에 맞는 셀의 평균을 구해 주는 AVERAGEIF 함수를 적용해서 조별 평균점수를 구해 본다. 예를 들어서 1조의 평균점수, 2조의 평균점수를 구한다. AVERGAEIF 함수에서 범위는 조가 입력된 범위가 되고, 조건으로는 몇 조인지가 지정된다. 평균 범위는 평균값을 계산할 셀 범위를 의미하므로, 학생들의 개인 평균점수가 입력된 셀 범위가 해당된다. 조별 평균점수는 [그림 6-11]과 같이 계산된다.

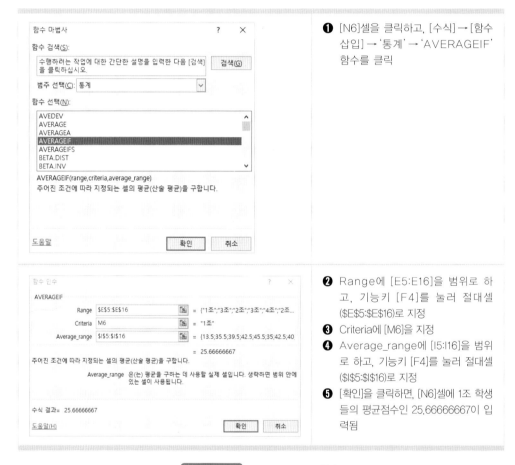

❶ [N6]셀을 클릭하고, [수식] → [함수 삽입] → '통계' → 'AVERAGEIF' 함수를 클릭

❷ Range에 [E5:E16]을 범위로 하고, 기능키 [F4]를 눌러 절대셀 ($E$5:$E$16)로 지정
❸ Criteria에 [M6]을 지정
❹ Average_range에 [I5:I16]을 범위로 하고, 기능키 [F4]를 눌러 절대셀 ($I$5:$I$16)로 지정
❺ [확인]을 클릭하면, [N6]셀에 1조 학생들의 평균점수인 25.666666670이 입력됨

그림 6-10 AVERAGEIF 함수

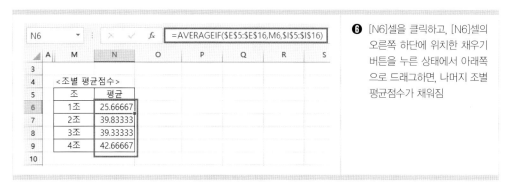

❻ [N6]셀을 클릭하고, [N6]셀의 오른쪽 하단에 위치한 채우기 버튼을 누른 상태에서 아래쪽으로 드래그하면, 나머지 조별 평균점수가 채워짐

그림 6-11 　조별 평균점수

3. AVERAGEIFS 함수

AVERAGEIFS 함수는 다중 조건에 맞는 셀의 평균값을 계산한다. 예를 들어 조별 및 성별 평균 점수를 구하는 것과 같이 조건이 2개 이상일 때 적용하는 함수이다. 이는 1조 남학생들의 평균 점수, 1조 여학생들의 평균점수, 2조 남학생들의 평균점수 등등을 구하는 것을 의미한다. 그러 면 2개 이상의 조건에 맞는 데이터의 평균값을 구할 수 있는 AVERAGEIFS 함수를 적용해서 조 별 성별 평균점수를 계산해 보자.

❶ [O14]셀을 클릭하고, [수식] → [함수 삽입] → '통계' → 'AVERAGEIFS' 함수를 클릭

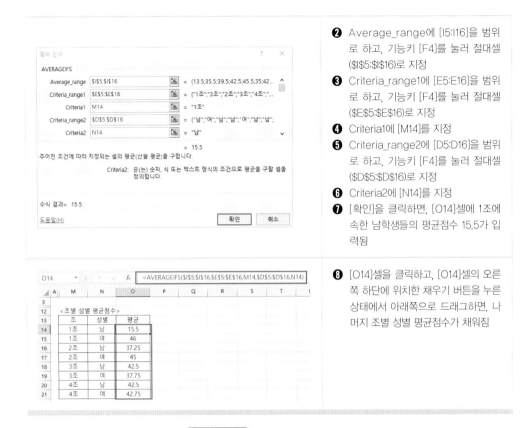

❷ Average_range에 [I5:I16]을 범위
로 하고, 기능키 [F4]를 눌러 절대셀
($I$5:$I$16)로 지정

❸ Criteria_range1에 [E5:E16]을 범위
로 하고, 기능키 [F4]를 눌러 절대셀
($E$5:$E$16)로 지정

❹ Criteria1에 [M14]를 지정

❺ Criteria_range2에 [D5:D16]을 범위
로 하고, 기능키 [F4]를 눌러 절대셀
($D$5:$D$16)로 지정

❻ Criteria2에 [N14]를 지정

❼ [확인]을 클릭하면, [O14]셀에 1조에
속한 남학생들의 평균점수 15.5가 입
력됨

❽ [O14]셀을 클릭하고, [O14]셀의 오른
쪽 하단에 위치한 채우기 버튼을 누른
상태에서 아래쪽으로 드래그하면, 나
머지 조별 성별 평균점수가 채워짐

그림 6-12 AVERAGEIFS 함수

제4절 MAX · MIN · LARGE · SMALL 함수

지정된 범위에서 최대값을 구하기 위해서는 MAX 함수, 최소값을 구하기 위해서는 MIN 함수,
n번째 큰 값을 구하기 위해서는 LARGE 함수, n번째 작은 값을 구하기 위해서는 SMALL 함수
를 사용한다.

| 표 6-4 | MAX · MIN · LARGE · SMALL 함수 요약 |

함수명	기능
MAX 함수	• 지정된 범위에 입력된 숫자 데이터 중에서 최대값을 알려준다. • 형식 : MAX(Number1, Number2, …) • Number1 : 최대값을 구하고 싶은 셀 또는 셀 범위 • 'MAX(A1:A9)'의 의미는 [A1]에서 [A9] 범위에 입력되어 있는 숫자 데이터 중에서 최대값을 알려준다.
MIN 함수	• 지정된 범위에 입력된 숫자 데이터 중에서 최소값을 알려준다. • 형식 : MIN(Number1, Number2, …) • Number1 : 최소값을 구하고 싶은 셀 또는 셀 범위 • 'MIN(A1:A9)'의 의미는 [A1]에서 [A9] 범위에 입력되어 있는 숫자 데이터 중에서 최소값을 알려준다.
LARGE 함수	• 지정된 범위에서 K번째 큰 값을 알려준다. • 형식 : LARGE(Array, K) • Array : 몇 번째로 큰 값을 계산할 숫자의 데이터 범위 • K : 몇 번째로 큰 값을 계산할지를 숫자 또는 숫자가 입력된 셀 지정 • LARGE(A1:A9, 2)의 의미는 [A1]에서 [A9] 범위에 입력된 숫자 중에서 2번째로 큰 숫자를 알려준다.
SMALL 함수	• 지정된 범위에서 K번째 작은 값을 알려준다. • 형식 : SMALL(Array, K) • Array : 몇 번째로 작은 값을 계산할 숫자의 데이터 범위 • K : 몇 번째로 작은 값을 계산할지를 숫자 또는 숫자가 입력된 셀 지정 • SMALL(A1:A9, 2)의 의미는 [A1]에서 [A9] 범위에 입력된 숫자 중에서 2번째로 작은 숫자를 알려준다.

1. MAX 함수와 MIN 함수

학생들의 봉사점수 중에서 최고점수와 최저점수를 파악해 보자. 최대값을 구해 주는 MAX 함수는 지정된 범위 내에서 최대값을 가져온다. 그러므로 학생들의 봉사점수의 최고점수를 파악하기 위해서는 MAX 함수를 지정하고, 범위에는 학생들의 모든 봉사점수를 셀 영역으로 지정하면 된다.

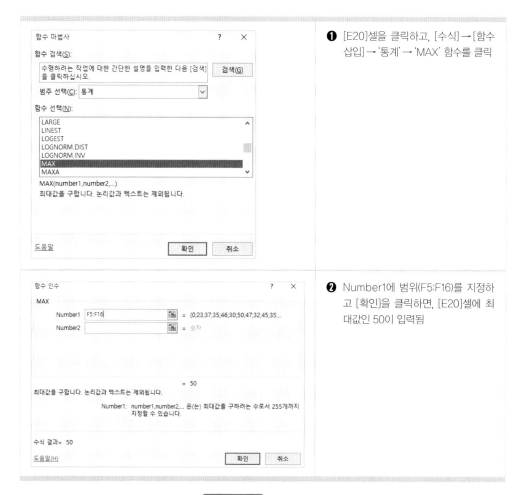

❶ [E20]셀을 클릭하고, [수식]→[함수 삽입]→'통계'→'MAX' 함수를 클릭

❷ Number1에 범위(F5:F16)를 지정하고 [확인]을 클릭하면, [E20]셀에 최대값인 50이 입력됨

그림 6-13 MAX 함수

봉사점수의 최저점수를 파악하기 위해서는 MIN 함수를 적용하고, 범위에는 봉사점수 전체 영역을 셀 범위로 지정하면 된다.

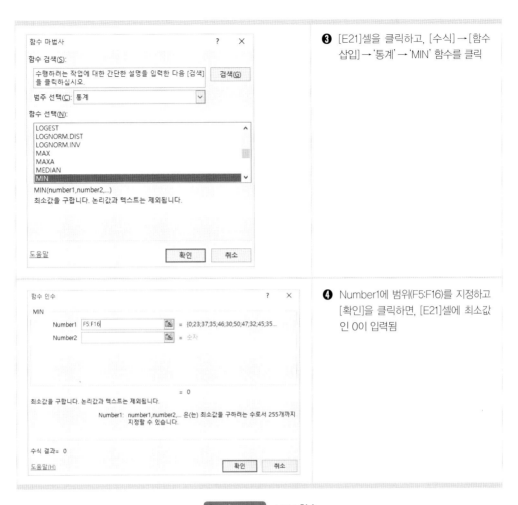

그림 6-14 MIN 함수

③ [E21]셀을 클릭하고, [수식] → [함수 삽입] → '통계' → 'MIN' 함수를 클릭

④ Number1에 범위(F5:F16)를 지정하고 [확인]을 클릭하면, [E21]셀에 최소값 인 0이 입력됨

MAX 함수와 MIN 함수를 적용한 결과 제시된 봉사점수의 최고점과 최저점은 다음과 같이 완성된다.

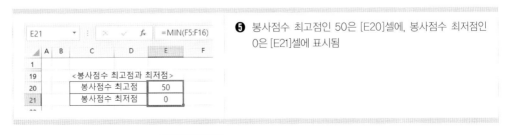

⑤ 봉사점수 최고점인 50은 [E20]셀에, 봉사점수 최저점인 0은 [E21]셀에 표시됨

그림 6-15 봉사점수의 최고점과 최저점

2. LARGE 함수와 SMALL 함수

LARGE 함수는 n번째 최고점수를 알려주는 함수이다. 이는 여러 점수 중에서 상위 1위, 2위 …
몇 위의 점수를 구해주는 함수라는 의미이다. 반대로 SMALL 함수는 n번째 최저점수를 알려주
는 함수이다. 이는 여러 점수 중에서 하위 1위, 2위 … 몇 위의 점수를 찾아주는 함수라는 뜻이
다. 먼저 학생들의 비교과점수 중에서 상위 1위, 2위, 3위를 알아보기 위해서 LARGE 함수를
적용해 본다.

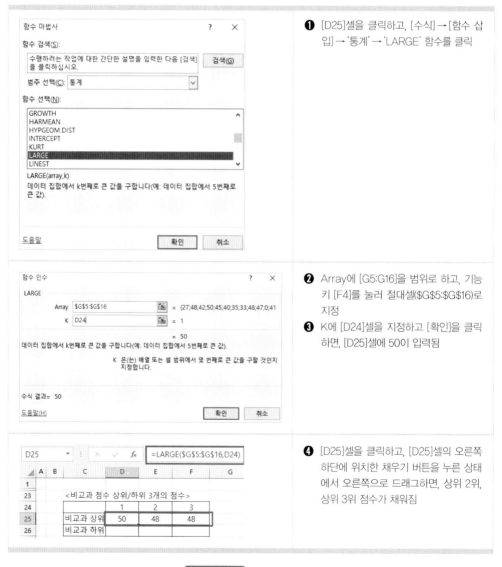

❶ [D25]셀을 클릭하고, [수식] → [함수 삽
입] → '통계' → 'LARGE' 함수를 클릭

❷ Array에 [G5:G16]을 범위로 하고, 기능
키 [F4]를 눌러 절대셀($G$5:$G$16)로
지정

❸ K에 [D24]셀을 지정하고 [확인]을 클릭
하면, [D25]셀에 50이 입력됨

❹ [D25]셀을 클릭하고, [D25]셀의 오른쪽
하단에 위치한 채우기 버튼을 누른 상태
에서 오른쪽으로 드래그하면, 상위 2위,
상위 3위 점수가 채워짐

그림 6-16 LARGE 함수

다음으로 비교과점수 중에서 하위 1위, 2위, 3위를 알아보기 위해서 SMALL 함수를 적용해 본다.

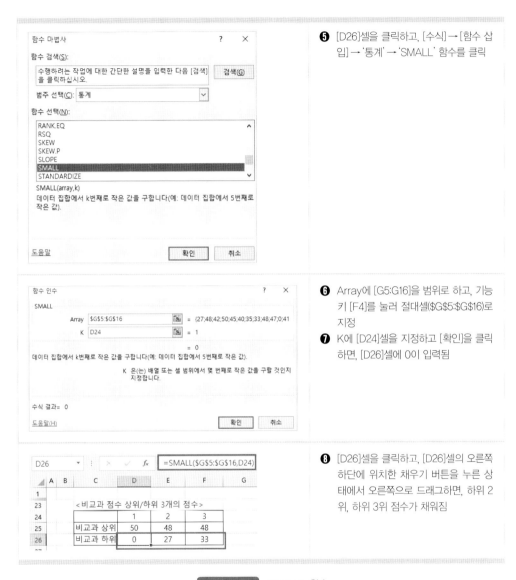

❺ [D26]셀을 클릭하고, [수식]→[함수 삽입]→'통계'→'SMALL' 함수를 클릭

❻ Array에 [G5:G16]을 범위로 하고, 기능키 [F4]를 눌러 절대셀($G$5:$G$16)로 지정

❼ K에 [D24]셀을 지정하고 [확인]을 클릭하면, [D26]셀에 0이 입력됨

❽ [D26]셀을 클릭하고, [D26]셀의 오른쪽 하단에 위치한 채우기 버튼을 누른 상태에서 오른쪽으로 드래그하면, 하위 2위, 하위 3위 점수가 채워짐

그림 6-17 SMALL 함수

제5절 RANK.EQ · RANK.AVG 함수

지정된 범위에서 특정 데이터의 순위를 구하기 위해서는 RANK.EQ 함수와 RANK.AVG 함수를 사용한다. RANK.EQ 함수는 과거의 RANK 함수와 동일한 것으로 동순위가 나올 경우 동순위를 그대로 표시한다. RANK.AVG 함수는 동순위가 나올 경우 순위의 구간 평균값을 순위로 나타낸다.

표 6-5 RANK.EQ 함수와 RANK.AVG 함수 요약

함수명	기능
RANK.EQ 함수	• 지정된 범위 내에서 특정 데이터의 순위를 알려준다. 동순위가 있을 경우 동순위 그대로 표시한다. 동일순위가 여러 개 있을 수 있다.(과거 RANK 함수와 동일함) • 형식 : RANK.EQ(Number, Ref, Order) • Number : 순위를 구하려는 수 • Ref : 순위를 구하려는 목록의 전체 범위 • Order : 순위를 결정하는 방법(0을 입력하거나 생략하면 내림차순이고, 1을 입력하면 오름차순) • 'RANK.EQ(A1,A1:A9,0)'의 의미는 [A1]에 입력된 데이터가 [A1]에서 [A9] 범위 내에서 순위가 몇 위인지를 내림차순 기준으로 알려준다.
RANK.AVG 함수	• 지정된 범위 내에서 특정 데이터의 순위를 알려주는 기능은 RANK.EQ 함수와 동일하다. 차이점은 동순위가 있을 경우 순위의 평균으로 표시한다. 예를 들어 2등이 2명이면, 2.5등으로 표시하고, 3등이 3명이면 4등으로 표시한다. • 형식 : RANK.AVG(Number, Ref, Order) • Number : 순위를 구하려는 수 • Ref : 순위를 구하려는 목록의 전체 범위 • Order : 순위를 결정하는 방법(0을 입력하거나 생략하면 내림차순이고, 1을 입력하면 오름차순)

1. RANK.EQ 함수

총점을 기준으로 높은 점수를 우선순위로 하여 학생들의 순위를 구해 보고자 한다. RANK.EQ 함수를 사용해서 동점일 경우에는 동순위를 그대로 표시해서 순위를 구해 본다.

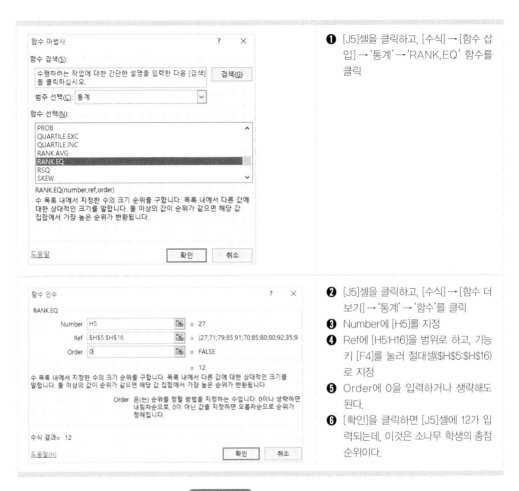

❶ [J5]셀을 클릭하고, [수식] → [함수 삽입] → '통계' → 'RANK.EQ' 함수를 클릭

❷ [J5]셀을 클릭하고, [수식] → [함수 더보기] → '통계' → '함수'를 클릭
❸ Number에 [H5]를 지정
❹ Ref에 [H5:H16]을 범위로 하고, 기능키 [F4]를 눌러 절대셀($H$5:$H$16)로 지정
❺ Order에 0을 입력하거나 생략해도 된다.
❻ [확인]을 클릭하면 [J5]셀에 12가 입력되는데, 이것은 소나무 학생의 총점 순위이다.

그림 6-18 RANK.EQ 함수

RANK.EQ 함수를 이용해서 순위를 구해 보니 총점에서 85점이 2명, 80점이 2명이어서 동일 순위가 2개 나타났다. 순위에서 85점은 둘 다 4위로 표시되어 5위가 없고, 80점은 둘 다 6위로 표시되어 7위가 없는 것으로 표시된다.

❼ [J5]셀을 클릭하고, [J5]셀의 오른쪽 하단에 위치한 채우기 버튼을 누른 상태에서 아래쪽으로 드래그하면, 나머지 학생들의 총점순위가 채워짐

❽ RANK.EQ 함수가 적용되었기 때문에 동일순위가 있을 경우 동일순위가 중복적으로 표시됨

❾ 총점이 동일한 학생 2명씩 각각 4위, 6위로 나타났다. 즉, 4위가 2명이고, 6위가 2명으로 표시되었다.

그림 6-19 RANK.EQ 함수의 동일순위 표시

2. RANK.AVG 함수

RANK. AVG 함수는 RANK.EQ 함수와 동일하게 순위를 구해 주는 함수이다. RANK.EQ 함수는 동순위를 그대로 표시하지만, RANK.AVG는 동순위인 경우 동순위들을 합해서 평균을 구해서 순위를 나타낸다. 예를 들어서 RANK.AVG 함수의 경우 4위가 3명이라면 4위, 5위, 6위의 평균인 5위를 3명에게 부여한다. 대신 4위와 6위는 없다. 만약 4위가 2명이라면 4위와 5위의 평균인 4.5위를 2명에게 부여한다. 대신 4위와 5위는 없다. 즉, RANK.AVG 함수는 동순위일 경우 구간평균으로 순위를 부여하는 것이다. 이제는 RANK.AVG 함수를 적용해서 총점이 높은 학생을 우선순위로 학생들의 순위를 구해 보자.

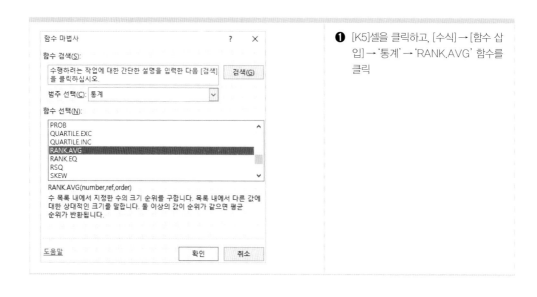

❶ [K5]셀을 클릭하고, [수식]→[함수 삽입]→'통계'→'RANK.AVG' 함수를 클릭

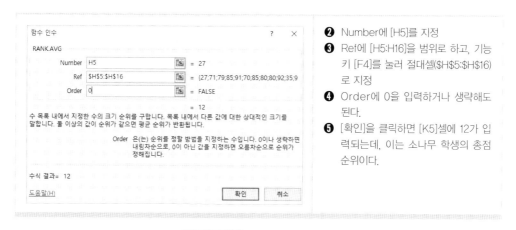

❷ Number에 [H5]를 지정
❸ Ref에 [H5:H16]을 범위로 하고, 기능 키 [F4]를 눌러 절대셀($H$5:$H$16) 로 지정
❹ Order에 0을 입력하거나 생략해도 된다.
❺ [확인]을 클릭하면 [K5]셀에 12가 입력되는데, 이는 소나무 학생의 총점 순위이다.

그림 6-20　RANK.AVG 함수

　　RANK.AVG 함수를 이용한 순위를 구해 보니 4위가 2명인데, 이들의 순위는 순위의 구간평균인 4.5위로 각각 표시된다. 마찬가지로 6위가 2명이므로, 이들의 순위는 순위의 구간평균인 6.5위가 2명 모두에게 부여된다.

❻ [K5]셀을 클릭하고, [K5]셀의 오른쪽 하단에 위치한 채우기 버튼을 누른 상태에서 아래쪽으로 드래그하면, 나머지 학생들의 총점 순위가 채워짐
❼ RANK.AVG 함수가 적용되었기 때문에 동일순위가 있을 경우 순위의 평균값으로 순위가 표시됨
❽ 총점이 동일한 4위 학생이 2명이므로 각각 4.5((4+5)/2=4.5)위로 표시됨
❾ 총점이 동일한 6위 학생이 2명이므로 각각 6.5((6+7)/2=6.5)위로 표시됨

그림 6-21　RANK.AVG 함수의 동일순위 표시

제7장

날짜 및 시간 함수

이번 장에서는 날짜 함수에 대하여 학습한다. 날짜 함수는 엑셀 2016의 메뉴 [수식] → [날짜 및 시간] 탭에서 확인 가능하다. 많은 함수가 있지만 사용의 빈도를 고려한 몇몇 함수에 대해서 다루기로 한다.

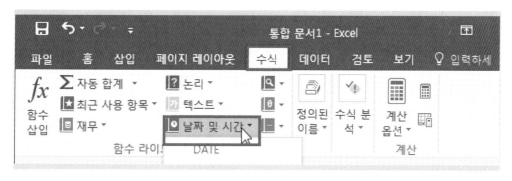

그림 7-1 함수 라이브러리 찾기

제**1**절 날짜 및 시간 함수의 총괄

엑셀에서 제공하는 날짜의 편집과 관련된 함수는 다양하게 제공된다. 날짜 및 시간과 관련한 함수들을 정리해 보면 다음 표와 같다.

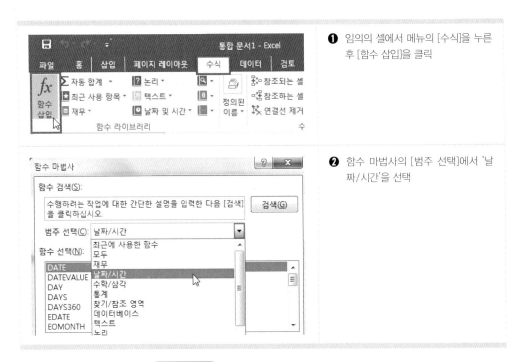

❶ 임의의 셀에서 메뉴의 [수식]을 누른
후 [함수 삽입]을 클릭

❷ 함수 마법사의 [범주 선택]에서 '날
짜/시간'을 선택

그림 7-2　함수 마법사에서 날짜 및 시간 함수

표 7-1　날짜 및 시간 함수 총괄

함수	설명
DATE(2019,11,30)	2019년 11월 30일을 2019-11-30 형식으로 반환
DATEVALUE("2019-11-30")	43799 반환, 텍스트 형식의 날짜를 1900-01-01을 기준한 숫자 값으로 반환
DATEDIF("2018-11-1","2019-11-30","Y")	1을 반환, 두 기간 사이 경과 날짜를 반환("Y"는 연단위로 표시)
DAY("2019-11-25")	25를 반환, 일련번호가 나타내는 날짜의 일수 반환, 1에서 31 사이의 정수로 표시
DAYS360("2019-11-01","2019-11-30")	1년을 360일(30일 기준의 12개월)로 보고 두 날짜 사이의 일수 29 반환
EDATE("2019-11-01",-1)	43739(1900년 1월 1일을 기준 1일로 계산한 일수)를 반환, 지정한 날짜에서-1달 지점(2019-10-01)의 날짜까지의 일수
EOMONTH("2019-11-01",-1)	43769 반환, 지정 달수-1 달의 마지막 날의 일련번호 (2019-10-01의 마지막 날인 30일까지 일수)

함수	설명
HOUR("2011-07-18 7:45")	날짜 시간 값의 시간 부분 7을 반환
ISOWEEKNUM("2019-12-23")	월요일을 시작 요일로 연중 주차 52를 반환
MINUTE("12:45:00 PM")	시간 값의 분 45를 반환
MONTH(43769)	10을 반환, 일련번호가 나타내는 날짜의 월을 반환
NETWORKDAYS("2019-11-01","2019-11-30")	21을 반환, 시작일과 종료일 사이 일수를 주말과 공휴일을 제한 일수
NETWORKDAYS.INTL("2019-11-01","2019-11-30")	주말과 공휴일 제외한 근무 일수 21 반환
NOW()	2019-11-30 21:38을 반환, 현재 날짜와 시간의 일련번호를 반환
SECOND("21:22:37")	37을 반환, 시간 텍스트에서 초를 반환
TIME(21,10,15)	9:10 PM을 반환, 21시 10분 15초에 해당하는 시간의 표현
TIMEVALUE("19:22")	0.806944444를 반환, 텍스트 형식의 시간 19:22의 24시간 기준 비율값 반환
TODAY()	2019-11-30을 반환, 현재 날짜를 날짜 형식으로 반환
WEEKDAY("2019-11-30")	7을 반환, 해당 일의 요일을 일요일을 1로 하여 반환
WEEKNUM("2019-11-30",1)	48을 반환, 주어진 기준 일에 대해 일요일을 시작일로 하는 주의 수를 반환
WORKDAY("2019-11-30",3)	43801을 반환(2019-12-04에 해당), 2019-11-30일부터 3일 지난 날까지의 일수(공휴일 제외)
WORKDAY.INTL("2019-11-01",10)	43784 반환, 2019-11-01부터 10일 후의 날짜, 주말 공휴일 제외한 일수
YEAR(43801)	2019를 반환, 지정 날짜에 해당하는 연도를 반환
YEARFRAC("2019-11-01","2019-11-30",1)	0.07945를 반환, 연간 일수에 대비한 기간 일수의 비율

이상의 함수 가운데 본 장에서는 TODAY(), NOW(), WEEKNUM(), DATE(), EOMONTH(), DATEDIF(), YEAR(), WORKDAY(), TIME() 함수에 대하여 자세히 살펴보도록 한다.

제2절 유용한 날짜 및 시간 함수

자료의 정리와 계산을 위해 날짜 단위의 표현과 저장 및 참조는 매우 빈번하고 필수적이다. 본 절에서는 유용한 몇 가지 함수에 대하여 좀 더 자세히 알아보도록 한다. 엑셀에서는 날짜를 계산할 때 기본값으로 '1900-01-01'을 1일차로 하여 숫자 일련번호로 내부적으로 계산한다.

1. 현재 날짜 구하기 : TODAY()

표 7-2 현재 날짜 반환 함수

TODAY()	현재 날짜의 일련번호를 반환한다. 일련번호는 엑셀에서 날짜와 시간 계산에 사용하는 날짜-시간 코드다. 셀에 일반 서식이 지정되어 있더라도 결과를 날짜 서식으로 지정. 일련번호를 보려면 셀 서식을 일반 또는 숫자로 변경한다.
구문	TODAY()
	인수 없음
예	=TODAY()
설명	현재 날짜 2019-11-30을 표시한다.

- 사용 예 : 오늘 날짜를 셀에 입력

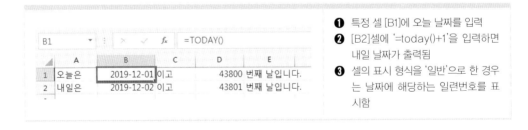

❶ 특정 셀 [B1]에 오늘 날짜를 입력
❷ [B2]셀에 '=today()+1'을 입력하면 내일 날짜가 출력됨
❸ 셀의 표시 형식을 '일반'으로 한 경우는 날짜에 해당하는 일련번호를 표시함

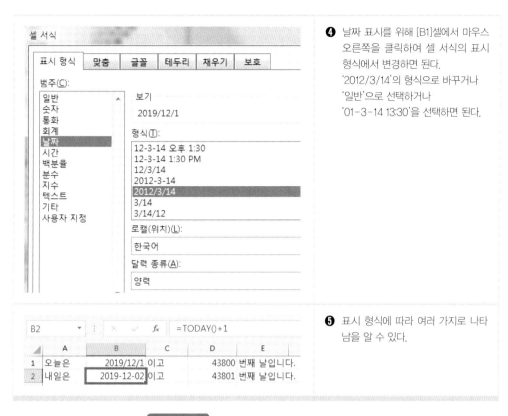

❹ 날짜 표시를 위해 [B1]셀에서 마우스 오른쪽을 클릭하여 셀 서식의 표시 형식에서 변경하면 된다.
'2012/3/14'의 형식으로 바꾸거나
'일반'으로 선택하거나
'01-3-14 13:30'을 선택하면 된다.

❺ 표시 형식에 따라 여러 가지로 나타남을 알 수 있다.

그림 7-3 오늘 날짜를 특정 셀에 입력하는 예

2. 현재 날짜 및 시간 구하기 : NOW()

표 7-3 현재 날짜 및 시간 반환 함수

TODAY()	현재 날짜와 시간의 일련번호를 반환. 함수 사용 전의 셀 형식이 일반으로 된 경우도 자동으로 날짜 및 시간 형식으로 변경되어 출력함
구문	NOW()
	인수 없음
예	=NOW()
설명	2019-12-01 11:15를 표시한다. 즉, 현재 날짜와 시간을 표시. NOW 함수는 워크시트에 현재 날짜 및 시간을 표시하거나 현재 날짜 및 시간을 기준으로 값을 계산할 때 유용하며 워크시트를 열 때마다 해당 값이 업데이트됨

- 사용 예 : 오늘 날짜와 현재 시간을 셀에 입력

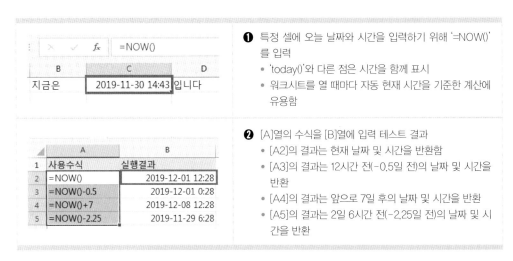

❶ 특정 셀에 오늘 날짜와 시간을 입력하기 위해 '=NOW()'
를 입력
  - 'today()'와 다른 점은 시간을 함께 표시
  - 워크시트를 열 때마다 자동 현재 시간을 기준한 계산에
    유용함

❷ [A]열의 수식을 [B]열에 입력 테스트 결과
  - [A2]의 결과는 현재 날짜 및 시간을 반환함
  - [A3]의 결과는 12시간 전(-0.5일 전)의 날짜 및 시간을
    반환
  - [A4]의 결과는 앞으로 7일 후의 날짜 및 시간을 반환
  - [A5]의 결과는 2일 6시간 전(-2.25일 전)의 날짜 및 시
    간을 반환

그림 7-4   오늘 날짜 및 시간을 사용하는 예

3. 연간 주차 수의 표시 함수 : WEEKNUM()

표 7-4   특정 날짜의 연간 주차 수 반환 함수

WEEKNUM()	특정 날짜의 주 번호를 반환다. 예를 들어 '1월 1일'을 포함하는 주는 연도의 첫째 주이고 주 번호가 '1'이 됨
구문	WEEKNUM(serial_number,[return_type])
	• serial_number : 필수 요소로 해당 주에 속하는 날짜임. 날짜는 DATE 함수를 사용하거나 다른 수식 또는 함수의 결과로 입력함 • return_type : 선택 요소임, 주의 시작 요일을 결정하는 선택 값으로 기본값은 '1'로 생략 가능(일요일을 첫 시작으로 봄). '2'는 월요일을 시작 주로 계산함
예	=WEEKNUM("2019-11-30", 1)
설명	48을 반환함. 연중 특정 날짜의 해당 주 번호를 반환. 일요일부터 시작 시는 '1', 월요일을 첫 시작으로 볼 때는 '2'로 구분 가능. '2019-11-30'은 토요일이므로 숫자 '8'이 반환됨

● 사용 예 : 특정 날짜가 연간 몇 번째 주인지 확인

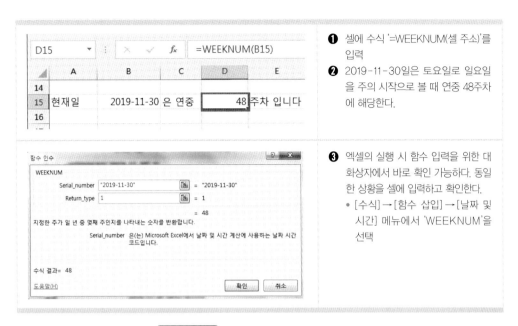

❶ 셀에 수식 '=WEEKNUM(셀 주소)'를 입력

❷ 2019-11-30일은 토요일로 일요일을 주의 시작으로 볼 때 연중 48주차에 해당한다.

❸ 엑셀의 실행 시 함수 입력을 위한 대화상자에서 바로 확인 가능하다. 동일한 상황을 셀에 입력하고 확인한다.
　• [수식] → [함수 삽입] → [날짜 및 시간] 메뉴에서 'WEEKNUM'을 선택

그림 7-5　오늘 날짜 및 시간을 사용하는 예

4. 특정 날짜 계산 함수 : DATE()

표 7-5　특정 날짜 계산 함수

DATE()	특정 날짜를 나타내는 순차적인 일련번호를 반환. 날짜는 계산에 사용할 수 있도록 순차적인 일련번호로 저장
구문	DATE(year, month,day) • year : 필수 요소로 1자리에서 4자리까지 가능 • month : 1에서 12 사이 값으로 필수 요소 • day : 1에서 31 사이의 값으로 필수 요소
예	=DATE(2019,11,30)
설명	43799가 표시되며 날짜 형식 2019-11-30으로 표시하려면 셀의 형식을 변환. 엑셀은 1900년 1월 1일을 1로 시작하는 날짜의 순차적인 값을 반환. 수식을 사용하지 않고 셀에 날짜를 삽입할 때 유용함

● 사용 예 : 텍스트 및 문자, 숫자를 날짜로 변환해야 하는 경우

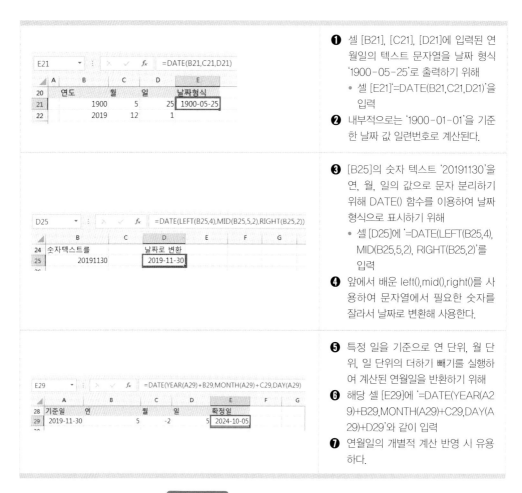

❶ 셀 [B21], [C21], [D21]에 입력된 연
 월일의 텍스트 문자열을 날짜 형식
 '1900-05-25'로 출력하기 위해
 • 셀 [E21]'=DATE(B21,C21,D21)'을
  입력
❷ 내부적으로는 '1900-01-01'을 기준
 한 날짜 값 일련번호로 계산된다.

❸ [B25]의 숫자 텍스트 '20191130'을
 연, 월, 일의 값으로 문자 분리하기
 위해 DATE() 함수를 이용하여 날짜
 형식으로 표시하기 위해
 • 셀 [D25]에 '=DATE(LEFT(B25,4),
  MID(B25,5,2), RIGHT(B25,2)'를
  입력
❹ 앞에서 배운 left(),mid(),right()를 사
 용하여 문자열에서 필요한 숫자를
 잘라서 날짜로 변환해 사용한다.

❺ 특정 일을 기준으로 연 단위, 월 단
 위, 일 단위의 더하기 빼기를 실행하
 여 계산된 연월일을 반환하기 위해
❻ 해당 셀 [E29]에 '=DATE(YEAR(A2
 9)+B29,MONTH(A29)+C29,DAY(A
 29)+D29'와 같이 입력
❼ 연월일의 개별적 계산 반영 시 유용
 하다.

그림 7-6 날짜 형식 입력 함수 사용 예

5. 월의 종료일 계산 함수 : EOMONTH()

표 7-6 특정 달의 마지막 날짜 계산 함수

EOMONTH()	지정된 달 수 이전이나 이후의 달의 마지막 날의 날짜 일련번호를 반환. 지정된 달의 마지막 날에 해당하는 만기일을 계산
구문	EOMONTH(start_date, months)
	• start_date : 필수 요소로 시작 날짜. 날짜는 DATE 함수를 사용하거나 다른 수식 또는 함수의 결과로 입력 • months : 필수 요소로 start_date 전이나 후의 개월 수(+, −값)

예	=EOMONTH("2019-01-01",10)
설명	'2019-11-30'을 반환하며 의미는 지정된 2019년 1월에서 10달 뒤인 11월의 마지막 날인 11월 30일의 일련번호. 셀 서식을 바꾸어 날짜 형식으로 변환

- 사용 예 : 해당 달의 마지막 날에 해당하는 만기일 계산 시 유용

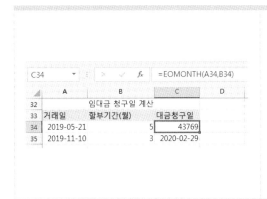

❶ 기준일에서 월 단위 전후의 날짜를 계산하여 그 달의 마지막 날을 일련번호로 '43769'와 같이 반환하도록
  - 셀 [C34]에 '=EOMONTH(A34,B34)'를 입력
❷ 셀의 표시 형식을 날짜 형식으로 변환하기 위해
  - 셀 [C34]를 클릭하여 마우스 오른쪽 클릭 후 [셀 서식]에서 '2012-03-14'형식을 선택하면 2020-02-29와 같이 나타난다.
❸ 셀 [C35]에서 보면 '2019-11-10'일의 3개월 후는 2월 10일이지만 해당 월의 마지막 날이기 때문에 29일이 출력된다.

그림 7-7   월의 종료일 계산 함수 사용 예

6. 경과한 날짜 계산에 유용한 함수 : DATEDIF()

표 7-7   경과 시간 날짜 계산 함수

DATEDIF()	두 기간 사이 경과 날짜를 계산하여 해당 단위로 반환. 일련번호로 저장되므로 계산이 가능
구문	EDATEDIF(start_date,end_date,unit) - start_date : 필수 요소로 시작 날짜 날짜는 따옴표로 묶인 텍스트 문자열(예 : "2001-01-30"), 일련번호(예 : 1900-01-01 기준 값), 다른 수식 또는 함수의 결과(예 : DATEVALUE("2001-01-30"))로 입력 - end_date : 필수 요소로 기간의 마지막 날짜나 종료 날짜 - Unit : 반환하려는 정보의 종류이다. 종류는 해당 연(Y), 월(M), 일(D), 두 기간의 월, 연도가 무시된 날짜의 차이(MD), 일과 연도가 무시된 개월 차이(Ym), 연도가 무시된 날짜의 차이(YD)를 반환
예	=DATEDIF("2015-11-30","2019-11-30","Y")
설명	start_date로 지정된 2015년 11월 30일부터 2019년 11월 30일까지 총 2년이라는 의미. 날짜 일수로 계산하여 연도로 반환

● 사용 예 : 근속 기간의 계산

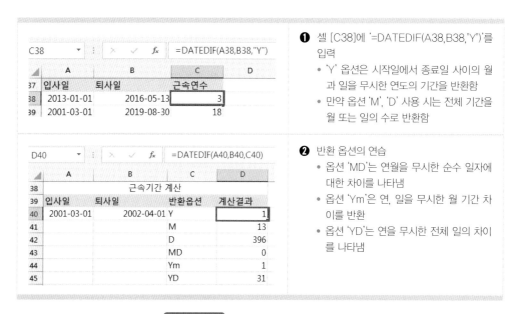

❶ 셀 [C38]에 '=DATEDIF(A38,B38,"Y")'를 입력
  • 'Y' 옵션은 시작일에서 종료일 사이의 월과 일을 무시한 연도의 기간을 반환함
  • 만약 옵션 'M', 'D' 사용 시는 전체 기간을 월 또는 일의 수로 반환함

❷ 반환 옵션의 연습
  • 옵션 'MD'는 연월을 무시한 순수 일자에 대한 차이를 나타냄
  • 옵션 'Ym'은 연, 일을 무시한 월 기간 차이를 반환
  • 옵션 'YD'는 연을 무시한 전체 일의 차이를 나타냄

그림 7-8 경과 시간 계산 함수 사용 예

7. 해당 날짜의 연도 계산 함수 : YEAR()

표 7-8 해당 날짜에서 연도 추출 함수

YEAR()	날짜에 해당하는 연도를 반환. 계산이 가능한 일련번호로 저장
구문	YEAR(serial_number)
	• serial_number : 필수 요소로 연도를 구할 날짜. 날짜는 DATE 함수를 사용하거나 다른 수식 또는 함수의 결과로 입력
예	=YEAR("2019-11-30")
설명	날짜 중에서 연도에 해당하는 값 2019를 반환

● 사용 예 : 나이와 만나이 계산

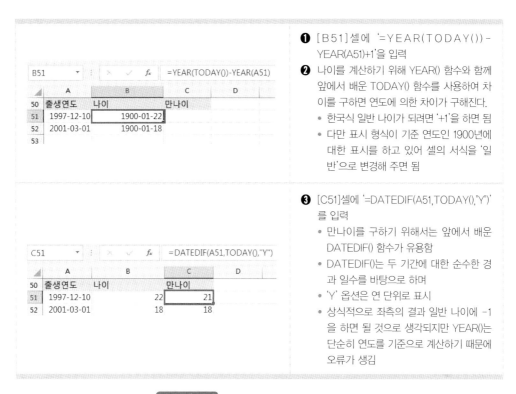

❶ [B51]셀에 '=YEAR(TODAY())-
YEAR(A51)+1'을 입력
❷ 나이를 계산하기 위해 YEAR() 함수와 함께
앞에서 배운 TODAY() 함수를 사용하여 차
이를 구하면 연도에 의한 차이가 구해진다.
- 한국식 일반 나이가 되려면 '+1'을 하면 됨
- 다만 표시 형식이 기준 연도인 1900년에
대한 표시를 하고 있어 셀의 서식을 '일
반'으로 변경해 주면 됨

❸ [C51]셀에 '=DATEDIF(A51,TODAY(),"Y")'
를 입력
- 만나이를 구하기 위해서는 앞에서 배운
DATEDIF() 함수가 유용함
- DATEDIF()는 두 기간에 대한 순수한 경
과 일수를 바탕으로 하며
- 'Y' 옵션은 연 단위로 표시
- 상식적으로 좌측의 결과 일반 나이에 -1
을 하면 될 것으로 생각되지만 YEAR()는
단순히 연도를 기준으로 계산하기 때문에
오류가 생김

그림 7-9 날짜에서 연도 추출 함수 사용 예

8. 작업 일수의 계산 함수 : WORKDAY()

표 7-9 작업 일수 계산 함수

WORKDAY()	특정 일(시작 날짜)로부터 지정된 작업 일수의 이전 또는 이후에 해당하는 날짜를 반환. 작업 일수에 주말과 휴일은 포함되지 않음
구문	WORKDAY(start_date, days, [holidays])
	- start_date : 필수 요소인 시작 날짜 - days : 필수 요소. start_date 전이나 후의 주말이나 휴일을 제외한 날짜 수 - holidays : 선택 요소. 국경일, 공휴일, 임시 공휴일과 같이 작업 일수에서 제외되는 날짜 목록
예	=WORKDAY("2019-11-01",30)
설명	2019-11-01일부터 30일째 되는 날짜

● 사용 예 : 주말과 휴일을 제외한 작업 종료일 구하기

❶ [C56]셀에 '=WORKDAY(A56,B56,D56:E56)' 를 입력
❷ 이 경우 두 번의 휴일을 제외하고 30일을 작업할 때 종료하는 날짜가 됨
  ● 종료일 셀의 경우 표시 형식을 조정할 필요가 있음(마우스 오른쪽 클릭 셀 서식에서)

그림 7-10 작업 일수 계산 함수 사용 예

9. 시간의 계산 함수 : TIME()

표 7-10 시간 계산 함수

TIME()	특정 시간에 대한 실수를 반환. 함수가 입력되기 전의 셀 서식이 일반이었으면 결과 값은 날짜 서식으로 변경 지정
구문	TIME(hour, minute, second) ● hour : 필수 요소. '0~32767' 사이의 정수 ● minute : 필수 요소. 분을 나타내는 '0~32767' 사이의 정수 ● second : 필수 요소. 초를 나타내는 '0~32767' 사이의 정수
예	=TIME(18,15,30)
설명	18시 15분 30초에 해당하는 시간 표현. 내부적으로는 소수로 계산되며 셀의 표시 형식에 따라 다르게 '6:15 PM'으로 표현

● 사용 예 : 점심시간을 제외한 작업 시간 구하기

❶ [D41]셀에 '=B41+C41'를 입력하여 시간을 합침
  ● 작업 1과 작업 2의 시간을 합산 (=B41+C41) 시 총시간은 4:15분이 나옴
  ● 24시간 초과 문제에 주의해야 함

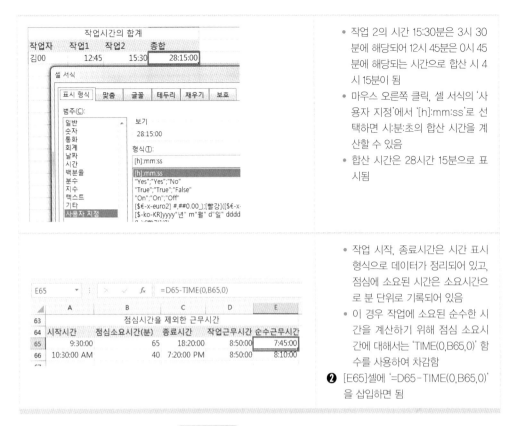

- 작업 2의 시간 15:30분은 3시 30분에 해당되어 12시 45분은 0시 45분에 해당되는 시간으로 합산 시 4시 15분이 됨
- 마우스 오른쪽 클릭, 셀 서식의 '사용자 지정'에서 '[h]:mm:ss'로 선택하면 시:분:초의 합산 시간을 계산할 수 있음
- 합산 시간은 28시간 15분으로 표시됨

- 작업 시작, 종료시간은 시간 표시 형식으로 데이터가 정리되어 있고, 점심에 소요된 시간은 소요시간으로 분 단위로 기록되어 있음
- 이 경우 작업에 소요된 순수한 시간을 계산하기 위해 점심 소요시간에 대해서는 'TIME(0,B65,0)' 함수를 사용하여 차감함
 [E65]셀에 '=D65-TIME(0,B65,0)'을 삽입하면 됨

그림 7-11 시간 계산 함수 사용 예

제3절 날짜 및 시간 함수의 연습

1. 날짜 형식에서 연, 월, 일 분해하기-YEAR(), MONTH(), DAY()

연, 월, 일을 따로 사용해야 하는 경우 주어진 날짜 형식의 값으로부터 각각을 분리할 때 유용한 함수이다. 실습을 위해 표와 같이 기준 날짜를 입력하고 연, 월, 일 각각을 분해하여 표시한다. 기준 날짜의 표시는 TODAY() 함수나 NOW() 함수를 사용해도 된다.

[ex07.xlsx] 파일을 열고 첫 번째 워크시트 sh3-1로 이동한다.

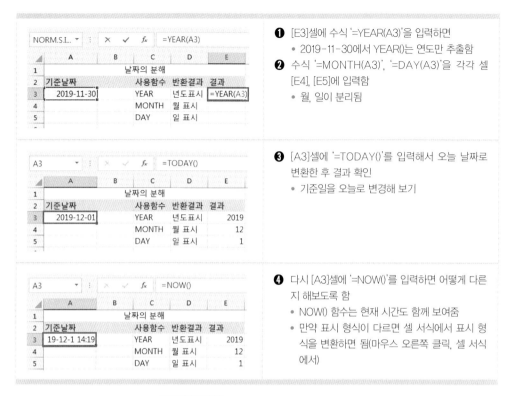

❶ [E3]셀에 수식 '=YEAR(A3)'을 입력하면
   • 2019-11-30에서 YEAR()는 연도만 추출함
❷ 수식 '=MONTH(A3)', '=DAY(A3)'을 각각 셀 [E4], [E5]에 입력함
   • 월, 일이 분리됨

❸ [A3]셀에 '=TODAY()'를 입력해서 오늘 날짜로 변환한 후 결과 확인
   • 기준일을 오늘로 변경해 보기

❹ 다시 [A3]셀에 '=NOW()'를 입력하면 어떻게 다른지 해보도록 함
   • NOW() 함수는 현재 시간도 함께 보여줌
   • 만약 표시 형식이 다르면 셀 서식에서 표시 형식을 변환하면 됨(마우스 오른쪽 클릭, 셀 서식에서)

그림 7-12 날짜에서 연, 월, 일 분리하기

2. 보험 나이 계산하기-DATEDIF()

일반적으로 한국 나이는 뱃속에서 한 살을 먹는다고 생각하는 생명존중의 개념을 가지고 있다. 반면에 보험 나이는 통상 만나이라는 방식을 사용한다. 정확하게 살아온 날들을 따져보는 것이다. 본 예제에서 그 차이를 이해한다.

[ex07.xlsx] 파일을 열고 첫 번째 워크시트 [sh3-2]로 이동한다.

❶ [C2]셀에 '=DATEDIF(A2,B2,"Y")'를 입력하고 드래그한다.
   • 날짜 데이터를 기준으로 그 차이를 계산하면 나이가 됨

❷ [D2]셀에 '=DATEDIF(A2,B2,"Y")+1'을 입력하고 드래그하여 단순히 +1을 해 본다.
- 두 사람은 출생 연도가 같은데 1살 차이가 남

❸ 다시 [E2]셀에 '=YEAR(B2)- YEAR(A2)+1'을 입력하고 드래그한다.
- 이제 두 사람은 같은 나이가 되었음

❹ [F2]셀에 '=DATEDIF(A2,B2,"Y")&" 년"&DATEDIF(A2,B2,"Ym")&"개 월"&DATEDIF(A2,B2,"MD")&"일"'과 같이 입력하고 아래로 드래그한다.
- 실제 일을 기준단위로 기간을 나타 냄을 알 수 있음

그림 7-13 보험 나이 계산하기

날짜 데이터의 차이를 계산할 때 DATEDIF() 함수는 몇 가지 출력 형식에 대한 옵션을 가지고 있음을 앞에서 학습하였다. 현재 'Y'옵션을 사용하여 두 날짜 사이의 차를 연 단위로만 표시한다. 그래서 보험 나이는 1988-1987=1이지만 내부적으로 날짜의 일련번호에 의해 계산되므로 만 12개월에 해당하지 않기에 '0'살이 된다. 그러면 한국식 일반적인 나이는 어떻게 되는지 계산해 본다. 보험 나이가 만나이이므로 단순히 1을 더하면 두 번째 예제와 같다. 두 번째 예제에서 보듯이 각각 한 살이 증가하여 '0'살은 1살로, 1살은 2살로 되어 문제가 없어 보이지만, 한국의 관습 나이는 2행과 3행의 경우 동일한 '2'살이 통용되고 있다. 출생 연도가 동일하면 같은 나이로 보는 관습 때문이다. 그러면 한국식 나이 계산은 어떻게 하는 것이 좋을까?

세 번째 예제에서 확인한다. 앞에서 YEAR()는 단순히 연도만 추출하는 함수이다. 그래서 태어난 연도만 기준으로 계산하고 '+1'을 하면 한국식 나이이다. 이와 같이 날짜 데이터를 다룰 때는 사용되는 함수의 특성을 정확히 확인하여 상용하여야 오류를 범하지 않는다. 추가적으로 두 사람의 경우 실제 내부적으로 살아온 날들을 계산하여 0년 0개월 0일 형태는 어떻게 표시할 수 있을까? 텍스트의 결합에 사용하는 '&' 연산자를 활용하면 필드 내에 문장을 만들 수 있다. '=DATEDIF(A2,B2,"Y")&"년"&DATEDIF(A2,B2,"Ym")&"개월"&DATEDIF(A2,B2,"MD")&" 일"'과 같이 입력하면 0년 0개월 0일 형태로 문장을 구성할 수 있다. 첫째와 둘째 결과가 살아온 날수는 단 2일 차이로 만 1년이 넘는 경우와 넘지 못하는 경우를 확인할 수 있다.

3. 인턴 실습 관리를 위한 날짜 계산-EDATE(), EOMONTH(), NETWORKDAYS()

학생들이 현장 실습을 위해 인턴십을 하는 경우 각 학생은 필요한 인턴 기간이 있으며, 실습이 종료되면 종료되는 달의 마지막 날까지 당해 학교로 통보한다고 하자. 다음의 예를 통해 일련의 과정을 실습해 본다.

[ex07.xlsx] 파일을 열고 첫 번째 워크시트 [sh3-3]으로 이동한다. 본 예제에서 사용된 EDATE() 함수는 날짜 값에 월 단위의 가감을 계산할 때 유용하다. 실습 요건에 따라 1개월, 2개월로 지정되는 경우 종료일을 계산하기 위해 사용하였다. 만약 실습 기간을 30일 또는 60일처럼 일 단위로 제공받는 경우는 이 함수를 사용할 수 없다. 어떻게 하면 될까? 가장 쉬운 방법은 그냥 더하는 것이다.

계속하여 예제에 수정을 하여 확인해 보도록 하자. 실습 기간을 월 단위에서 일 단위로 변경하고, 필요한 수식의 정정을 한다. 실습 종료일은 그냥 날짜의 덧셈이므로 합산하면 되지만 해당 월의 마지막 날을 알려주는 함수에서 형식이 맞지 않아 수정이 요구된다. EOMONTH() 함수는 두 날짜의 차이의 날이 속한 마지막 날을 구하므로 '=EOMONTH("2019-11-30", 0)'과 같은 수식을 쓰면 된다.

그림 7-14 인턴 실습 관리-실습 기간이 일로 표시된 경우

제**8**장

찾기/참조 함수

이번에는 찾기/참조 함수에 대하여 살펴보자. 참조란 참고로 비교하고 대조해 본다는 뜻이다. 참고는 자세히 살펴봄을 의미한다면 참조는 참고를 통해서 꼼꼼히 비교하여 살펴본다는 뜻이다. 쉽게 설명하려고 했는데 더 어려워진 느낌? 그렇다. 참조는 무엇과 무엇을 비교하여 살펴본다는 뜻이다. 이번 장에서 배우는 참조함수는 무엇과 무엇을 비교하여 값을 찾아온다. 그래서 참조함수 그 자체만으로는 계산하지 않는다. 참조함수는 어떠한 값을 가져오고 그 값을 연산함수를 이용해서 계산할 수 있다.

제**1**절 찾기/참조 함수 총괄

찾기/참조 함수는 엑셀 2016의 메뉴 [수식] → [함수 라이브러리] 그룹에 [찾기/참조 영역]을 클릭하여 확인할 수 있다. 임의의 셀에서 메뉴의 [수식]을 누른 후 [함수 삽입]을 클릭한 다음 [범주 선택]에서 '찾기/참조'를 선택한다. 예제 중에서 [0801_찾기참조주요함수.xlsx] 파일을 참고할 수 있다.

표 8-1 찾기/참조 함수

함수	설명
ADDRESS(2,3)	$C$2 (2행 및 3열 셀의 주소를 확인)
AREAS((B2:D4,E5,F6:I9))	3 (함수 안에 참조하는 영역의 개수)
CHOOSE(3,"넓은",115,"세상",8)	세상 (셋째 목록 인수의 값)

(계속)

함수	설명
COLUMN(C5)	3 (C5셀의 열의 값)
COLUMNS(D6:R10)	15 ([D6]셀과 [R10]셀 사이의 열의 개수)
FORMULATEXT(C7)	=COLUMNS(D6:R10) ([C7]셀의 수식)
GETPIVOTDATA("Sales", A3)	피벗 테이블의 총판매량을 반환
HLOOKUP("굴대", A1:C4, 2, TRUE)	행 1에서 '굴대'를 찾고 같은 열(A1), 행 2의 값을 반환
HYPERLINK("http:mis.tu.ac.kr", "동명대학교 경영정보학과")	동명대학교경영정보학과 (동명대학교 경영정보학과 홈페이지로 링크)
INDEX(A2:B3,2,2)	세상 (범위에서 두 번째 행과 두 번째 열이 교차하는 위치의 값(A2:B3))
INDIRECT("B"&B3)	세상 ([B]와 [B3]셀에 있는 값 3을 결합하여 [B3]의 셀 값을 가져옴)
LOOKUP(lookup_value, lookup_vector, [result_vector])	하나의 행 또는 열을 찾은 다음 두 번째 행 또는 열에서 같은 위치에 있는 값을 찾음
MATCH(lookup_value, lookup_array, [match_type])	배열에서 지정된 순서상의 지정된 값에 일치하는 항목의 상대위치 값을 찾음
OFFSET(reference, rows, cols, [height], [width])	주어진 참조 영역으로부터 지정한 행과 열만큼 떨어진 위치의 참조 영역을 가져옴
ROW()	11 (현재 셀의 행 번호)
ROWS(B13:C18)	6 ([B13]셀과 [C18]셀 사이 행의 개수)
RTD(ProgID, server, topic1, [topic2], …)	COM 자동화를 지원하는 프로그램으로부터 실시간 데이터를 가져옴
TRANSPOSE(array)	행과 열을 바꿈 (복사, 붙여넣기, 행/열 바꿈 옵션과 동일)
VLOOKUP	배열의 첫째 열을 찾아 행 쪽으로 이동하여 셀 값을 반환

이상의 18가지 함수가 있으며, 오피스 365에서만 지원하는 FILTER(), SORT(), SORTBY(), UNIQUE(), XLOOKUP(), XMATCH() 함수가 추가로 있다.[1] 이 중에서 제3장 주요 함수에서 설명했던 함수를 제외하고 빈도수가 높은 OFFSET() 함수를 위주로 설명한다.

---

1 http://bit.iy/35X31GA에서 확인할 수 있다.

제2절 INDEX() 함수와 MATCH() 함수

1. INDEX() 함수

INDEX() 함수는 테이블이나 범위에서 값 또는 값에 대한 참조를 반환한다. INDEX() 함수를 사용하는 방법에는 두 가지가 있다. 하나는 지정된 셀이나 셀 배열의 값을 반환하는 배열형이고 또 하나는 지정된 셀에 대한 참조를 반환하는 참조형이다. 거의 대부분이 배열형이므로 여기서는 배열형만 설명한다.

(1) INDEX() 함수 구문

- INDEX(array, row_num, column_num)

표 8-2　INDEX() 함수 구문

array	row_num	column_num
참조 범위(행과 열)	참조 범위에서 행 번호	참조 범위에서 열 번호

(2) 2019년 공무원 봉급 산출

1) [0802_index_원시.xlsx] 파일 열기

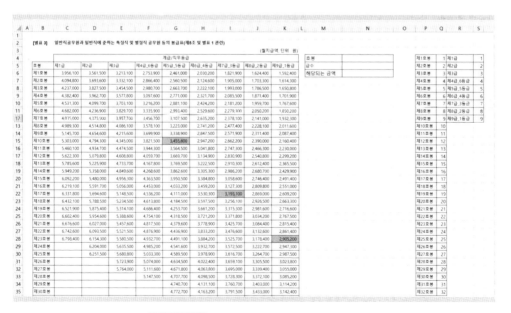

그림 8-1　[index_원시.xlsx] 파일 초기화면

그림의 왼쪽에는 봉급환산표가 있다. 호봉은 근무년수에 따라서 확정되는 것으로서 1년에 1호봉씩 승급되며, 직급은 본인이 최초 공무원으로 임용될 때의 직급이거나 임용 이후 승급이 되면서 변화가 생기게 된다. 표에서는 9급 14호봉, 7급 8호봉, 5급 1호봉이 약간의 차이가 있지만 비슷하다. 어떠한 경력개발경로를 선택할지 잘 판단해 보았으면 한다.

지금부터 학습할 내용은 [N4]셀의 호봉, [N5]셀의 급수에 해당하는 호봉을 산출하는 것이다. 이를 위해서 이름을 정의하고, 조건부 서식의 목록, VLOOKUP() 함수, 열 숨기기 등을 실습하게 될 것이다.

(2) 봉급표, 호봉, 급수등급, 환산표 이름 정의

1) 봉급표 이름 정의

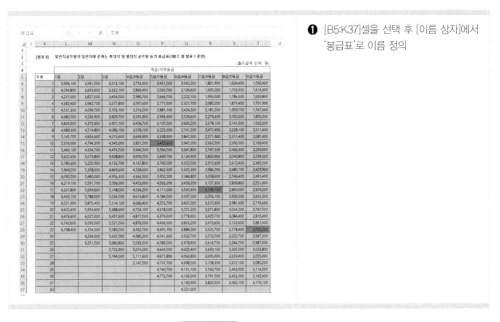

❶ [B5:K37]셀을 선택 후 [이름 상자]에서 '봉급표'로 이름 정의

그림 8-2 봉급표 이름 정의

2) 호봉 이름 정의

❷ [B6:B37]셀을 선택 후 [이름 상자]에서 '호봉'으로 이름 정의

그림 8-3　호봉 이름 정의

3) 급수등급 이름 정의

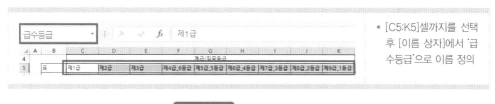

• [C5:K5]셀까지를 선택 후 [이름 상자]에서 '급 수등급'으로 이름 정의

그림 8-4　급수등급 이름 정의

4) 호봉환산 이름 정의

❸ [P4:Q35]셀을 선택 후 [이름 상자]에서 '호봉환산'으로 이름 정의

그림 8-5　호봉환산 이름 정의

5) 급수환산 이름 정의

❹ [R4:S12]셀을 선택 후 [이름 상자]에서 '급수환산'으로 이름 정의

그림 8-6   급수환산 이름 정의

(3) 호봉 및 급수에 대한 환산

호봉 및 급수에 대하여 사용자가 지정한 목록에서 선택하도록 데이터 유효성을 정의한다.

1) 호봉에 대한 유효성 정의

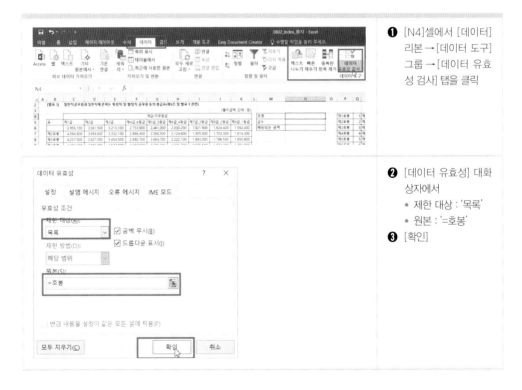

❶ [N4]셀에서 [데이터] 리본 → [데이터 도구] 그룹 → [데이터 유효성 검사] 탭을 클릭

❷ [데이터 유효성] 대화 상자에서
- 제한 대상 : '목록'
- 원본 : '=호봉'

❸ [확인]

❹ [N4]셀에서 수직 슬라
이드바를 움직여서 원
하는 호봉을 선택

그림 8-7   호봉에 대한 데이터 유효성 정의

2) 급수에 대한 유효성 정의

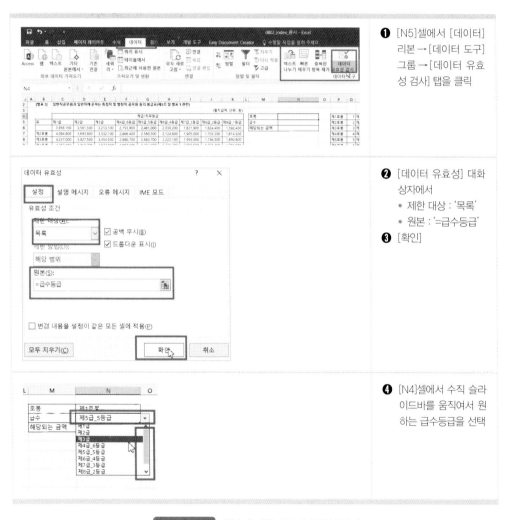

❶ [N5]셀에서 [데이터]
리본 → [데이터 도구]
그룹 → [데이터 유효
성 검사] 탭을 클릭

❷ [데이터 유효성] 대화
상자에서
 • 제한 대상 : '목록'
 • 원본 : '=급수등급'
❸ [확인]

❹ [N4]셀에서 수직 슬라
이드바를 움직여서 원
하는 급수등급을 선택

그림 8-8   급수에 대한 데이터 유효성 정의

3) 호봉 및 급수를 숫자로 환산

[N5:N6]셀의 값은 숫자가 아니라서 이를 숫자로 환산해 주어야 한다. 그래서 [O4:O5]셀에 환산을 위한 버퍼 셀을 만든다. 제1호봉이면 '1'을, 제3급이면 '3'을 반환하도록 VLOOKUP() 함수를 사용한다.

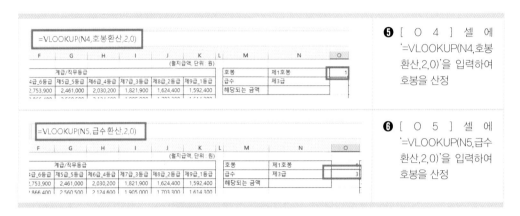

❺ [O4]셀에 '=VLOOKUP(N4,호봉환산,2,0)'을 입력하여 호봉을 산정

❻ [O5]셀에 '=VLOOKUP(N5,급수환산,2,0)'을 입력하여 호봉을 산정

그림 8-9 호봉 및 급수를 숫자로 환산

(4) 조건부 서식을 이용한 목록 지정

❼ [N6]셀에 '=INDEX(봉급표,O4+1,O5+1)'을 입력하여 호봉과 급수에 맞는 봉급액을 산출

그림 8-10 호봉 및 급수환산

봉급표에서 호봉과 급수/직무등급의 위치를 찾아서 그 위치에 해당하는 값을 반환한다. 이때 행과 열에 1을 더한 것은 이름을 정의할 때 제목을 포함하였으므로 그것을 반영한 것이다. [N5]셀에는 봉급표에서 행은 '1+1'로서 '2행'을 그리고 열은 '3+1'로서 4열을 참조하고 있으므로 봉급표에서 2행 4열의 값을 반환하며 그 값은 '3,213,100'이다.

(5) 추가 설정

1) VLOOKUP() 함수와 비교

VLOOKUP() 함수를 사용하여 보자. 사용하는 인수의 변경이 있었지만 같은 결과를 얻었다. INDEX() 함수와 LOOKUP() 계열의 함수는 상호 호환이 된다.

❶ [N7]셀에 '=VLOOKUP(N4,봉급표,O5+1,0)'을 입력

그림 8-11   VLOOKUP() 함수와 비교

2) 행의 일부 숨기기

호봉과 급수를 변경하면서 그에 해당되는 봉급액을 찾을 수 있는 조견표를 완성하였다. 이제 필요하지 않는 [O:S]열을 숨긴다.

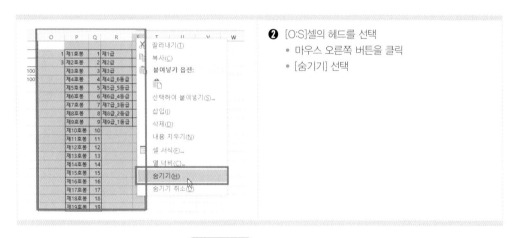

❷ [O:S]셀의 헤드를 선택
• 마우스 오른쪽 버튼을 클릭
• [숨기기] 선택

그림 8-12   행의 일부 숨기기

2. MATCH() 함수

MATCH() 함수는 제3장의 주요 함수편에서 상세히 학습하였다. 자세한 내용은 제3장을 참고로 하고 여기서는 활용편만 다룬다. 앞서 사용했던 공무원 봉급표를 활용하여 한 달에 4,000,000원의 봉급을 받는 급수와 호봉은 어떻게 되는지 찾아내는 조견표를 만들어 보고자 한다.

(1) 파일 열기

[0803_match_원시.xlsx] 파일을 연다. 이 파일의 모양이 이전의 INDEX() 함수 실습했을 때와 제목이 다르다. 이름을 정의할 때 숫자로 시작할 수 없고 특수문자가 들어갈 수 없기 때문에 제목을 수정하였다.

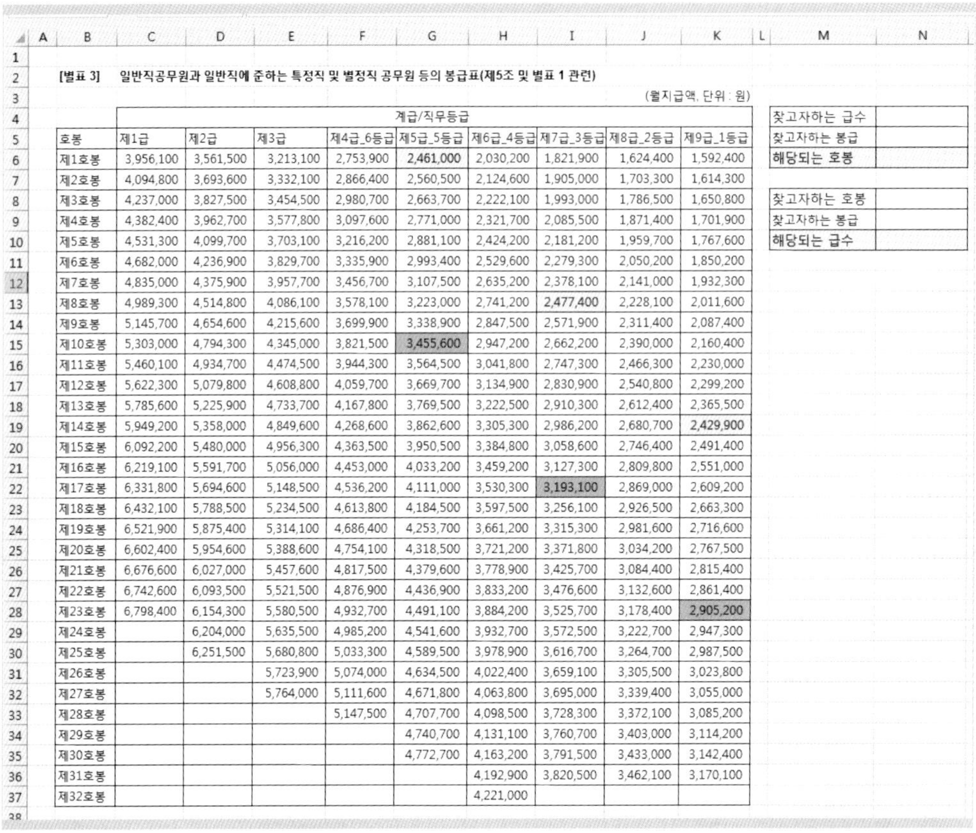

[별표 3] 일반직공무원과 일반직에 준하는 특정직 및 별정직 공무원 등의 봉급표(제5조 및 별표 1 관련)

(월지급액, 단위 : 원)

	계급/직무등급								
호봉	제1급	제2급	제3급	제4급_6등급	제5급_5등급	제6급_4등급	제7급_3등급	제8급_2등급	제9급_1등급
제1호봉	3,956,100	3,561,500	3,213,100	2,753,900	2,461,000	2,030,200	1,821,900	1,624,400	1,592,400
제2호봉	4,094,800	3,693,600	3,332,100	2,866,400	2,560,500	2,124,600	1,905,000	1,703,300	1,614,300
제3호봉	4,237,000	3,827,500	3,454,500	2,980,700	2,663,700	2,222,100	1,993,000	1,786,500	1,650,800
제4호봉	4,382,400	3,962,700	3,577,800	3,097,600	2,771,000	2,321,700	2,085,500	1,871,400	1,701,900
제5호봉	4,531,300	4,099,700	3,703,100	3,216,200	2,881,100	2,424,200	2,181,200	1,959,700	1,767,600
제6호봉	4,682,000	4,236,900	3,829,700	3,335,900	2,993,400	2,529,600	2,279,300	2,050,200	1,850,200
제7호봉	4,835,000	4,375,900	3,957,700	3,456,700	3,107,500	2,635,200	2,378,100	2,141,000	1,932,300
제8호봉	4,989,300	4,514,800	4,086,100	3,578,100	3,223,000	2,741,200	2,477,400	2,228,100	2,011,600
제9호봉	5,145,700	4,654,600	4,215,600	3,699,900	3,338,900	2,847,500	2,571,900	2,311,400	2,087,400
제10호봉	5,303,000	4,794,300	4,345,000	3,821,500	3,455,600	2,947,200	2,662,200	2,390,000	2,160,400
제11호봉	5,460,100	4,934,700	4,474,500	3,944,300	3,564,500	3,041,800	2,747,300	2,466,300	2,230,000
제12호봉	5,622,300	5,079,800	4,608,800	4,059,700	3,669,700	3,134,900	2,830,900	2,540,800	2,299,200
제13호봉	5,785,600	5,225,900	4,733,700	4,167,800	3,769,500	3,222,500	2,910,300	2,612,400	2,365,500
제14호봉	5,949,200	5,358,000	4,849,600	4,268,600	3,862,600	3,305,300	2,986,200	2,680,700	2,429,900
제15호봉	6,092,200	5,480,000	4,956,300	4,363,500	3,950,500	3,384,800	3,058,600	2,746,400	2,491,400
제16호봉	6,219,100	5,591,700	5,056,000	4,453,000	4,033,200	3,459,200	3,127,300	2,809,800	2,551,000
제17호봉	6,331,800	5,694,600	5,148,500	4,536,200	4,111,000	3,530,300	3,193,100	2,869,000	2,609,200
제18호봉	6,432,100	5,788,500	5,234,500	4,613,800	4,184,500	3,597,500	3,256,100	2,926,500	2,663,300
제19호봉	6,521,900	5,875,400	5,314,100	4,686,400	4,253,700	3,661,200	3,315,300	2,981,600	2,716,600
제20호봉	6,602,400	5,954,600	5,388,600	4,754,100	4,318,500	3,721,200	3,371,800	3,034,200	2,767,500
제21호봉	6,676,600	6,027,000	5,457,600	4,817,500	4,379,600	3,778,900	3,425,700	3,084,400	2,815,400
제22호봉	6,742,600	6,093,500	5,521,500	4,876,900	4,436,900	3,833,200	3,476,600	3,132,600	2,861,400
제23호봉	6,798,400	6,154,300	5,580,500	4,932,700	4,491,100	3,884,200	3,525,700	3,178,400	2,905,200
제24호봉		6,204,000	5,635,500	4,985,200	4,541,600	3,932,700	3,572,500	3,222,700	2,947,300
제25호봉		6,251,500	5,680,800	5,033,300	4,589,500	3,978,900	3,616,700	3,264,700	2,987,500
제26호봉			5,723,900	5,074,000	4,634,500	4,022,400	3,659,100	3,305,500	3,023,800
제27호봉			5,764,000	5,111,600	4,671,800	4,063,800	3,695,000	3,339,400	3,055,000
제28호봉				5,147,500	4,707,700	4,098,500	3,728,300	3,372,100	3,085,200
제29호봉					4,740,700	4,131,100	3,760,700	3,403,000	3,114,200
제30호봉					4,772,700	4,163,200	3,791,500	3,433,000	3,142,400
제31호봉						4,192,900	3,820,500	3,462,100	3,170,100
제32호봉						4,221,000			

찾고자하는 급수	
찾고자하는 봉급	
해당되는 호봉	

찾고자하는 호봉	
찾고자하는 봉급	
해당되는 급수	

그림 8-13 [0803_match_원시.xlsx]의 초기화면

MATCH() 함수를 이용하여 희망하는 봉급이 몇 급, 몇 호봉이 되어야 달성 가능한지를 알고자 하는 것이다. 예를 들어 월급을 5,000,000원을 받고자 할 때 4급 몇 호봉이면 가능한지 알고자 한다.

2) 이름 정의하기

1) 이름 정의할 범위 지정

쉬운 참조와 가독성을 높이기 위해 먼저 이름을 정의한다. 봉급표의 내용을 한꺼번에 이름 정의를 하고자 한다. 먼저 [B5]셀에 마우스를 위치시킨다.

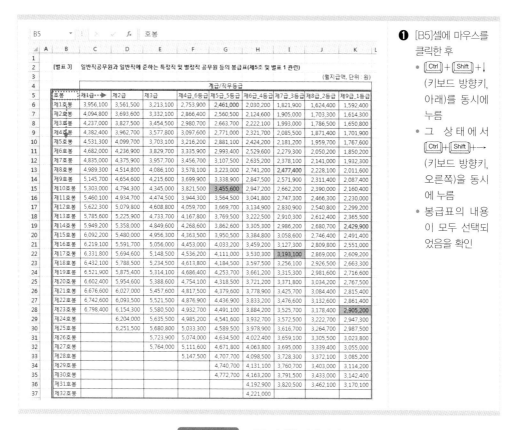

그림 8-14 이름 정의할 범위 지정

2) 선택 영역에서 이름 만들기

봉급표의 조견표가 선택된 상태에서 행과 열의 제목대로 일괄 이름을 정의하고자 한다.

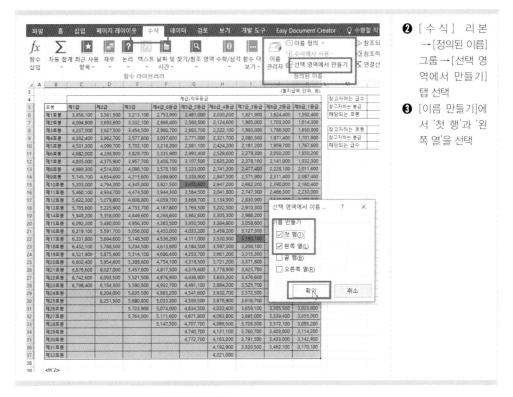

❷ [수식] 리본
→[정의된 이름]
그룹 →[선택 영
역에서 만들기]
탭 선택
❸ [이름 만들기]에
서 '첫 행'과 '왼
쪽 열'을 선택

그림 8-15   선택 영역에서 이름 만들기

한꺼번에 이름을 정의하였다. 확인 방법은 [이름 상자]의 목록을 통해서 가능하다. 추가로 누락된 급수에 대한 이름을 정의한다.

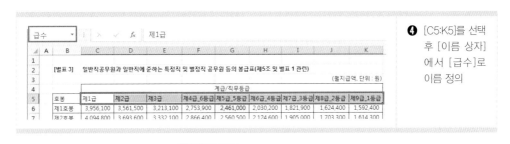

❹ [C5:K5]를 선택
후 [이름 상자]
에서 [급수]로
이름 정의

그림 8-16   한꺼번에 이름 만들기

3) 희망하는 월급액의 급수와 호봉 구하기

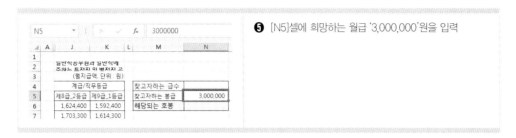

❺ [N5]셀에 희망하는 월급 '3,000,000'원을 입력

그림 8-17   희망하는 월급에 대한 급수와 호봉 구하기

4) 조건부 서식을 이용한 목록 지정

찾고자 하는 급수와 해당되는 호봉의 선택을 위한 목록을 지정한다.

❻ [N4]셀에서 메뉴 [데이터] → [데이터 도구] 그룹 → [데이터 유효성 검사] 탭을 클릭
❼ [데이터 유효성 검사]를 클릭하여 대화상자 호출

❽ [데이터 유효성] 대화상자에서
• 제한 대상 : '목록'
• 원본 : ='급수'
• [확인]

그림 8-18   조건부 서식을 이용한 목록 지정

5) 해당되는 호봉 구하기

❾ [N6]셀에 '=MATCH(N5,INDIRECT(N4),1)'을 입력
❿ IFERROR(MATCH(N5,INDIRECT(N4),1),"해당 없음")

그림 8-19   호봉산정 결과

　　6급으로 3,000,000원에 근접한 월급을 받기 위해서는 10호봉이 되어야 함을 알 수 있다. 다양한 조건으로 조회할 수 있다. INDIRECT() 함수를 사용한 것은 찾고자 하는 급수의 내용이 선택에 따라 바뀌는 것을 반영하기 위해서이다.

　　범위 바깥의 값에 대하여 '해당 없음'을 포함하는 수식을 추가하는 것이 필요하다. 실제 활용하기 위해서는 등급별로 호봉이 제한됨을 반영해야 한다. 본 절에서는 MATCH() 함수의 활용의 간단한 예를 살펴보는 것이므로 생략한다.

제3절　INDEX() · MATCH() 함수 함께 사용하기

INDEX() 함수는 MATCH () 함수를 만났을 때 마치 물을 만난 물고기와 같이 그 쓰임새가 활발해진다. 두 함수의 찰떡궁합을 확인해 본다. VLOOKUP() 함수는 기준값이 각 데이터의 가장 왼쪽(1번열)에 와야만 하여 매우 훌륭한 함수임에도 불구하고 사용하지 못할 때가 있다. 이럴 때는 INDEX() · MATCH() 함수를 사용하면 훌륭하다.

1. 성적표에서 특정 석차 학생의 이름과 총점

(1) 파일 열기

[0804_index_match_원시.xlsx] 파일을 연다. 1학년 학생들의 기말점수표이며, 5개 학급 49명의 성적표이다.

일련번호	이름	성별	학급	수학	영어	컴퓨터	총점	평균	석차
1	강미경	1	5	55	90	70	215	71.67	
25	고신철	1	4	50	90	98	238	79.33	
17	권미진	1	2	75	92	77	244	81.33	
24	김미란	1	5	42	72	90	204	68.00	
2	김민호	1	3	73	71	98	242	80.67	
3	김시내	1	4	62	90	72	224	74.67	
15	김영규	1	2	97	58	68	223	74.33	
20	김영희	2	1	36	89	74	199	66.33	
18	김은형	2	2	75	66	91	232	77.33	
4	김한도	2	3	68	73	100	241	80.33	
5	김한서	1	5	58	67	67	192	64.00	
6	류태규	2	4	98	57	57	212	70.67	
16	박성준	2	2	73	75	79	227	75.67	
26	박신영	2	5	81	61	93	235	78.33	
28	박정수	2	5	80	65	61	206	68.67	
21	성민수	1	4	86	57	85	228	76.00	
30	손미영	2	1	92	86	82	260	86.67	
31	신상호	2	5	60	100	65	225	75.00	
32	신희수	1	4	63	84	75	222	74.00	
7	오민석	1	5	85	60	86	231	77.00	
8	오아란	1	5	84	99	68	251	83.67	
9	우연호	2	4	50	97	66	213	71.00	
19	유현영	2	1	38	62	76	176	58.67	
12	윤민희	1	2	40	99	91	230	76.67	
22	윤소정	2	2	97	55	81	233	77.67	
33	이민규	1	2	73	88	73	234	78.00	
34	이승은	2	2	46	50	73	169	56.33	
35	이영원	2	1	30	58	74	162	54.00	
27	이영진	2	4	31	55	82	168	56.00	
14	이유진	1	5	57	58	59	174	58.00	
36	이정수	2	3	86	84	80	250	83.33	
37	이정진	1	3	32	90	94	216	72.00	
38	이주영	1	2	33	85	52	170	56.67	
10	이하린	2	3	45	84	88	217	72.33	
39	장경희	2	3	67	87	94	248	82.67	
29	정경희	2	1	30	84	84	198	66.00	
23	정수진	1	1	85	93	74	252	84.00	
40	정영실	1	4	67	97	57	221	73.67	
41	정은미	1	5	36	71	78	185	61.67	
42	정형일	1	2	79	83	95	257	85.67	
11	채소연	1	2	34	88	51	173	57.67	
43	최영인	2	1	52	93	91	236	78.67	
44	최은경	1	3	96	57	84	237	79.00	
45	최정길	1	5	85	90	90	265	88.33	
46	최지영	1	3	90	55	94	239	79.67	
47	태영일	2	3	88	54	63	205	68.33	
48	한유진	1	4	51	87	53	191	63.67	
13	허진규	2	4	51	77	58	186	62.00	
49	황진만	2	5	93	78	93	264	88.00	

데이터에 대한 요약

- 1학년 학생들의 기말점수표
- 수강생 : 49명
- 학급 : 5개 학급
- 수강과목 : 수학, 영어, 컴퓨터

그림 8-20　[0804_index_match_원시.xlsx] 초기화면

(2) 이름 정의하기

타이핑/범위 지정 에러를 방지하고 시각적인 분석을 위해서 필요한 부분에 대하여 이름을 정의한다.

1) 점수표

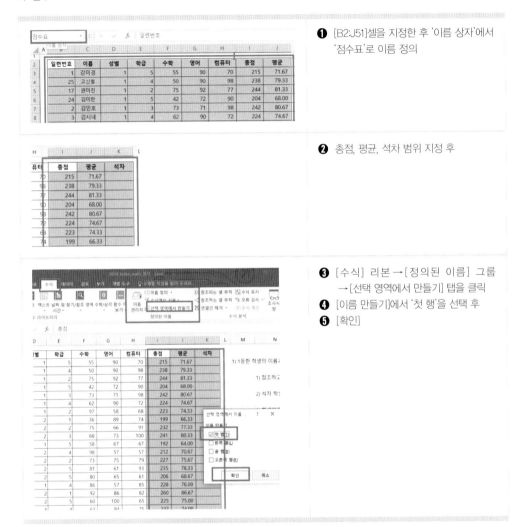

❶ [B2:J51]셀을 지정한 후 '이름 상자'에서 '점수표'로 이름 정의

❷ 총점, 평균, 석차 범위 지정 후

❸ [수식] 리본 → [정의된 이름] 그룹 → [선택 영역에서 만들기] 탭을 클릭
❹ [이름 만들기]에서 '첫 행'을 선택 후
❺ [확인]

그림 8-21 총점, 평균, 석차 이름 정의하기

석차에는 아직 값이 없지만 범위를 지정하여 사전에 이름을 정의하여 두었다.

(3) 석차 구하기

총점에 의한 석차를 구한다. 동점자가 있을 수 있지만 현재의 파일에서는 동점자가 없다.

그림 8-22 석차 구하기

① [K3]셀에 '=RANK.AVG(I3, 총점)'을 입력
② 자동 채우기로 완성

(4) 참조하고자 하는 석차의 위치 정보

총점에 의한 석차에서 9등인 학생을 찾고자 한다.

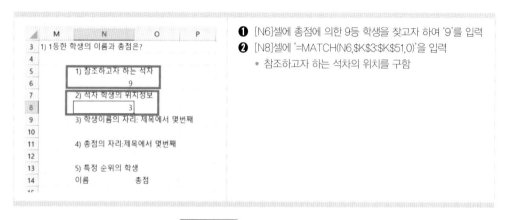

그림 8-23 석차의 위치를 구함

① [N6]셀에 총점에 의한 9등 학생을 찾고자 하여 '9'를 입력
② [N8]셀에 '=MATCH(N6,$K$3:$K$51,0)'을 입력
 • 참조하고자 하는 석차의 위치를 구함

1) 석차에 해당되는 학생의 '이름'을 [제목줄]에서 위치 확인

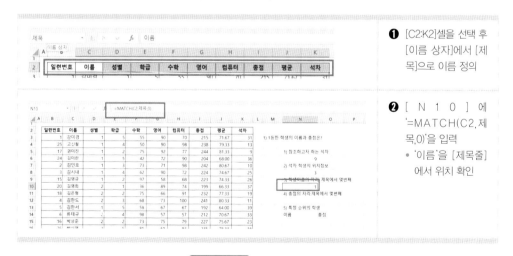

그림 8-24 '이름' 위치 확인

① [C2:K2]셀을 선택 후 [이름 상자]에서 [제목]으로 이름 정의

② [N10]에 '=MATCH(C2,제목,0)'을 입력
 • '이름'을 [제목줄]에서 위치 확인

2) 석차에 해당되는 학생의 '총점'을 [제목줄]에서 위치 확인

❸ [N12]에 '=MATCH(I2,제목,0)'을 입력
• '총점'을 [제목줄]에서 위치 확인

그림 8-25 '총점' 위치 확인

3) 석차에 해당하는 학생의 이름과 총점

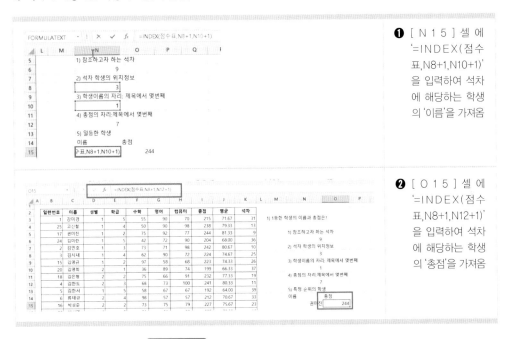

❶ [N15] 셀에 '=INDEX(점수표,N8+1,N10+1)'을 입력하여 석차에 해당하는 학생의 '이름'을 가져옴

❷ [O15] 셀에 '=INDEX(점수표,N8+1,N12+1)'을 입력하여 석차에 해당하는 학생의 '총점'을 가져옴

그림 8-26 석차에 해당하는 학생의 이름과 총점

4) 수식을 한꺼번에 모으기

표 8-3 INDEX() · MATCH() 함수 결합

❶ [N15]셀에 '=INDEX(점수표,MATCH(N6,$K$3:$K$51,0)+1,MATCH(C2,제목,0)+1)'을 입력하여 석차에 해당하는 학생의 '이름'을 가져옴

❷ [O15]셀에 '=INDEX(점수표,MATCH(N6,$K$3:$K$51,0)+1,MATCH(I2,제목,0)+1)'을 입력하여 석차에 해당하는 학생의 '총점'을 가져옴

(4) 석차를 스핀단추 스크롤 막대로 만들기

1) 메뉴에 개발 도구 추가하기

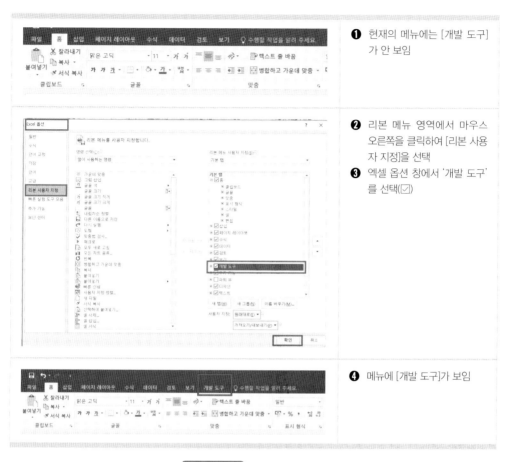

❶ 현재의 메뉴에는 [개발 도구]가 안 보임

❷ 리본 메뉴 영역에서 마우스 오른쪽을 클릭하여 [리본 사용자 지정]을 선택

❸ 엑셀 옵션 창에서 '개발 도구'를 선택(☑)

❹ 메뉴에 [개발 도구]가 보임

그림 8-27 개발 도구 보이기

2) 스핀단추(양식 컨트롤) 막대 추가

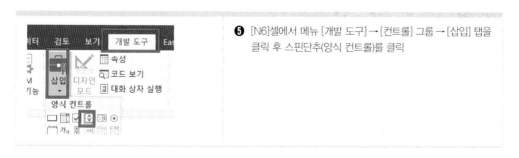

❺ [N6]셀에서 메뉴 [개발 도구] → [컨트롤] 그룹 → [삽입] 탭을 클릭 후 스핀단추(양식 컨트롤)를 클릭

❻ [N6]셀에 스핀단추 생성

그림 8-28 스핀단추(양식 컨트롤) 막대 추가

3) 스핀단추(양식 컨트롤)에 속성 조정

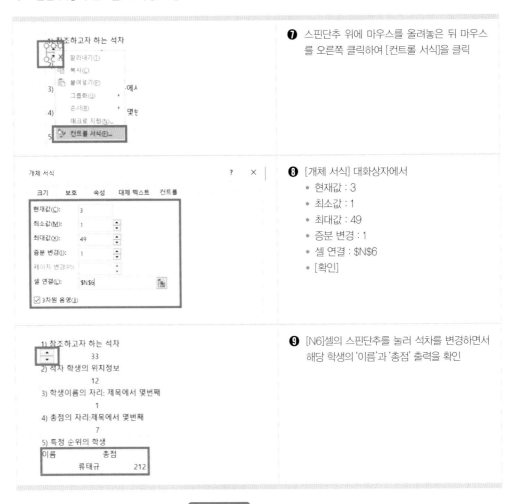

❼ 스핀단추 위에 마우스를 올려놓은 뒤 마우스를 오른쪽 클릭하여 [컨트롤 서식]을 클릭

❽ [개체 서식] 대화상자에서
- 현재값 : 3
- 최소값 : 1
- 최대값 : 49
- 증분 변경 : 1
- 셀 연결 : $N$6
- [확인]

❾ [N6]셀의 스핀단추를 눌러 석차를 변경하면서 해당 학생의 '이름'과 '총점' 출력을 확인

그림 8-29 스핀단추 돌리기

제4절　OFFSET() 함수

OFFSET() 함수는 엑셀이 자랑하는 으뜸 함수이다. 참조 영역(특정 셀 주소)에서 지정한 행과 열만큼 떨어진 곳에서 지정한 높이와 폭만큼 셀 범위를 나타내는 함수이다. 특별히 이 OFFSET() 함수가 뛰어난 것은 어떤 조건에 의해 셀 범위가 달라져야 하는 동적인 범위를 참조하기 때문이다.

1. OFFSET() 함수의 기본 이해

(1) OFFSET() 함수 구문

- OFFSET(reference, rows, cols, height, width)

표 8-4　TEXT 함수의 다양한 활용

reference	row_num	column_num	height	width
기준 셀	이동하는 행 거리	이동하는 열 거리	자신 행 포함 높이	자신 열 포함 너비

(2) 간단한 예제

1) [0805_offset_원시.xlsx] 파일 열기

과일별, 월별 매출액 집계 파일이다.

	A	B	C	D	E	F	G	H	I	J	K	L	M	N
1														
2		상품명	1월	2월	3월	4월	5월	6월	7월	8월	9월	10월	11월	12월
3		포도즙	76	86	88	92	85	84	76	98	83	79		
4		배즙	94	88	84	100	94	71	93	84	94	89		
5		과일즙	92	100	71	91	89	77	94	99	83	84	92	75
6		양파즙								90	71	76	99	95
7		호박즙	75	74	99	88	70	95	76	73	84	76	91	100
8		딸기주스	86	73	70	99	73	86	98	72	79	70	91	73
9		레몬주스				98	82	75	96	78	83	94	81	95
10		홍시											87	82
11		짚즙	97	93								80	75	74
12														

그림 8-30　[0803_offeset_원시.xlsx] 초기화면

2) 특정 과일의 특정 월매출액 범위 지정하기

호박즙과 딸기주스의 6월과 7월의 매출액 합계를 구해 보자. 먼저 범위를 지정해야 한다. 거듭찾기/참조 함수는 그 자체가 연산을 하는 것이 아니라 범위만 지정하여 주므로 합계를 위해서는 SUM() 함수가 별도로 필요하다.

① 범위의 지정

OFFSET() 함수를 사용하기 위해서는 반드시 다음과 같은 테이블을 만들어 보는 것이 좋다.

표 8-5 OFFSET() 함수 구문-예시

기준	행	열	높이	너비
[B2]셀	5행 이동	5열 이동	자신 포함 2행 이동	자신 포함 2열 이동

표의 내용을 그대로 옮겨 적으면 된다. OFFSET(B2, 5, 5, 2, 2)가 범위이다.

② SUM() 함수를 이용하여 합계 산출

OFFSET() 함수를 이용하여 범위를 지정한 후 SUM() 함수를 사용하여 합산하였다. 검산을 위해서 OFFSET()가 지정하는 영역의 합산을 직접 해본 결과와 일치한다.

표 8-6 SUM() 함수를 이용한 합계 산출

324	=SUM(OFFSET(B2,5,5,2,2))
324	=SUM(G7:H8)

2. 동적인 범위 지정

이제 동적인 범위를 지정하여 그에 합당한 결과를 계산하는 것을 학습한다. 이 실습을 통해서 OFFSET() 함수의 유용성을 느낄 것이다.

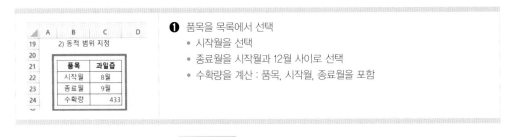

❶ 품목을 목록에서 선택
- 시작월을 선택
- 종료월을 시작월과 12월 사이로 선택
- 수확량을 계산 : 품목, 시작월, 종료월을 포함

그림 8-31 완성된 모습 미리보기

(1) 이름 정의

시작월, 상품명에 대하여 이름을 정의한다.

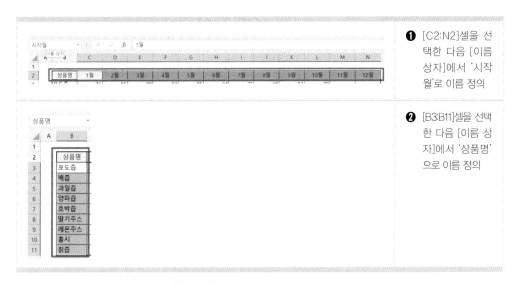

❶ [C2:N2]셀을 선택한 다음 [이름 상자]에서 '시작월'로 이름 정의

❷ [B3:B11]셀을 선택한 다음 [이름 상자]에서 '상품명'으로 이름 정의

그림 8-32 시작월, 상품명 이름 정의

(2) 시작월 설정

시작월은 1월부터 12월까지 선택 가능하도록 [개발 도구]의 스핀단추를 설정한다.

1) 스핀단추 추가

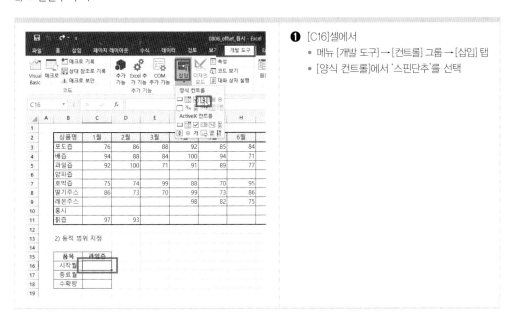

❶ [C16]셀에서
- 메뉴 [개발 도구] → [컨트롤] 그룹 → [삽입] 탭
- [양식 컨트롤]에서 '스핀단추'를 선택

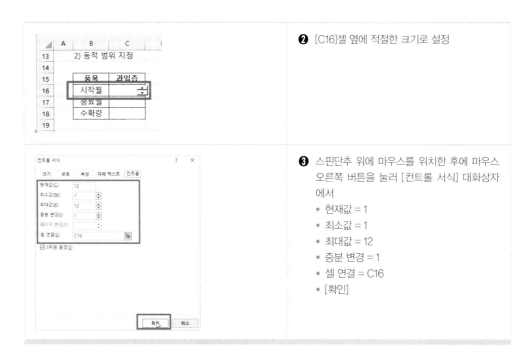

❷ [C16]셀 옆에 적절한 크기로 설정

❸ 스핀단추 위에 마우스를 위치한 후에 마우스
   오른쪽 버튼을 눌러 [컨트롤 서식] 대화상자
   에서
   • 현재값 = 1
   • 최소값 = 1
   • 최대값 = 12
   • 증분 변경 = 1
   • 셀 연결 = C16
   • [확인]

그림 8-33 시작월 이름 정의

2) 서식 설정

시작월의 셀인 [C16]셀에 '1'로 표시되어 있는 것을 '1월'로 나타나도록 서식을 설정한다.

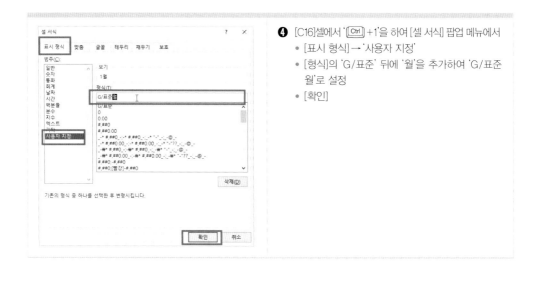

❹ [C16]셀에서 '[Ctrl]+1'을 하여 [셀 서식] 팝업 메뉴에서
   • [표시 형식]→ '사용자 지정'
   • [형식]의 'G/표준' 뒤에 '월'을 추가하여 'G/표준
     월'로 설정
   • [확인]

그림 8-34 시작월 서식 설정

(2) 종료월 설정

종료월은 생각해야 할 부분이 많다.

- 시작월에 따라서 동적으로 변화해야 하며 시작월보다 늦은 종료월이 되어야 하며, 12월을 넘지 않아야 한다.
- 시작월이 문자이다. 이를 숫자로 변환해야 한다.

두 가지 조건을 충족시키는 종료월을 정의한다.

1) 종료월 이름 정의

논리를 상기하면 종료월은 시작월보나 늦어야 하며, 12월을 넘지 않아야 한다.

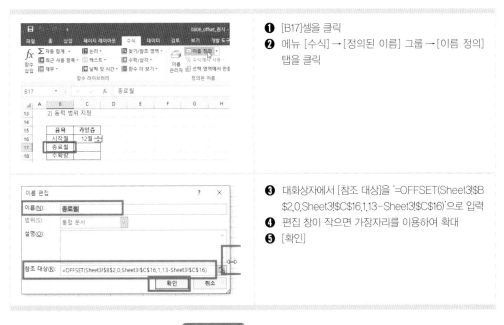

❶ [B17]셀을 클릭
❷ 메뉴 [수식] → [정의된 이름] 그룹 → [이름 정의] 탭을 클릭

❸ 대화상자에서 [참조 대상]을 '=OFFSET(Sheet3!$B$2,0,Sheet3!$C$16,1,13−Sheet3!$C$16)'으로 입력
❹ 편집 창이 작으면 가장자리를 이용하여 확대
❺ [확인]

그림 8-35 종료월 이름 정의

여기서 OFFSET() 함수를 해체하여 보자.

표 8-7 OFFSET() 함수 구문-해체

기준	행	열	높이	너비
Sheet3!$B$2	0	Sheet3!$C$16	1	13−Sheet3!$C$16

- 기준 : 배열의 행과 열이 교차하는 셀
- 행 : 자신의 행에서 움직이지 않음
- 열 : 시작월이 있는 위치까지 이동
- 높이 : 자신의 높이에서 움직이지 않음
- 너비 : 12월에서 시작월을 차감한 만큼 이동함(12−시작월+1, 또는 13−시작월)

2) 종료월에 대한 조건부 서식을 이용한 목록화

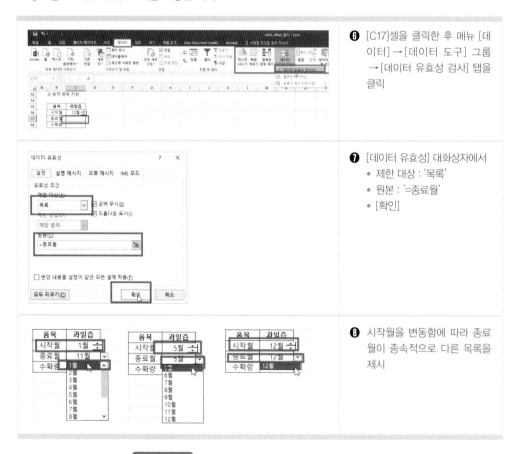

❻ [C17]셀을 클릭한 후 메뉴 [데이터]→[데이터 도구] 그룹→[데이터 유효성 검사] 탭을 클릭

❼ [데이터 유효성] 대화상자에서
- 제한 대상 : '목록'
- 원본 : '=종료월'
- [확인]

❽ 시작월을 변동함에 따라 종료월이 종속적으로 다른 목록을 제시

그림 8-36 종료월에 대한 조건부 서식을 이용한 목록화

3) 동적 범위 지정

❾ [E18:I18]에 '기준, 행, 열, 높이, 너비'와 같은 OFFSET() 함수의 인수를 입력

그림 8-37 동적인 범위를 고려한 매출집계 산출

OFFSET() 함수에 포함할 인수를 생각할 때 항상 위와 같이 도표를 하나 만들어 두고 생각해 가는 것을 권장한다. 이제 하나씩 해결해 보자.

표 8-8 OFFSET() 함수-동적 범위 지정

기준	행	열	높이	너비
과일 목록의 행과 열이 교차하는 지점	선택된 과일이 있는 행으로 이동할 거리	선택된 시작월이 있는 열로 이동할 거리	자신의 자리에서 이동 없음	시작월과 종료월 간의 거리
B2	=MATCH(C15, 상품명,0)	C16	1	(D17-D16)+1

이제 이대로 반영될 수 있는 OFFSET()를 구성한다. 기준, 행, 열, 높이의 지정에는 아무런 어려움이 없이 그대로 적용할 수 있다. 그런데 너비를 계산하는 과정에 생각이 필요하다. '너비'는 생각이 필요하다.

4) 농적 범위에서 '높이'의 계산

너비는 [C17]셀에서 [C16]셀을 빼고 '1'을 더하면 된다고 하였는데, [C17]셀이 숫자가 아닌 문자열이다. [C17]셀의 값을 보면 숫자와 문자(예 : 7월)로 구성되어 있다. 그래서 숫자의 형태인 문자를 분리하고 그 문자를 숫자 형태로 바꾸어 줄 것이다.

LEFT() 함수, LEN() 함수, NUMBERVALUE() 함수를 결합하여 사용할 것이다.

첫 번째, 문자열에서 특정한 값을 추출하는 LEFT() 함수를 이용하여 '7'이라는 값을 추출할 것이다. LEFT('7월',1)은 '1'이고 LEFT('9월',1)은 '9', LEFT('10월',2)는 '10'이다.

두 번째, 전체 문자열에서 제일 뒷자리 문자만 제외하여 추출하면 된다. 'LEFT(문자열, LEN(문자열)-1)'을 하면 앞자리의 크기와 관계없이 숫자형 문자를 추출할 수 있다.

세 번째, 추출한 숫자 형태의 문자를 숫자 형태로 전환해야 한다. 숫자형 문자를 숫자로 전환하는 함수가 NUMBERVALUE()이다.

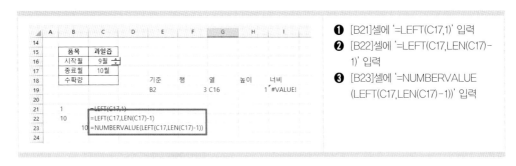

그림 8-38 LEFT(), NUMBERVALUE() 함수

이와 같은 과정을 통해서 종료월 문자열에서 숫자의 형태로 추출할 수 있다. 이것을 너비를 구하는 식에 반영한다.

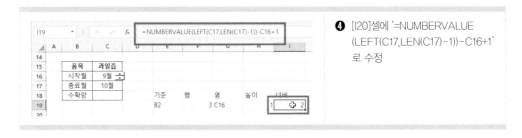

그림 8-39 종료월 문자열에서 숫자의 형태로 변환

이제 [C18]셀에 너비를 찾는 것을 포함하여 OFFSET() 함수를 적용할 수 있다.

(3) 수확량 구하기

1) 수확량 구하기

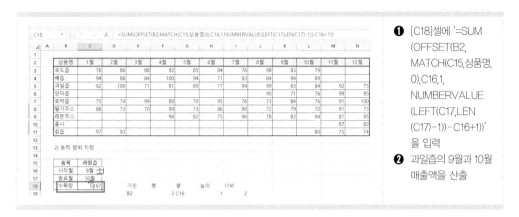

❶ [C18]셀에 '=SUM (OFFSET(B2, MATCH(C15,상품명, 0),C16,1, NUMBERVALUE (LEFT(C17,LEN (C17)-1))-C16+1))' 을 입력

❷ 과일즙의 9월과 10월 매출액을 산출

그림 8-40 수확량 구하기

품목을 정하고 시작월, 종료월을 지정하여 수확량을 산출하기에는 현재의 상태만으로 충분하다. 그러나 품목을 정하는 과정 중에 시작월보다 이전의 종료월이 설정되는 오류가 발생된다. 이것을 해결하기 위해 항상 시작월이 종료월보다 앞서야 하고, 그것을 넘어설 때는 적절한 오류 메시지를 줄 필요가 있다.

2) 추가 설정

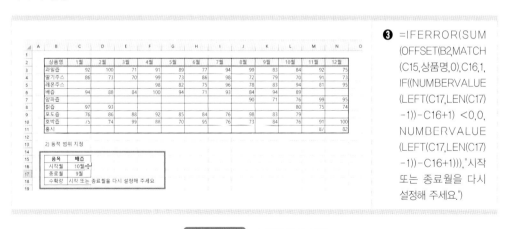

❸ =IFERROR(SUM (OFFSET(B2,MATCH (C15,상품명,0),C16,1, IF((NUMBERVALUE (LEFT(C17,LEN(C17) -1))-C16+1) <0,0, NUMBERVALUE (LEFT(C17,LEN(C17) -1))-C16+1))),"시작 또는 종료월을 다시 설정해 주세요.")

그림 8-41 수확량 추가 설정

품목을 이동하는 과정에서 일시적으로 생기는 시작월이 종료월보다 앞서는 경우에는 '시작 또는 종료월을 다시 설정해 주세요.' 안내를 할 수 있도록 하였다. 또한 시작월이 종료월보다 앞서는 경우에는 수확량을 산출하지 않도록 수정하였다.

지금까지 OFFSET() 함수의 강력한 기능에 대하여 충분히 학습해 보았다. 이러한 경험을 바탕으로 동적인 범위 조회는 물론 조회 결과를 바탕으로 동적인 차트 작성이 가능하다.

제9장

재무함수

기업경영에서의 은행 대출 문제, 투자, 동산/부동산 노후화에 따른 감가상각, 대출이자 관리, 기업 운영에 따른 현금흐름 관리 등의 각종 재무회계 관련 업무에서 필요한 계산을 쉽게 수행 가능하도록 하는 함수가 재무함수이다.

엑셀에서는 기업의 재무 분석과 관련한 이자율, 현금의 현재가치, 미래가치 계산 등을 쉽게 수행할 수 있도록 필요한 재무함수를 제공하고 있다. 즉, 기업 활동에 있어서 투자가 필요한 상황이 발생했을 때 은행 대출이자율, 수익률 등의 계산을 통해 투자 여부를 결정하게 되는데, 이때 유용하게 활용할 수 있는 것이 엑셀 분석 도구이다.

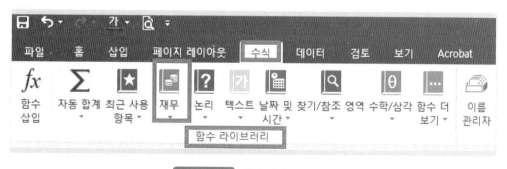

그림 9-1 함수 라이브러리 찾기

제1절   재무함수 총괄

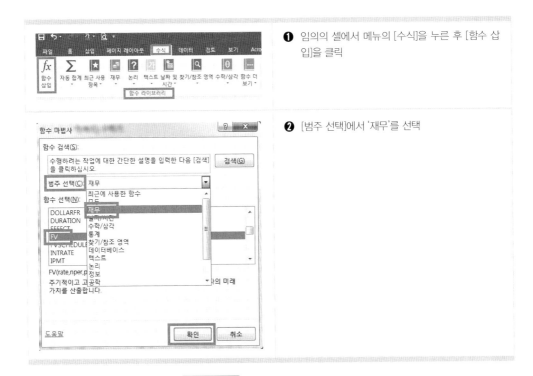

❶ 임의의 셀에서 메뉴의 [수식]을 누른 후 [함수 삽입]을 클릭

❷ [범주 선택]에서 '재무'를 선택

그림 9-2 함수 마법사에서 재무함수

1. 재무함수의 구성

재무함수는 각종 재무회계 관련 계산을 위한 함수를 의미하며, 함수의 기능을 의미하는 함수명과 함수명에 따라 연산이 가능하도록 하는 인수로 구성되어 있다. 인수는 함수명에 따라 달라지며, 인수 값에 의해 계산을 수행하게 된다. 인수 값은 숫자, 문자열, 셀 범위 및 참조 영역, 이름, 이름표 등으로 구성되어 있다.

표 9-1　재무함수의 인수 구성

인수	기능
FV(future value)	미래가치 : 미래가치 또는 최종 상환 후 의 현금 잔고를 의미한다.
PV(present value)	현재가치 : 현재가치를 의미하는 것으로 납입할 일련의 납입금의 현재가치를 나타낸다. 투자 시점에서의 투자금액이나 대부금의 가치로서 대부금의 현재가치는 최초로 빌린 금액이다.
Inflow1, Inflow2⋯Inflow n	투자기간의 총 지불횟수 또는 총 투자기간 : 투자기간의 현금흐름(투자기간에 따라 다름)
Per(Period)	지불기간의 수 : 일정 납입액 지불기간의 수
Nper(number of periods)	투자기간 : 투자 및 대출 발생 시에 일정 금액 지불기간
Pmt(payment)	지불금액 : 전체 현금흐름 기간 동안 적립해야 하는 납입액
Rate	이자율 : 대출 및 투자금에 대한 기간별 이자율, 할인율을 의미
Type	납입시점 : 납입액 지불 시점을 '0'과 '1'로 나타내며 '0'은 기말(월말)을 의미하고, '1'은 기초(월초)를 의미한다. 그리고 '0'은 생략해도 무관하다.

2. 재무함수 종류

경제성 분석을 위한 재무함수는 투자분석, 이자율 계산, 감가상각, 유가증권 분석 등의 계산을 수행하는 함수로 구성되어 있다. 이 장에서는 투자분석에 필요한 함수와 이자율 계산을 위한 함수를 중심으로 다루고자 한다.

표 9-2　투자분석 함수

함수명	함수식	기능
FV() 함수	FV(rate, nper, pmt, fv, type)	정기예금이나 부동산 투자를 위해 정해진 기간 일정 금액을 납입했을 때 이자율을 포함한 미래가치를 계산

(계속)

함수명	함수식	기능
PV() 함수	PV(rate, nper, pmt, fv, type)	주택 구입을 위한 투자방식에 있어서 목돈으로 구입하는 경우와 은행으로 대출을 받아 매월 발생하는 이자지급 방식으로 구입하는 경우 각각의 총액에 대한 현재가치 비교를 위한 계산
NPV() 함수	NPV(rate, value1, value2,…)	PV()는 일정 기간 현금흐름이 동일하다는 전제하에 현재가치를 계산한다면, NPV()는 일정 기간의 현금흐름이 일정하지 않을 경우를 대비한 순현재가치를 계산
IPMT() 함수	IPMT(rate, per, nper, pv, fv, type)	정기적으로 일정 금액 납입과 이자율이 적용되는 투자에 대한 투자기간의 이자 부분 계산
PPMT() 함수	PPMT(rate, per, nper, pv, fv, type)	정기적으로 일정 금액 납입과 이자율이 적용되는 투자에 대한 투자기간의 원금상환액을 계산
PMT() 함수	PMT(rate, nper, pv, fv, type)	IPMT()의 의해 계산된 이자와 PPMT()에 의해 계산된 원금을 합산하여 대출에 따른 매월 납입액(원리금 상환)을 계산
NPER() 함수	NPER(rate, pmt, pv, fv, type)	정기적으로 일정 금액 납입과 이자율이 적용되는 투자에 대한 투자기간 수 계산

표 9-3 이자율 계산 함수

함수명	함수식	기능
RATE() 함수	RATE(nper, pmt, pv, fv, type, guess)	투자기간의 지급기간당 이자에 대한 이자율 계산
IRR() 함수	IRR(values, guess)	현금흐름이 주기적인 상황에서의 납입액과 수입액을 가지고 투자 이율인 내부 수익률을 계산
MIRR() 함수	MIRR(values, finance-rate, reinvest-rate)	은행으로부터 투자자금을 연이자 4%로 대출받아 A 사업을 진행해서 얻은 수익을 연이자 10%인 B 사업에 재투자했을 때 내부 수익률이 어느 정도인지를 계산하기 위한 수정 내부 수익률을 얻고자 사용되는 함수

제2절 FV() 함수 : 적금 만기금액 구하기(복리 · 단리 계산)

투자를 위해 일정 금액을 정해진 이자율에 따라 일정 기간 정기적으로 납입했을 때 투자 만기 시에 수령받을 금액의 미래가치를 구하고자 하는 함수. 즉, 투자금액에 따른 미래가치(FV)를 계산하기 위한 함수이다.

1. 간단한 사용

표 9-4 FV() 함수 요약

함수명		기능
FV() 함수	단리 계산(목돈, 매월 납입 기준)	미래가치에 대한 단기 이자를 계산
	복리 계산(목돈, 매월 납입 기준)	미래가치에 대한 복수 이자를 계산

2. FV() 함수

[0901_재무함수_원시.xlsx] 파일을 이용하여 FV() 함수를 설명한다. 실습을 위한 가상의 데이터이다.

(1) FV() 함수를 이용한 매월 납입 복리 만기금액 구하기

예제 1) 은행에 연이율이 10%인 적금을 매월 5만 원씩 4년 동안 납입했을 때 만기 시 찾을 수 있는 복리 만기금액은?

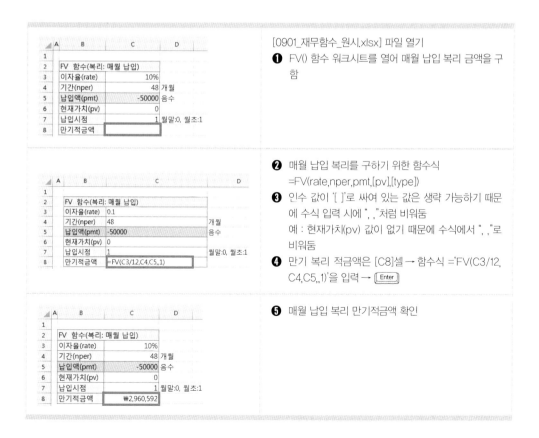

[0901_재무함수_원시.xlsx] 파일 열기
❶ FV() 함수 워크시트를 열어 매월 납입 복리 금액을 구함

❷ 매월 납입 복리를 구하기 위한 함수식
=FV(rate,nper,pmt,[pv],[type])
❸ 인수 값이 '[ ]'로 싸여 있는 값은 생략 가능하기 때문에 수식 입력 시에 ", ,"처럼 비워둠
예 : 현재가치(pv) 값이 없기 때문에 수식에서 ", ,"로 비워둠
❹ 만기 복리 적금액은 [C8]셀 → 함수식 ='FV(C3/12, C4,C5,,1)'을 입력 → Enter

❺ 매월 납입 복리 만기적금액 확인

(2) FV() 함수를 이용한 매월 납입 단리 만기금액 구하기

예제 2) 은행에 연이율이 10%인 적금을 매월 5만 원씩 4년 동안 납입했을 때 만기 시 찾을 수 있는 단리 만기금액은?

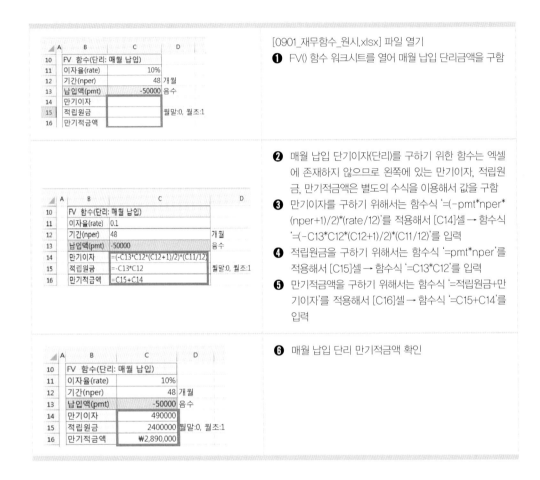

[0901_재무함수_원시.xlsx] 파일 열기
❶ FV() 함수 워크시트를 열어 매월 납입 단리금액을 구함

❷ 매월 납입 단기이자(단리)를 구하기 위한 함수는 엑셀에 존재하지 않으므로 왼쪽에 있는 만기이자, 적립원금, 만기적금액은 별도의 수식을 이용해서 값을 구함
❸ 만기이자를 구하기 위해서는 함수식 '=(-pmt*nper*(nper+1)/2)*(rate/12)'를 적용해서 [C14]셀 → 함수식 '=(-C13*C12*(C12+1)/2)*(C11/12)'를 입력
❹ 적립원금을 구하기 위해서는 함수식 '=pmt*nper'를 적용해서 [C15]셀 → 함수식 '=C13*C12'를 입력
❺ 만기적금액을 구하기 위해서는 함수식 '=적립원금+만기이자'를 적용해서 [C16]셀 → 함수식 '=C15+C14'를 입력

❻ 매월 납입 단리 만기적금액 확인

(3) FV() 함수를 이용한 목돈 납입 복리 만기금액 구하기

예제 3) 원금 2,000,000원의 금액을 매년 5%의 이자를 받기로 하고 5년 동안 은행에 예금한 경우의 복리 만기금액은 얼마인가?

[0901_재무함수_원시.xlsx] 파일 열기
❶ FV() 함수 워크시트를 열어 목돈 납입 복리금액을 구함

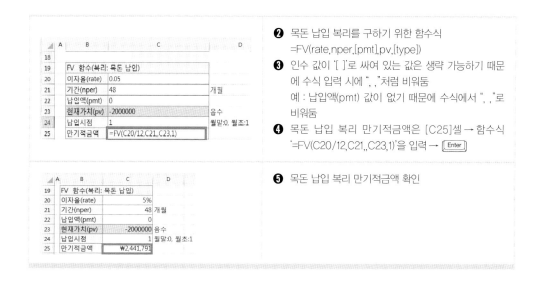

❷ 목돈 납입 복리를 구하기 위한 함수식
=FV(rate,nper,[pmt],pv,[type])

❸ 인수 값이 '[ ]'로 싸여 있는 값은 생략 가능하기 때문에 수식 입력 시에 ",,"처럼 비워둠
예 : 납입액(pmt) 값이 없기 때문에 수식에서 ",,"로 비워둠

❹ 목돈 납입 복리 만기적금액은 [C25]셀 → 함수식 '=FV(C20/12,C21,,C23,1)'을 입력 → Enter

❺ 목돈 납입 복리 만기적금액 확인

(4) FV() 함수를 이용한 목돈 납입 단리 만기금액 구하기

예제 4) 원금 2,000,000원의 금액을 매년 5%의 이자를 받기로 하고 5년 동안 은행에 예금한 경우의 단리 만기금액은 얼마인가?

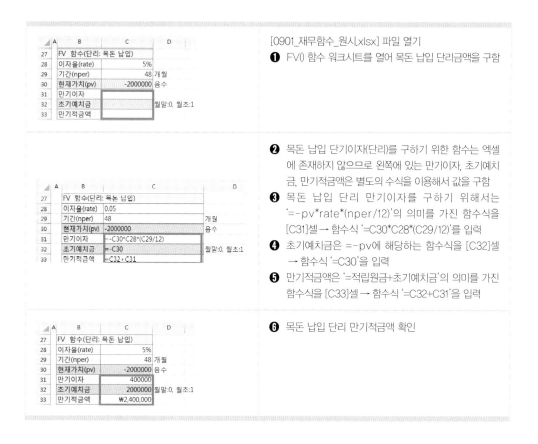

[0901_재무함수_원시.xlsx] 파일 열기
❶ FV() 함수 워크시트를 열어 목돈 납입 단리금액을 구함

❷ 목돈 납입 단기이자(단리)를 구하기 위한 함수는 엑셀에 존재하지 않으므로 왼쪽에 있는 만기이자, 초기예치금, 만기적금액은 별도의 수식을 이용해서 값을 구함

❸ 목돈 납입 단리 만기이자를 구하기 위해서는 '=-pv*rate*(nper/12)'의 의미를 가진 함수식을 [C31]셀 → 함수식 '=C30*C28*(C29/12)'를 입력

❹ 초기예치금은 =-pv에 해당하는 함수식을 [C32]셀 → 함수식 '=C30'을 입력

❺ 만기적금액은 '=적립원금+초기예치금'의 의미를 가진 함수식을 [C33]셀 → 함수식 '=C32+C31'을 입력

❻ 목돈 납입 단리 만기적금액 확인

| 제3절 | PV() 함수 : 보험금의 현재가치 구하기 | |

투자, 정기예금, 보험, 대출 등에 있어서 현시점의 가치를 계산하고자 할 때 사용되는 함수가 PV() 함수라고 할 수 있다. 즉, 투자금액에 따른 현재가치(PV)를 계산하기 위한 함수이다.

1. 간단한 사용

표 9-5 PV() 함수 요약

함수명	함수식
PV() : 현재가치를 계산하는 함수	=PV(rate,nper,pmt,fv,type)

2. PV() 함수

[0901_재무함수_원시.xlsx] 파일을 이용해 PV() 함수를 설명한다. 실습을 위한 가상의 데이터이다.

(1) PV() 함수를 이용한 보험금 현재가치 구하기

예제 5) 보험료를 매월 말 600,000원씩 5년간 연이자율 5%로 납부했을 때 현재가치를 구해 보자.

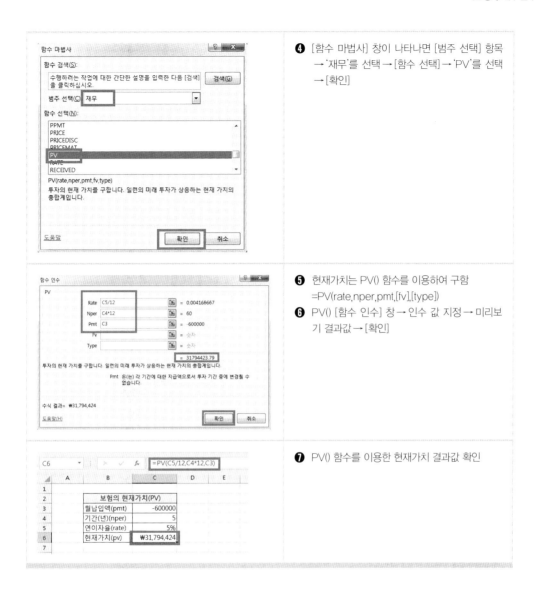

❹ [함수 마법사] 창이 나타나면 [범주 선택] 항목
→ '재무'를 선택 → [함수 선택] → 'PV'를 선택
→ [확인]

❺ 현재가치는 PV() 함수를 이용하여 구함
=PV(rate,nper,pmt,[fv],[type])

❻ PV() [함수 인수] 창 → 인수 값 지정 → 미리보
기 결과값 → [확인]

❼ PV() 함수를 이용한 현재가치 결과값 확인

제4절 NPV() 함수 : 투자 순현재가치 구하기(기말, 기초)

PV()는 일정 기간 현금흐름이 동일하다는 전제하에 현재가치를 계산한다면, NPV()는 일정 기
간의 현금흐름이 일정하지 않을 경우를 대비한 순현재가치를 계산하는 함수이다.

1. 간단한 사용

표 9-6 NPV() 함수 요약

함수명	함수식
NPV() 함수	=NPV(rate,value1,value2,…29)

2. NPV() 함수

[0901_재무함수_원시.xlsx] 파일을 이용하여 NPV() 함수를 설명한다. 실습을 위한 가상의 데이터이다.

(1) 투자 순현재가치 구하기(기말)

예제 6) A기업이 신규 시스템 도입을 위해 2019년 기말에 연이자율 6%라는 가정하에 투자금 6,000,000원을 투입해서 앞으로 2년 동안 1,600,000원, 2,200,000원, 2,800,000원의 수익금을 얻고자 할 때 순현재가치는?

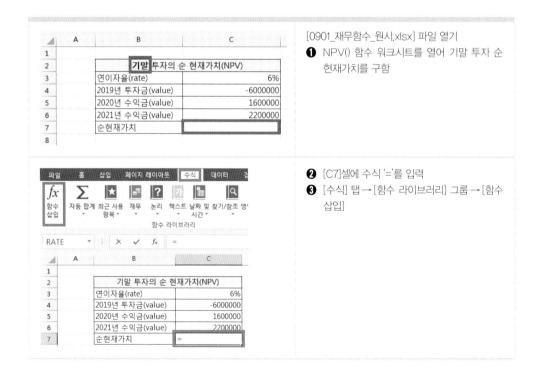

[0901_재무함수_원시.xlsx] 파일 열기
❶ NPV() 함수 워크시트를 열어 기말 투자 순 현재가치를 구함

❷ [C7]셀에 수식 '='를 입력
❸ [수식] 탭 → [함수 라이브러리] 그룹 → [함수 삽입]

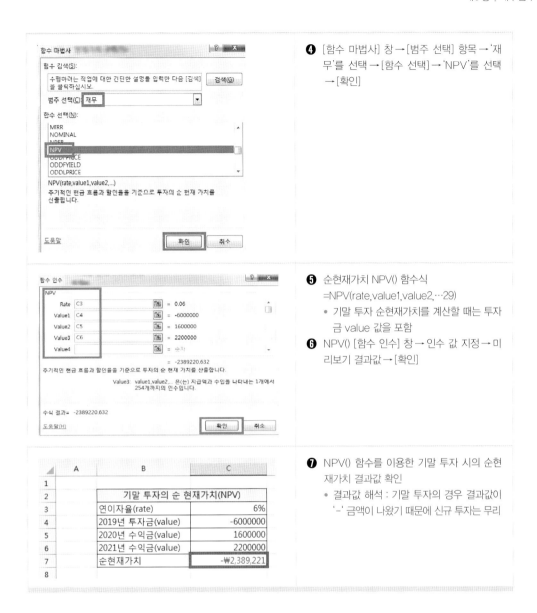

❹ [함수 마법사] 창 → [범주 선택] 항목 → '재무'를 선택 → [함수 선택] → 'NPV'를 선택 → [확인]

❺ 순현재가치 NPV() 함수식
=NPV(rate,value1,value2,…29)
• 기말 투자 순현재가치를 계산할 때는 투자금 value 값을 포함

❻ NPV() [함수 인수] 창 → 인수 값 지정 → 미리보기 결과값 → [확인]

❼ NPV() 함수를 이용한 기말 투자 시의 순현재가치 결과값 확인
• 결과값 해석 : 기말 투자의 경우 결과값이 '−' 금액이 나왔기 때문에 신규 투자는 무리

(2) 투자 순현재가치 구하기(기초)

예제 7) A기업이 신규 시스템 도입을 위해 2019년 기초에 연이자율 6%라는 가정하에 투자금 6,000,000원을 투입해서 앞으로 2년 동안 1,600,000원, 2,200,000원, 2,800,000원의 수익금을 얻고자 할 때 순현재가치는?

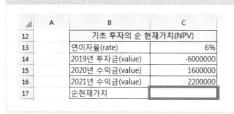

[0901_재무함수_원시.xlsx] 파일 열기

❶ NPV() 함수 워크시트를 열어 기초 투자 순현재 가치를 구함

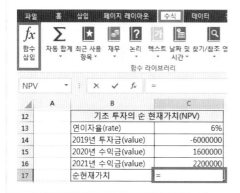

❷ [C17]셀에 수식 '='를 입력

❸ [수식] 탭→[함수 라이브러리] 그룹→[함수 삽입]

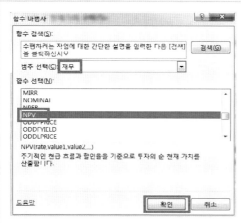

❹ [함수 마법사] 창→[범주 선택] 항목→'재무'를 선택→[함수 선택]→'NPV'를 선택→[확인]

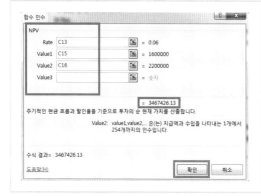

❺ 순현재가치는 NPV() 함수를 이용하여 구함
=NPV(rate,value1,value2,…29)
  • 기초 투자 순현재가치를 계산할 때는 투자금 value 값을 불포함

❻ NPV() [함수 인수] 창→인수 값 지정→미리보기 결과값→[확인]

❼ NPV() 함수를 이용한 기초 투자 시의 순현재가
치 결과값 확인
- 결과값 해석 : 기초 투자의 경우 결과값이 '+'
  금액이 나왔기 때문에 신규 투자를 수용

제5절　RATE() 함수 : 투자기간의 이자율 구하기

대출이나 투자 시에 해당 기간의 지급해야 할 이자율을 계산하기 위한 함수가 RATE() 함수이
다. 즉, 일정 금액(대출액)을 일정 기간(대출기간) 매월 일정 금액(월 납입액)을 갚아 나간다는
가정하에 대출기관(은행 등)에 지급해야 할 이자율을 계산하는 함수이다.

1. 간단한 사용

표 9-7　RATE() 함수 요약

함수명	함수식
RATE() 함수	=RATE(nper,pmt,pv,fv,type)

2. RATE() 함수

[0901_재무함수_원시.xlsx] 파일을 이용하여 RATE() 함수를 설명한다. 실습을 위한 가상의 데
이터이다.

(1) RATE() 함수를 이용한 대출금 이자율 구하기

예제 6) 대출금 10,000,000원을 5년간 매월 말 600,000원씩 갚았을 때 납기 기간 중 연이자율
을 계산해 보자.

[0901_재무함수_원시.xlsx] 파일 열기
❶ RATE() 함수 워크시트를 열어 투자기간의 이
자율을 구함

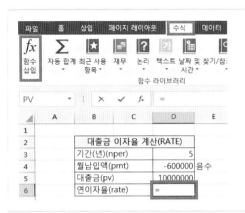

❷ [D6]셀에 수식 '='를 입력
❸ [수식] 탭 → [함수 라이브러리] 그룹 → [함수 삽입]

❹ [함수 마법사] 창 → [범주 선택] 항목 → '재무'를 선택 → [함수 선택] → 'RATE'를 선택 → [확인]

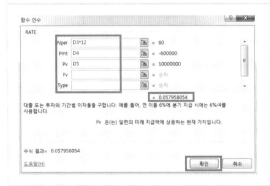

❺ 대출이나 보험의 납기기간 이자율 계산은 RATE() 함수를 이용
=RATE(nper,pmt,pv,[fv],[type])
❻ RATE() [함수 인수] 창 → 인수 값 지정 → 미리보기 결과값 → [확인]

❼ RATE() 함수를 이용한 연이자율 결과값 확인

제6절 IPMT() · PMT() · PPMT() 함수 : 대출금 상환하기

정해진 이율에 따라 대출금을 일정 기간에 갚고자 했을 때 세 가지 선택안이 있다. 원금과 이자를 합해서 일정 기간 매월 갚아 나가는 원리금 균등상환방법, 원금을 중심으로 매월 균등 상환하는 원금균등상환방법과 지급 만기 시 대출원금 전체를 한 번에 대출 동안 발생한 이자와 함께 갚는 원금 일시상환방법이 있다. 이때 대출금 상환 선택안을 결정함에 있어서 손쉽게 계산 수행이 가능하도록 도와주는 함수 활용과 대출상환방식 각각의 의미, 장 · 단점 이해가 필수적이다. 먼저 상환방식에 따른 계산을 위해서 원리금 균등상환방식 계산에는 PMT() 함수를 활용하고, 원금균등상환방식 계산에는 PPMT() 함수를 활용, 원금 일시상환방식 계산에는 IPMT() 함수를 활용하면 된다. 다음은 은행으로부터 대출을 받으려고 할 때 대출금 상환방식에 따른 장 · 단점을 잘 이해하고 있어야 본인에게 적합한 대출방식 선택이 가능하다. 대출금 상환 방법에 따른 장 · 단점에 대해 [표 9-8]과 같이 정리해 보았다.

표 9-8 대출금 상환방법의 의미 및 장 · 단점 비교

대출금 상환방법	장점	단점
원금일시상환	대출에 따른 매월 일정 납입액 부담이 다른 상환방식에 비해 이자만 갚으면 되기 때문에 금액 부담이 적다.	다른 상환방식에 비해 이자 부담이 가장 크다고 할 수 있다.
원금균등상환	원리금 균등상환방식에 비해 초기 상환액 부담은 크지만 매달 원금을 고정적으로 갚아 나가기 때문에 동시에 이자도 줄어 매달 상환금액 부담이 줄어든다. 다른 방식에 비해 금융비용이 가장 적은 방식이다.	다른 상환방식에 비해 매월 상환액 부담이 가장 크다는 것이 단점이긴 하나 대출 만기 시 이자비용이 가장 적은 방식이기도 하다.
원리금균등상환	매월 고정비용처럼 같은 금액이 지출되기 때문에 다른 대출금 상환방식에 비해 대출금 상환에 따른 관리가 가장 편한 방식이다.	원금균등상환방식에 비해 초기 갚는 금액 부담이 적은 만큼 총 이자비용이 크다. 대출 받을 시점에 자금 여유가 없을 때 많이 이용하는 방식으로 가장 보편적인 상환방식이다.

1. 간단한 사용

표 9-9 IPMT() · PPMT() · PMT() 함수 요약

함수명		함수식
IPMT	원금일시상환	대출 원금+이자[=IPMT(rate,per,nper,fv,type)]
PPMT	원금균등상환	=PPMT(rate,per,nper,pv,fv)
PMT	원리금균등상환	=PMT(rate,nper,pv,fv,type)

표 9-10 IPMT() · PPMT() · PMT() 함수 인수

인수	기능
rate	이자율 : 대출 및 투자금에 대한 기간별 이자율, 할인율을 의미
nper	투자기간 : 투자 및 대출 발생 시에 일정 금액 지불기간
pmt	지불금액 : 전체 현금흐름 기간에 적립해야 하는 납입액
pv	현재가치 : 현재가치를 의미하는 것으로 납입할 일련의 납입금의 현재가치를 나타낸다. 투자 시점에서의 투자금액이나 대부금의 가치로서 대부금의 현재가치는 최초로 빌린 금액
type	납입시점 : 납입액 지불 시점을 '0'과 '1'로 나타내며 '0'은 기말(월말)을 의미하고, '1'은 기초(월초)를 의미한다. 그리고 '0'은 생략해도 무관하다.

2. IPMT() 함수를 이용한 원금일시상환 구하기

[0901_재무함수_원시.xlsx] 파일을 이용하여 IPMT() 함수를 설명한다. 실습을 위한 가상의 데이터이다.

　　예제 7) 대출금 1,000,000원을 이자 10%로 12개월 후 한 번에 갚는 조건으로 대출을 받았을 때 대출 만기 시 원금일시상환액은 얼마인지를 구해 보자.

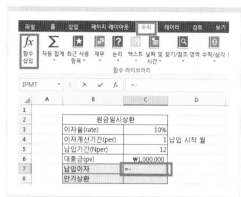

[0901_재무함수_원시.xlsx] 파일 열기
❶ IPMT() 함수 워크시트를 열어 원금일시상환액을 구함

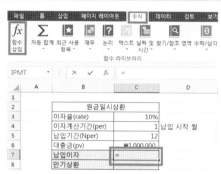

❷ C7셀에 수식 '='와 '－'를 입력
❸ [수식] 탭 → [함수 라이브러리] 그룹 → [함수 삽입]

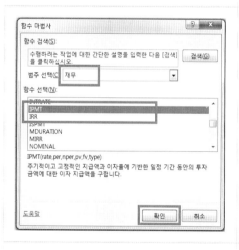

❹ [함수 마법사] 창 → [범주 선택] 항목 → '재무'를 선택
→ [함수 선택] → 'IPMT'를 선택 → [확인]

❺ 월 납입이자는 IPMT() 함수를 이용하여 구함
=IPMT(rate,per,nper,pv,[fv],[type])
❻ IPMT() [함수 인수] 창 → 인수 값 지정－미리보기 결
과값 → [확인]

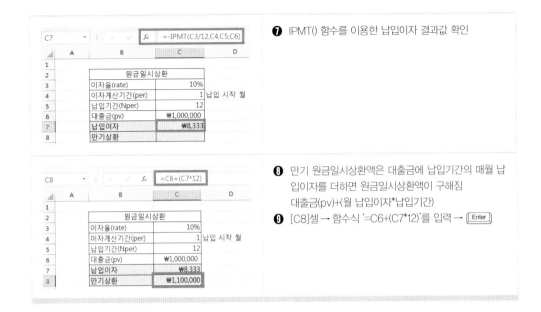

❼ IPMT() 함수를 이용한 납입이자 결과값 확인

❽ 만기 원금일시상환액은 대출금에 납입기간의 매월 납입이자를 더하면 원금일시상환액이 구해짐
대출금(pv)+(월 납입이자*납입기간)

❾ [C8]셀 → 함수식 '=C6+(C7*12)'를 입력 → Enter

3. PPMT() 함수를 이용한 원금균등상환 구하기

[0901_재무함수_원시.xlsx] 파일을 이용하여 PPMT() 함수를 설명한다. 실습을 위한 가상의 데이터이다.

예제 8) 대출금 1,000,000원을 이자 10%로 12개월 후 상환하는 조건으로 대출을 받았을 때 대출 만기 시까지 납입기간 중 매월 갚아야 할 원금은 얼마인지 구해 보자.

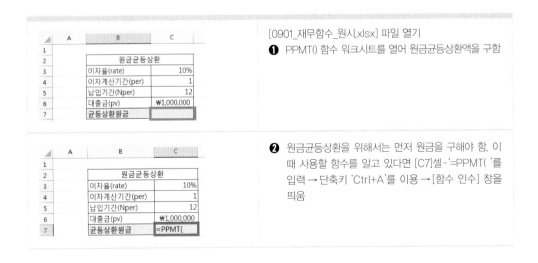

[0901_재무함수_원시.xlsx] 파일 열기

❶ PPMT() 함수 워크시트를 열어 원금균등상환액을 구함

❷ 원금균등상환을 위해서는 먼저 원금을 구해야 함. 이때 사용할 함수를 알고 있다면 [C7]셀-'=PPMT('를 입력 → 단축키 'Ctrl+A'를 이용 → [함수 인수] 창을 띄움

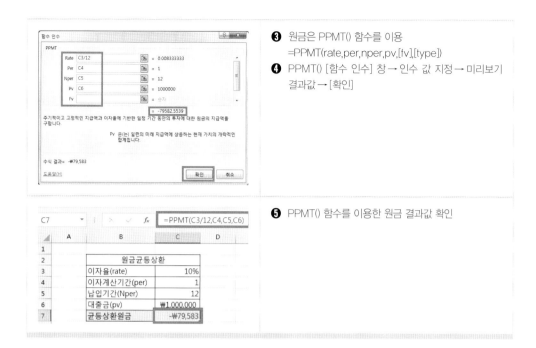

❸ 원금은 PPMT() 함수를 이용
  =PPMT(rate,per,nper,pv,[fv],[type])
❹ PPMT() [함수 인수] 창 → 인수 값 지정 → 미리보기
  결과값 → [확인]

❺ PPMT() 함수를 이용한 원금 결과값 확인

4. PMT() 함수를 이용한 원리금균등상환 구하기

[0901_재무함수_원시.xlsx] 파일을 이용하여 PMT() 함수를 설명한다. 실습을 위한 가상의 데이터이다.

예제 9) 대출금 1,000,000원을 이자 10%로 12개월 후 상환하는 조건으로 대출을 받았을 때 대출 만기 시까지 납입기간 중 매월 갚아야 할 원금과 이자를 합한 금액이 얼마인지 구해 보자.

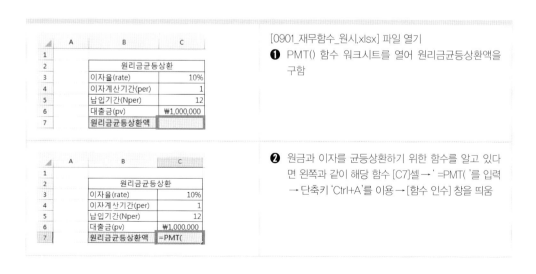

[0901_재무함수_원시.xlsx] 파일 열기
❶ PMT() 함수 워크시트를 열어 원리금균등상환액을
  구함

❷ 원금과 이자를 균등상환하기 위한 함수를 알고 있다
  면 왼쪽과 같이 해당 함수 [C7]셀 → '=PMT('를 입력
  → 단축키 'Ctrl+A'를 이용 → [함수 인수] 창을 띄움

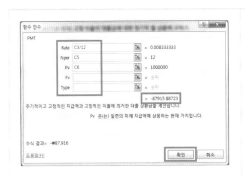

❸ 원리금은 PMT() 함수를 이용
=PMT(rate,nper,pv,[fv],[type])

❹ PMT() [함수 인수] 창 → 인수 값 지정 → 미리보기 결
과값 → [확인]

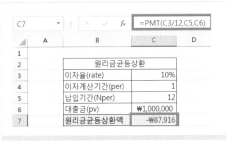

❺ PMT() 함수를 이용한 원리금균등상환액 결과값 확인

3

데이터 분석

제10장

피벗 테이블과 시각화

제**1**절 피벗 테이블

엑셀의 가장 뛰어난 기능 중 하나가 피벗 테이블이다. 피벗 테이블은 대량의 데이터를 일목요연하게 요약하여 분석할 수 있다.

1. 기본 피벗 테이블 보고서 만들기

(1) 파일 불러오기

[1001_피벗테이블 기본 예제_원시.xlsx] 파일을 연다.

(2) 데이터 테이블을 표로 전환

원본 표에 추가된 데이터를 피벗 테이블에서 바로 사용할 수 있도록 기본 테이블 형태의 파일을 표의 형태로 전환하는 것이 편리하다. 만약 표의 형태로 전환해 두지 않으면 실시간으로 연동할 수 없어 빈복적으로 범위를 재지정해 주어야 한다.

❶ 값이 있는 임의의 셀에서 클릭 후 [삽입] 리본의 [표]를 클릭

❷ 범위를 확인하고 [확인]

❸ 데이터 테이블이 표로 전환된 것을 확인

❹ [표 도구]→[디자인] 탭→[속성] 그룹→[표 이름]에서 현재의 '표3'으로 되어 있는 것을 확인

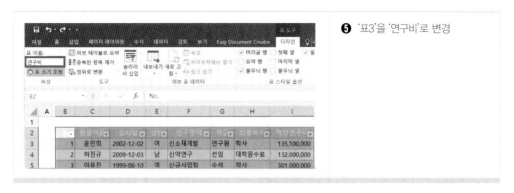

❺ '표3'을 '연구비'로 변경

그림 10-1 데이터 테이블을 표로 전환

(3) 보고서 작성하기

피벗 테이블 만들기 마법사가 진행되고 있다. 마법사라 알아서 잘하겠지만 혹시라도 엉뚱한 결과가 나오지 않도록 진행 과정을 잘 살펴본다. 혹시 모른다. 마법사가 엉뚱한 속임수를 부릴지도!

1) 준비 단계

피벗 테이블 보고서를 만들기 위해서 임의 셀을 하나 선택하고 [삽입] 탭 → [표] 그룹 → [피벗 테이블]을 클릭한다. 자동으로 선택된 범위를 확인한 후에 [확인]을 클릭하여 작성을 위한 준비 단계를 완료한다.

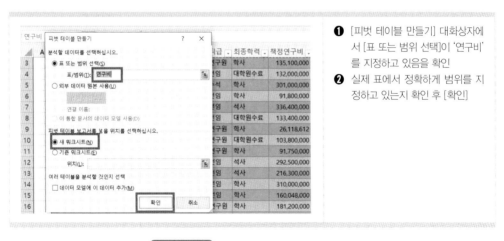

❶ [피벗 테이블 만들기] 대화상자에서 [표 또는 범위 선택]이 '연구비'를 지정하고 있음을 확인

❷ 실제 표에서 정확하게 범위를 지정하고 있는지 확인 후 [확인]

그림 10-2 데이터 테이블 보고서 준비 단계

피벗 테이블을 위한 세팅이 완료되었다. 정성스럽게 준비한 항목들을 잘 배열하여 목적에 맞는 테이블이 되도록 한다.

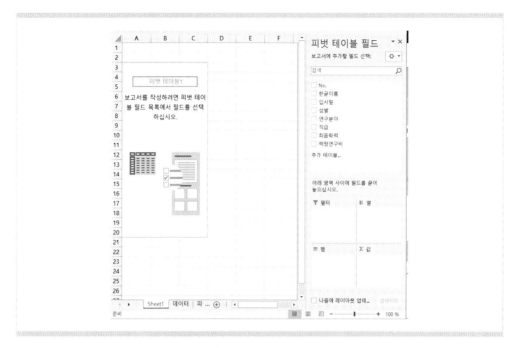

그림 10-3   데이터 테이블 보고서 레이아웃

❸ [피벗 데이블 필드]에서 '직급'과 '책정
연구비' 선택

그림 10-4   데이터 테이블 보고서에서 '직급'과 '책정연구비' 선택

2) 피벗 테이블 레이아웃 이해하기

피벗 테이블의 역할을 영역별로 이해한다.

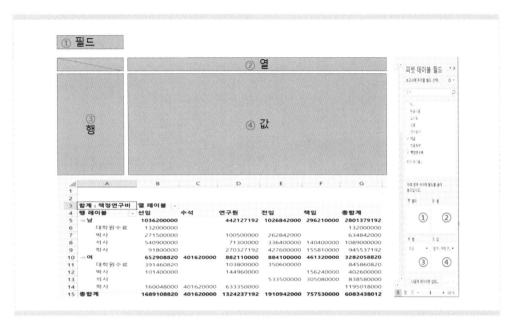

그림 10-5 데이터 테이블 보고서 레이아웃 이해하기

표 10-1 피벗 테이블 레이아웃 창에 대한 설명

영역	설명
필터	• 원본 테이블의 데이터를 제한한 필드를 추가 • 예 : 원본 테이블에 연구분야별로 테이블을 만들고 싶다면 '연구분야' 필드를 [필터] 영역에 추가하고 집계할 연도를 선택
열	• 피벗 테이블 보고서의 열 머리글에 표시할 항목을 갖는 필드를 추가 • 예 : '분류' 필드를 추가하면 피벗 테이블의 보고서 상단에 분류명이 나타남
행	• 피벗 테이블 보고서의 행 머리글에 표시할 항목을 갖는 필드를 추가 • 피벗 테이블에서 관리하고자 하는 주된 주제 영역 • 예 : '연구분야' 필드를 추가하면 '직급'별로 집계된 데이터를 보여줌
값	• 행 머리글과 열 머리글이 교차하는 위치의 값을 갖는 필드를 추가 • 예 : '책정연구비'를 선택하면 '책정연구비'의 합계를 보여줌. 보여주는 값은 설정에서 변경 가능

2. 피벗 테이블의 유용한 기능

피벗 테이블의 유용한 기능 중에서 필드 내의 항목을 내가 지정한 순서대로 정렬하는 방법과 집계 방법을 '평균'으로 바꾸는 방법에 대하여 학습한다.

(1) 필드 내 항목을 원하는 순서대로 정렬하기

피벗 테이블 보고서 내의 필드를 목적에 따라 오름차순 혹은 내림차순할 수 있다. 우리는 여기서 직급을 수석 → 책임 → 전임 → 선임 → 연구원 순서로 정렬하고자 한다.

1) 파일 열기

[1002_피벗테이블 유용기능_원시.xlsx] 파일을 연다.

2) 사용자 목록 추가

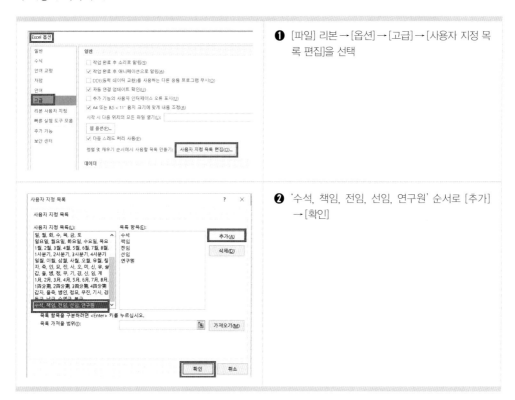

❶ [파일] 리본 → [옵션] → [고급] → [사용자 지정 목록 편집]을 선택

❷ '수석, 책임, 전임, 선임, 연구원' 순서로 [추가] → [확인]

그림 10-6 사용자 지정 목록 추가

3) 행 레이블 정렬 순서 변경

사용자가 지정한 '직급'별로 순서가 되도록 조정한다.

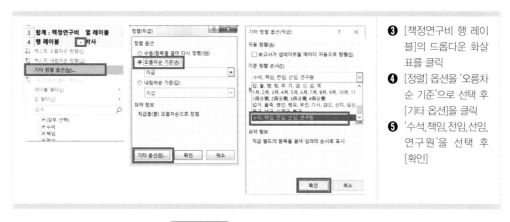

❸ [책정연구비 행 레이 블]의 드롭다운 화살 표를 클릭

❹ [정렬] 옵션을 '오름차 순 기준'으로 선택 후 [기타 옵션]을 클릭

❺ '수석, 책임, 전임, 선임, 연구원'을 선택 후 [확인]

그림 10-7 행 레이블 정렬 순서 변경

❻ 직급이 사용자가 지정한 목록대로 정렬되어 있음 을 확인

그림 10-8 행 레이블 정렬 순서 변경 확인

(2) 값 영역 필드의 집계 함수를 '평균'으로 변경하기

피벗 테이블 보고서의 [값] 영역에 추가되는 필드를 '합계'나 '건수' 외에도 '평균', '최대값', '최 소값' 등 다양하게 설정할 수 있다.

❶ [합계 : 책정연구비]를 클릭한 후에 마우스 오 른쪽 버튼을 클릭하여 나타난 대화상자에서 [값 필드 설정]을 선택

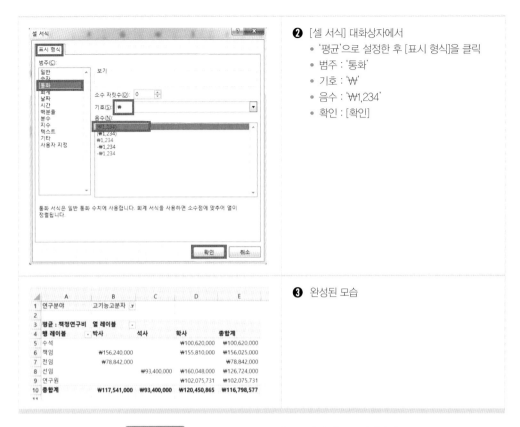

❷ [셀 서식] 대화상자에서
  • '평균'으로 설정한 후 [표시 형식]을 클릭
  • 범주 : '통화'
  • 기호 : '₩'
  • 음수 : '₩1,234'
  • 확인 : [확인]

❸ 완성된 모습

	A	B	C	D	E
1	연구분야	고기능고분자			
2					
3	평균 : 책정연구비	열 레이블			
4	행 레이블	박사	석사	학사	종합계
5	수석			₩100,620,000	₩100,620,000
6	책임	₩156,240,000		₩155,810,000	₩156,025,000
7	전임	₩78,842,000			₩78,842,000
8	선임		₩93,400,000	₩160,048,000	₩126,724,000
9	연구원			₩102,075,731	₩102,075,731
10	종합계	₩117,541,000	₩93,400,000	₩120,450,865	₩116,798,577

그림 10-9 값 영역 필드의 집계 함수를 '평균'으로 변경하기

제2절 차트

엑셀의 좋은 기능 중에 하나가 시각화이다. 최근에 R이 등장하기 이전까지 시각화를 위한 당연한 선택이 엑셀이었다. R이 지금까지 보지 못했던 다양한 시각화를 보이는 까닭에 엑셀의 자리가 살짝 흔들리고 있는 것은 사실이다.

피벗 테이블과 마찬가지로 차트는 열 마디의 말이 필요없이 '한눈에 딱 들어오도록 하는' 요약 결정판이다.

1. 피벗 차트

앞서 작성한 피벗 테이블의 결과를 바탕으로 간단한 차트를 만들어 본다.

(1) 파일 열기

[1003_피벗테이블 차트 예제_원시.xlsx] 파일을 연다.

(2) 범위의 선택

❶ 피벗 테이블이 있는 값을 모두 선택(혹은 피벗 테이블의 임의의 셀을 선택)

그림 10-10 피벗 차트의 범위 선택

(3) 추천 차트 삽입

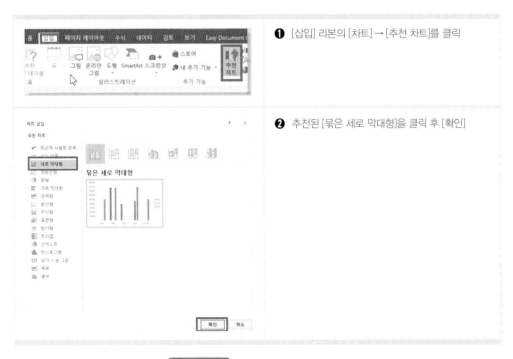

❶ [삽입] 리본의 [차트] → [추천 차트]를 클릭

❷ 추천된 [묶은 세로 막대형]을 클릭 후 [확인]

그림 10-11 피벗 차트-추천 차트 선택

(4) 차트 모양 정리

차트를 적당한 자리로 이동한 후에 확대하고 '데이터 레이블 추가'를 하여 값이 보이도록 설정한다.

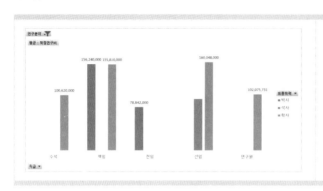

❶ 값들이 잘 보일 수 있도록 차트의 가장자리를 이용해서 확대 및 이동
❷ 막대를 클릭 후 마우스 오른쪽 버튼을 클릭 후 '데이터 레이블 추가'하여 레이블 값 추가

그림 10-12 피벗 차트-모양 정리

(5) 단위를 천 원으로 변경

차트에 천 원 이하의 값들이 보이지 않게 하여 좀 더 깔끔하게 정리한다.

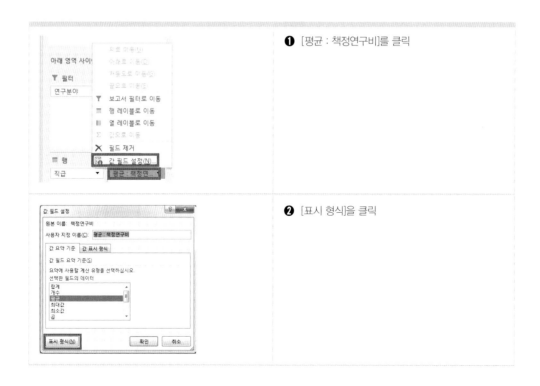

❶ [평균 : 책정연구비]를 클릭

❷ [표시 형식]을 클릭

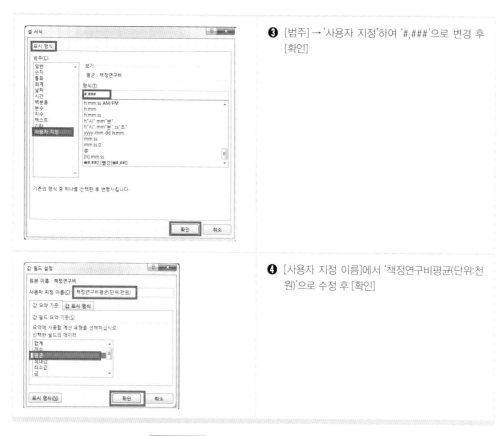

❸ [범주] → '사용자 지정'하여 '#,###'으로 변경 후 [확인]

❹ [사용자 지정 이름]에서 '책정연구비평균(단위:천 원)'으로 수정 후 [확인]

그림 10-13 피벗 차트-단위를 천 원으로 변경

(6) 피벗 차트에서 데이터 범위 변경

피벗 차트에 보이는 [연구분야], [직급], [최종학력] 등을 클릭하여 데이터의 범위를 변경하면 차트도 즉시 연동하여 바뀐다.

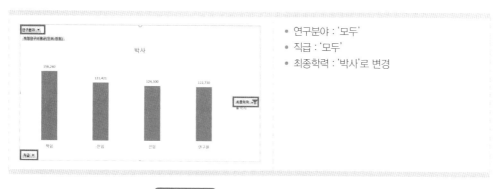

* 연구분야 : '모두'
* 직급 : '모두'
* 최종학력 : '박사'로 변경

그림 10-14 피벗 차트-데이터 범위 변경

2. People Graph 만들기

세로 막대형 차트는 값을 계열이나 항목별로 비교하기에 유용하다. 세로 막대 중에서 새로 추가된 기능인 People Graph를 학습한다.

(1) 데이터 가공

실습을 위해서 아래와 같은 직급별 책정연구비 총계를 나타내는 테이블을 하나 만든다.

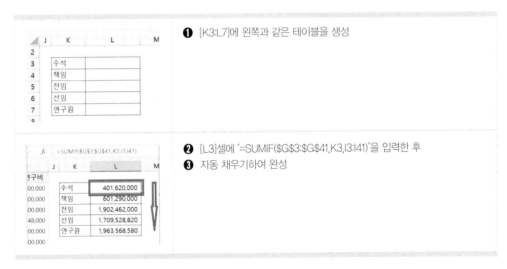

그림 10-15 People Graph를 위한 테이블 추가

(2) People Graph 앱 설치

People Graph 앱은 다운로드를 해야 사용할 수 있다.

① 추가 다운로드를 위해 '앱스토어'에서 People Graph를 설치한다.

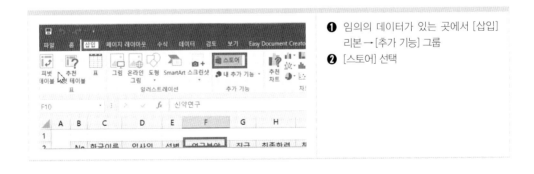

❸ 검색에서 'people'을 입력
❹ [People Graph]를 설치

그림 10-16 People Graph 다운로드

② 적당한 크기로 자리를 잡는다. 자리가 모자라면 경고가 나타나므로 가로세로의 가장자리를 끌어서 적절한 크기를 유지한다.

❺ 왼쪽 그림과 같이 그림이 나타나면 시작된 것으로 확인

그림 10-17 People Graph 다운로드 후의 모습

(3) People Graph 작성

이제 제목과 내가 가지고 있는 데이터만 지정하면 된다. 데이터를 선택할 때 인접한 두 개의 행만을 대상으로 한다. 그리고 데이터가 많으면 15개 범위 내에서만 보여준다.

❶ 테이블 모양의 아이콘 클릭

❷ 제목을 모두 지우고
❸ '직급별 책정연구비'를 입력
❹ 실시간으로 제목이 변경되는 것을 확인 가능

❺ [데이터 선택]을 클릭

그림 10-18 People Graph 제목 변경

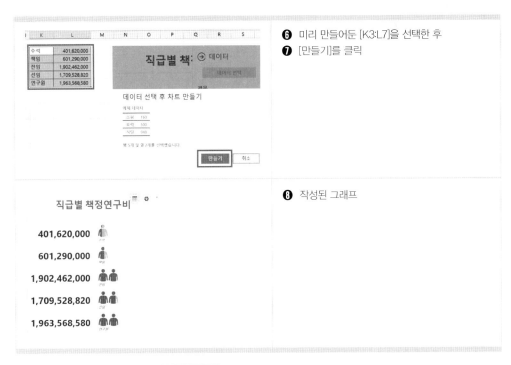

❻ 미리 만들어둔 [K3:L7]을 선택한 후
❼ [만들기]를 클릭

❽ 작성된 그래프

그림 10-19 People Graph 데이터 변경

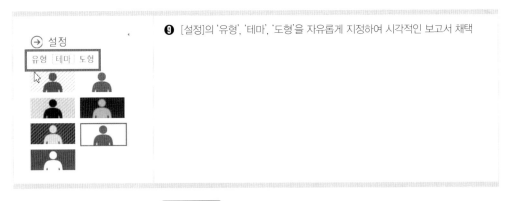

❾ [설정]의 '유형', '테마', '도형'을 자유롭게 지정하여 시각적인 보고서 채택

그림 10-20 People Graph 설정 변경

(4) People Graph 완성

사람을 이용하여 가독성 있는 Peole Graph를 완성할 수 있다.

직급별 책정연구비

401,620,000 수석	
601,290,000 책임	
1,902,462,000 전임	
1,709,528,820 선임	
1,963,568,580 연구원	

그림 10-21　완성된 '직급별 책정연구비' People Graph

　　그래프의 가장자리를 선택 후 마우스 오른쪽 버튼을 클릭한 후 복사가 가능하므로 이를 이용하여 편집 중인 곳에 붙여넣기를 할 수 있다. 가장자리를 선택한 후 키보드 [DEL]를 눌러 삭제할 수 있다.

제3절　스파크라인 차트

엑셀 2010부터 셀에 삽입되는 작은 차트인 '스파크라인' 차트를 만들 수 있다. 일반 차트에 비해 크기는 작지만 데이터 흐름이나 값을 효과적으로 전달할 수 있는 장점이 있다.

1. 준비

(1) 환경 설정하기

1) 파일 열기

[1005_스파크라인차트_원시.xlsx] 파일을 연다.

2) 책정연구비에 대한 스파크라인을 만들기 위해 [G2]셀에 [스파크라인] 행 만들기

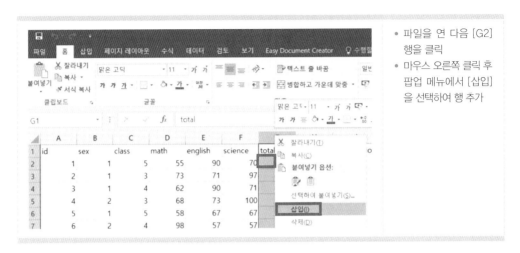

- 파일을 연 다음 [G2] 행을 클릭
- 마우스 오른쪽 클릭 후 팝업 메뉴에서 [삽입] 을 선택하여 행 추가

그림 10-22 스파크라인 차트 준비

2. 스파크라인 차트 작성

[G1]셀에 하나의 스파크라인을 만들고 자동 채우기를 하여 완성한다. 자세한 과정은 아래와 같다.

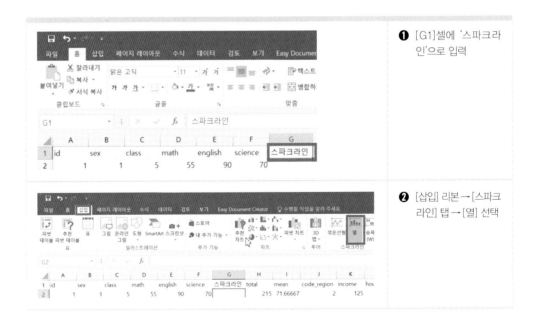

❶ [G1]셀에 '스파크라 인'으로 입력

❷ [삽입] 리본 → [스파크 라인] 탭 → [열] 선택

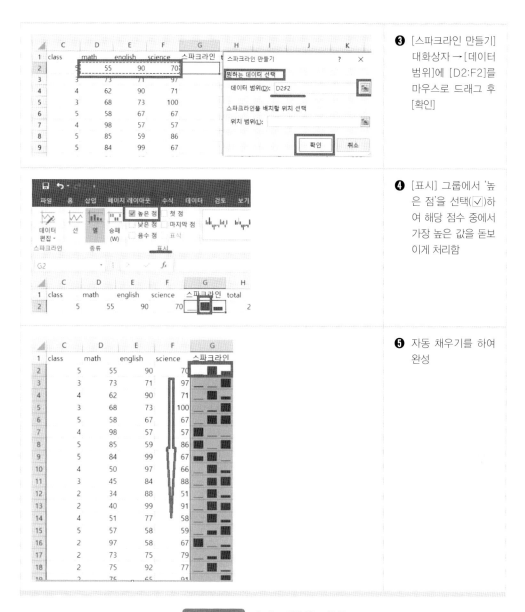

❸ [스파크라인 만들기] 대화상자 → [데이터 범위]에 [D2:F2]를 마우스로 드래그 후 [확인]

❹ [표시] 그룹에서 '높은 점'을 선택(☑)하여 해당 점수 중에서 가장 높은 값을 돋보이게 처리함

❺ 자동 채우기를 하여 완성

그림 10-23 스파크라인 차트 완성

제11장

매크로

매크로(macro)란 일련의 명령어를 반복하여 자주 사용할 때 개개의 명령어를 일일이 사용하지 않고 하나의 키 입력으로 원하는 명령군을 수행할 수 있도록 된 프로그램 기능이다. 이에 대응하는 용어는 매크로 명령어로 되기 전의 개개의 기계어인 마이크로 명령이다.

엑셀 매크로란 [매크로 기록]을 선택한 후 사용자가 여러 가지 명령을 실행하고 [매크로 중지]를 눌러 설정을 완료하면 기록과 중지 사이에 사용자가 행한 여러 명령이 엑셀에 저장되고, 이후에 설정한 단축키를 누르면 저장된 여러 명령이 한 번에 실행되는 기능이다. 다시 말해 반복되는 작업을 단순화시킬 수 있는 기능이다.

매크로가 엑셀에서 중요하게 다루어지는 이유는 능률적 일처리가 가능한 업무 자동화의 기본 작업이기 때문이다. 마케팅 성과를 수치화하는 일, 거래처와 관련된 뉴스를 클리핑하는 일, 복사와 붙여넣기로 엑셀을 정리하는 일, 수식을 만드는 일 등 자잘하고 반복되는 일뿐인 실무 엑셀 업무에서 실수라도 한다면 업무시간은 어느새 배가 되기 마련이다. 따라서 실수를 줄이고, 엑셀 업무를 능률적으로 수행하기 위해서는 업무 자동화가 필요하다.

따라서 엑셀에서의 '매크로(macro)'라는 기능은 특정 명령을 반복해서 자주 사용할 때 각각의 명령을 일일이 사용하지 않고 하나의 키 또는 클릭만 입력해서 일련의 명령 집합으로 실행시키는 기능으로 실무에서 자주 사용되는 매우 유용한 기능이다.

제1절 매크로에 대한 이해

엑셀에서 최근에 실행했던 것을 다시 실행할 수 있도록 하는 기능이 있다. 예를 들어 셀을 병합하고 왼쪽 정렬한 뒤, 세로 위치를 [위쪽 맞춤]으로 하는 것을 계속 반복해야 하는 경우 [F4]를 눌러서 그 과정을 반복하도록 할 수 있다. 매크로는 버튼/도형을 클릭함으로써 본인이 설정해 놓은 명령(주어진 값의 평균, 합계, 서식, 최소값, 최대값, 표시 형식 변경, 데이터 정렬 등)이 실행되도록 하는 기능이다.

1. 매크로 환경 설정 : 리본 메뉴에 개발 도구 탭 추가하기

매크로를 사용하려면 리본 메뉴에 숨어 있는 [개발 도구] 탭을 표시해야 한다. 기본적으로 이 탭은 리본 메뉴에 표시되지 않으므로 사용자가 수동으로 설정을 변경해야 한다.

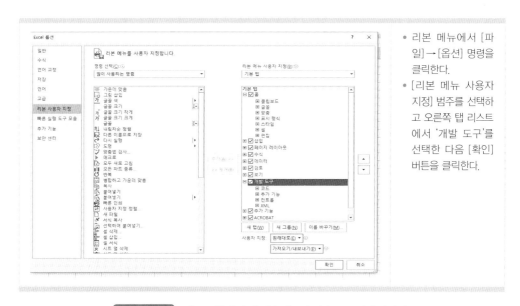

- 리본 메뉴에서 [파일]→[옵션] 명령을 클릭한다.
- [리본 메뉴 사용자 지정] 범주를 선택하고 오른쪽 탭 리스트에서 '개발 도구'를 선택한 다음 [확인] 버튼을 클릭한다.

그림 11-1 매크로 환경 설정(리본 메뉴에 개발 도구 탭 추가하기)

2. 매크로 보안

매크로가 포함된 파일이라고 해서 무조건 매크로를 사용할 수 있는 것은 아니며, 파일을 열 때 '보안경고' 메시지 줄에서 매크로 사용 여부를 확인해 줘야 한다.

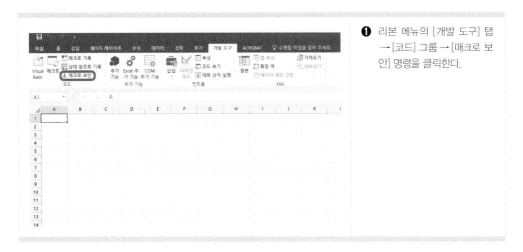

❶ 리본 메뉴의 [개발 도구] 탭
→[코드] 그룹→[매크로 보
안] 명령을 클릭한다.

그림 11-2 매크로 보안 1

❷ 리본 메뉴에서 [파
일]→[옵션] 명령
을 클릭한다.

❸ [리본 메뉴 사용자
지정] 범주를 선택
하고 오른쪽 탭 리
스트에서 '개발 도
구'를 선택한 다음
[확인] 버튼을 클
릭한다.

❹ [매크로 보안] 대
화상자가 표시되
면, [매크로 설정]
과 [개발자 매크로
설정]이 다음과 같
은지 확인한다 →
모든 매크로 제외
(알림 표시).

그림 11-3 매크로 보안 2

3. 매크로 기록기로 매크로 기록하고 실행하기

매크로 기록기는 사용자의 동작을 기록해 매크로를 생성하는 기능이다.

[매크로 기록] 대화상자의 이름은 문제에서 제시한 이름 혹은 본인이 원하는 이름으로 설정한다.

매크로는 보통 주어진 값의 평균, 합계, 서식, 최소값, 최대값, 표시 형식 변경, 데이터 정렬 등을 필요로 할 때 사용한다.

그림 11-4 매크로 기록기로 매크로 기록 실행하기

4. 아이콘 이용해서 매크로 기록하기

매크로 코드를 입력할 때 [개발 도구] 탭 → [코드] 그룹 → [기록 중지] 명령을 클릭하는 방법이 있지만 그 외의 아이콘을 사용하는 방법은 다음과 같다. 왼쪽 하단에 있는 아이콘을 클릭해서 작업을 하면 조금 더 편리한 매크로 기록 실행 및 기록 중지 작업이 가능하다.

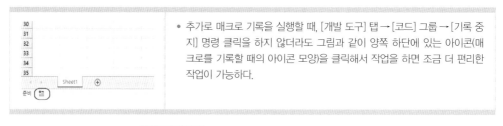

그림 11-5 아이콘을 이용해서 매크로 기록하기

5. 간단한 매크로 : 서식 설정

(1) 매크로 만들기

1) [1101_매크로 서식_원시.xlsx] 파일 열기

서식을 정리하고자 하는데, 매크로를 이용하여 반복된 작업의 수고를 줄여 보고자 한다. 서식을 '굵게-12포인트-글자색 파랑'으로 지정하는 매크로를 만들기로 한다.

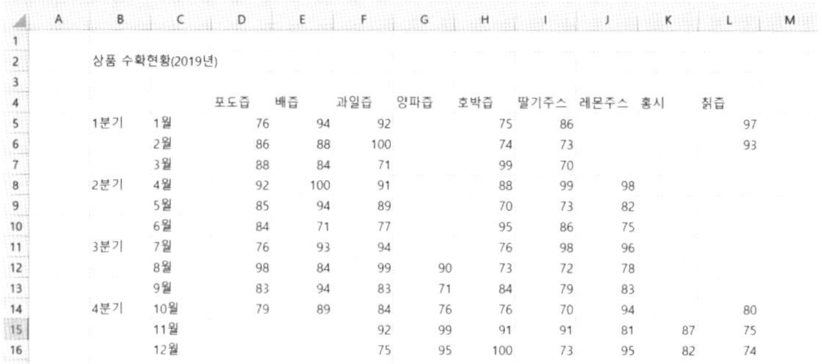

상품 수확현황(2019년)

		포도즙	배즙	과일즙	양파즙	호박즙	딸기주스	레몬주스	홍시	칡즙
1분기	1월	76	94	92		75	86			97
	2월	86	88	100		74	73			93
	3월	88	84	71		99	70			
2분기	4월	92	100	91		88	99	98		
	5월	85	94	89		70	73	82		
	6월	84	71	77		95	86	75		
3분기	7월	76	93	94		76	98	96		
	8월	98	84	99	90	73	72	78		
	9월	83	94	83	71	84	79	83		
4분기	10월	79	89	84	76	76	70	94		80
	11월			92	99	91	91	81	87	75
	12월			75	95	100	73	95	82	74

❶ [1101_매크로 서식_원시.xlsx] 파일의 초기화면

그림 11-6 [1101_매크로 서식_원시.xlsx] 파일의 초기화면

2) 매크로 기록

반복적인 과정을 기록하여 단축키로 저장하고 이후부터는 그 과정을 실행하기 위해 단축키를 호출한다. 매크로를 기록할 때 유의사항은 매크로를 정의한 후의 모든 과정은 매크로에 포함된다는 사실이다. 그러므로 범위를 지정하는 일을 잘 생각하고 기록해야 한다. 만약 범위를 지정한 후에 매크로를 정의하면 그 범위에서만 동작한다. 따라서 범위를 지정하지 않고 매크로를 기록하는 것을 권장한다. 이를 수정하기 위해서는 [VBA]를 이용한 코드 수정을 하거나 다시 정의할 수밖에 없다. 간단한 것은 예사롭지 않으나 긴 과정을 정의하였던 것을 다시 정의하는 일은 짜증나는 일이다.

❶ [D2]셀에서 [개발 도구] 탭→[코드] 그룹→[매크로 기록]을 선택

❷ [매크로 기록] 대화상자에서
- 바로가기 키 : 'Ctrl +b'
- 매크로 저장 위치 : '현재 통합 문서'
- 설명 : '서식을 강조, 굵게, 12 포인트, 파랑'
- [확인]

❸ 'Ctrl +1'을 하여 [셀 서식] 대화 상자를 호출
- 글꼴 스타일 : '굵게'
- 크기 : '12'
- 색 : '파랑'
- [확인]

❹ [개발 도구] 탭→[코드] 그룹→[기록 중지]를 선택하여 매크로 종료

그림 11-7 매크로 기록

3) 매크로 실행

매크로를 통해서 정의했던 과정을 수행할 영역을 선택한 후 매크로를 실행한다.

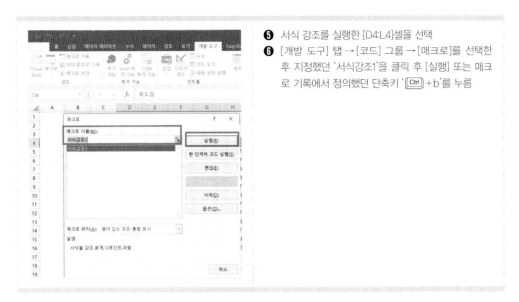

❺ 서식 강조를 실행한 [D4:L4]셀을 선택
❻ [개발 도구] 탭 → [코드] 그룹 → [매크로]를 선택한 후 지정했던 '서식강조1'을 클릭 후 [실행] 또는 매크로 기록에서 정의했던 단축키 'Ctrl +b'를 누름

그림 11-8   매크로 실행

(2) 추가 매크로 만들기

1) 서식 초기화를 위한 매크로 만들기

지정한 서식을 원래의 상태대로 돌려놓는 초기화를 위한 매크로를 만들어 본다.

❶ [매크로 기록] 대화상자에서
- 바로가기 키 : 'Ctrl +r'
- 매크로 저장 위치 : '현재 통합 문서'
- 설명 : '서식을 초기화함'
- [확인]

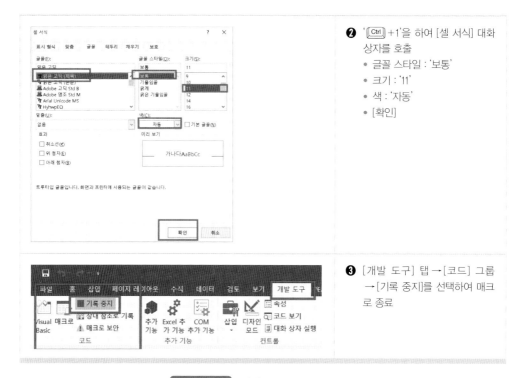

❷ 'Ctrl +1'을 하여 [셀 서식] 대화
상자를 호출
- 글꼴 스타일 : '보통'
- 크기 : '11'
- 색 : '자동'
- [확인]

❸ [개발 도구] 탭 →[코드] 그룹
→[기록 중지]를 선택하여 매크
로 종료

그림 11-9   서식 초기화 매크로 만들기

2) 셀을 병합하고 셀을 위쪽 맞춤, 왼쪽 정렬을 위한 매크로 만들기

❶ [매크로 기록] 대화상자에서
- 바로가기 키 : 'Ctrl +m'
- 매크로 저장 위치 : '현재 통합
  문서'
- 설명 : '셀을 병합하고 위쪽 맞
  춤, 왼쪽 정렬'
- [확인]

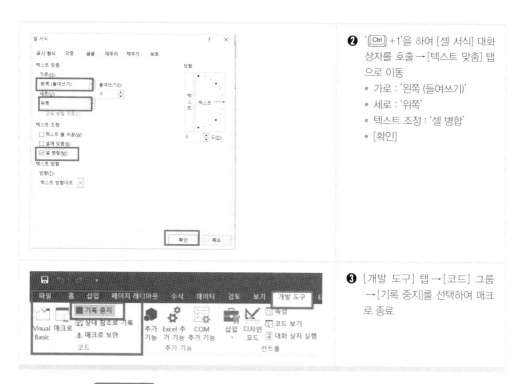

❷ 'Ctrl +1'을 하여 [셀 서식] 대화
상자를 호출 → [텍스트 맞춤] 탭
으로 이동
- 가로 : '왼쪽 (들여쓰기)'
- 세로 : '위쪽'
- 텍스트 조정 : '셀 병합'
- [확인]

❸ [개발 도구] 탭 → [코드] 그룹
→ [기록 중지]를 선택하여 매크
로 종료

그림 11-10 셀을 병합하고 셀을 위쪽 맞춤, 왼쪽 정렬을 위한 매크로 만들기

6. 매크로 사용 통합 문서(XLSM) 저장하기

매크로가 포함된 경우에는 반드시 파일을 '매크로 사용 통합 문서' 형식으로 저장해야만 매크로를 저장할 수 있다. 만약 매크로 문서를 일반 통합 문서로 저장하면 경고문 화면이 뜬다.

(1) 매크로 사용 통합 문서로 저장

❶ [파일] → [다른 이름으로 저장] 혹은 단
축키 F12 에서 [파일 형식]을 'Excel
매크로 사용 통합 문서'로 저장

❷ 매크로 통합 문서를 일반 통합 문서로
   저장하려고 할 때의 '경고문'

그림 11-11   매크로 사용 통합 문서로 저장

(2) 일반 통합 문서와 매크로 통합 문서의 구분

매크로 사용 통합 문서와 일반 통합 문서는 파일 아이콘이 다르므로 탐색기에서 구분 가능하다. 일반 통합 문서의 확장자가 [*.xlsx]임에 비해서 매크로 통합 문서의 확장자는 [*.xlsm]이다. 엑셀 2010 이전 버전에서는 구분하지 않았으나 매크로를 포함한 문서는 프로그램 코드를 가지고 있어서 시스템에 관련된 명령어를 실행할 수 있다. 바이러스나 해킹의 가능성을 줄이기 위해 파일명으로 구분하고 더 많은 보완을 추가하여 관리한다.

1101_매크로_서식_완성	2019-12-07 오전 9:37	Microsoft Excel 매크로 사용 워크시트
1101_매크로_서식_원시	2019-12-07 오전 7:23	Microsoft Excel 워크시트

그림 11-12   매크로 사용 통합 문서와 일반 통합 문서의 차이

7. 매크로 실행을 위한 버튼 만들기

매크로를 실행하는 방법에는 매크로 대화상자를 이용하는 방법, 단축키를 이용하는 방법이 있다. 대화상자를 이용하는 방법은 빠른 실행을 위한 과정인데, 반복적으로 단계를 거치는 불편함이 있고, 단축키를 이용한 방법은 단축키를 기억해야 하는 번거로움이 있다. 보통 많이 사용하는 방법이 [단추] 양식 컨트롤이나 도형에 매크로를 연결해 실행하는 방법이다.

(1) 양식 컨트롤에 매크로 연결

1) [단추] 양식 컨트롤 삽입

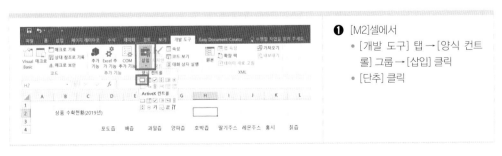

❶ [M2]셀에서
  • [개발 도구] 탭 → [양식 컨트롤] 그룹 → [삽입] 클릭
  • [단추] 클릭

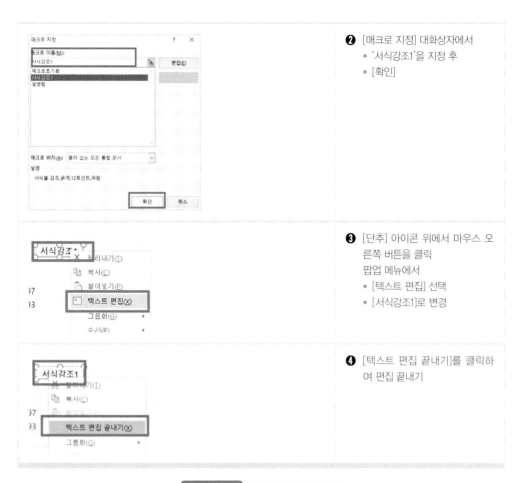

	❷ [매크로 지정] 대화상자에서 • '서식강조1'을 지정 후 • [확인]
	❸ [단추] 아이콘 위에서 마우스 오른쪽 버튼을 클릭 팝업 메뉴에서 • [텍스트 편집] 선택 • [서식강조1]로 변경
	❹ [텍스트 편집 끝내기]를 클릭하여 편집 끝내기

그림 11-13 서식강조 단추 만들기

2) 셀 서식 초기화, 셀 병합 매크로를 위한 단추 만들기

같은 방식으로 셀 서식 초기화와 셀 병합 매크로 단추를 만들 수 있다. [N2]셀에 '서식 초기화',
[O2]셀에 '셀 병합'을 위한 단추를 만든다.

	❶ [서식강조1] 단추를 클릭한 후 [Ctrl] + [Shift] 한 상태에서 마우스를 오른쪽으로 끌어와서 [N2]셀에서 드롭

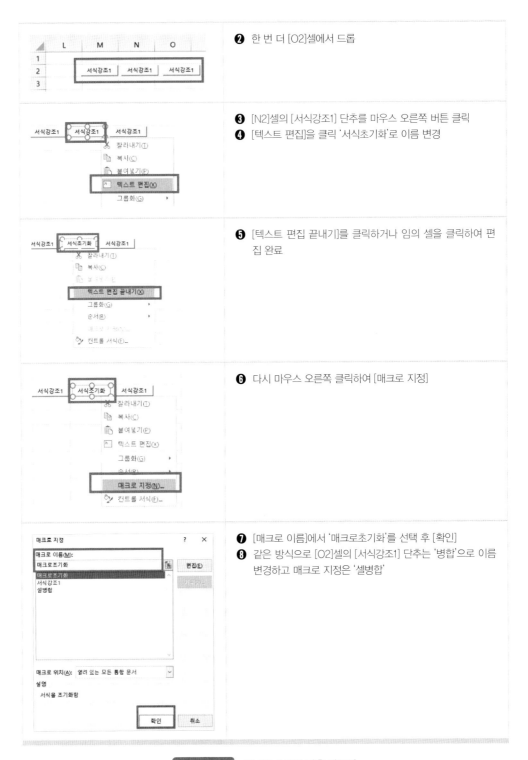

❷ 한 번 더 [O2]셀에서 드롭

❸ [N2]셀의 [서식강조1] 단추를 마우스 오른쪽 버튼 클릭
❹ [텍스트 편집]을 클릭 '서식초기화'로 이름 변경

❺ [텍스트 편집 끝내기]를 클릭하거나 임의 셀을 클릭하여 편집 완료

❻ 다시 마우스 오른쪽 클릭하여 [매크로 지정]

❼ [매크로 이름]에서 '매크로초기화'를 선택 후 [확인]
❽ 같은 방식으로 [O2]셀의 [서식강조1] 단추는 '병합'으로 이름 변경하고 매크로 지정은 '셀병합'

그림 11-14 매크로 초기화 단추 만들기

3) 단추 실행

작성된 단추를 실행하기 위해서는 다른 곳의 셀을 한 번 더 클릭한 후에 실행 가능하게 된다. 단추의 크기를 변경하고자 할 때나 이름 변경 등에도 마우스 오른쪽 버튼을 클릭하여 수정할 수 있다.

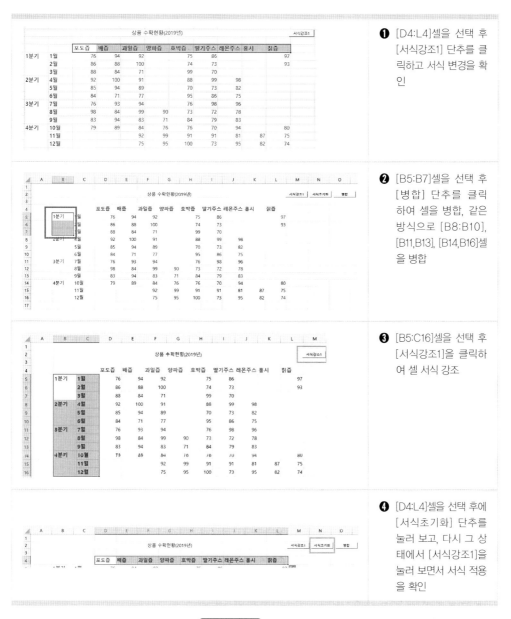

❶ [D4:L4]셀을 선택 후 [서식강조1] 단추를 클릭하고 서식 변경을 확인

❷ [B5:B7]셀을 선택 후 [병합] 단추를 클릭하여 셀을 병합, 같은 방식으로 [B8:B10], [B11,B13], [B14,B16]셀을 병합

❸ [B5:C16]셀을 선택 후 [서식강조1]을 클릭하여 셀 서식 강조

❹ [D4:L4]셀을 선택 후에 [서식초기화] 단추를 눌러 보고, 다시 그 상태에서 [서식강조1]을 눌러 보면서 서식 적용을 확인

그림 11-15 단추 실행

8. 매크로를 [빠른 실행 도구 모음]에 추가하기

자주 사용하는 매크로의 내용을 [빠른 실행 도구 모음]에 추가여 사용자가 정의한 기능을 메뉴에 삽입하는 효과를 적용할 수 있다.

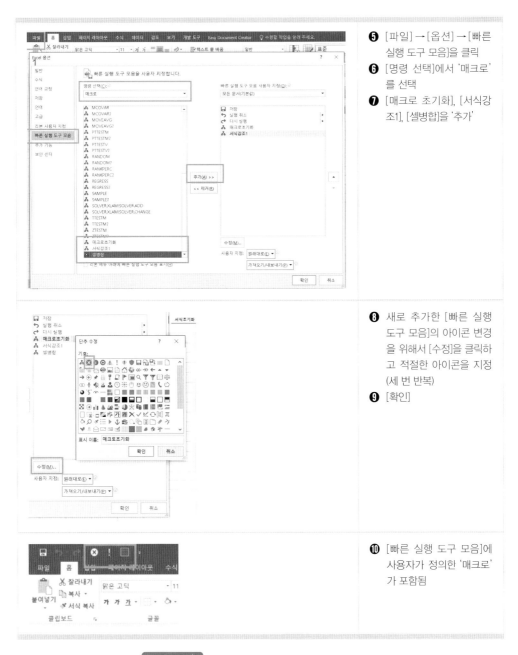

❺ [파일] → [옵션] → [빠른 실행 도구 모음]을 클릭
❻ [명령 선택]에서 '매크로'를 선택
❼ [매크로 초기화], [서식강조1], [셀병합]을 '추가'

❽ 새로 추가한 [빠른 실행 도구 모음]의 아이콘 변경을 위해서 [수정]을 클릭하고 적절한 아이콘을 지정 (세 번 반복)
❾ [확인]

❿ [빠른 실행 도구 모음]에 사용자가 정의한 '매크로'가 포함됨

그림 11-16 빠른 실행 도구 모음에 매크로 추가하기

9. 버튼이나 도형에 매크로 연결 상태 검토하기

매크로 작업을 모두 끝낸 후 매크로를 연결해 놓은 표와 버튼, 도형이 정상적으로 연결되었는지 연결 상태를 검토해야 한다.

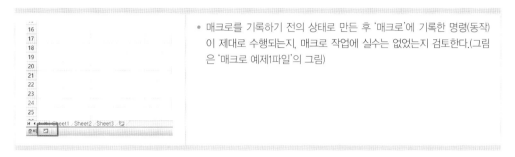

* 매크로를 기록하기 전의 상태로 만든 후 '매크로'에 기록한 명령(동작)이 제대로 수행되는지, 매크로 작업에 실수는 없었는지 검토한다.(그림은 '매크로 예제1파일'의 그림)

그림 11-17 버튼이나 도형에 매크로 연결 상태 검토하기

10. 매크로 삭제

사용자가 정의한 매크로를 더 이상 사용하지 않고자 할 때는 셀에 단추를 만들었다면 단추를 삭제하고 매크로에서 내용을 삭제하며 마지막으로 [옵션]에서 사용자가 정의한 [빠른 실행 도구 모음]에서 제외해야 한다.

❶ [서식강조1]을 마우스 버튼 오른쪽 클릭한 다음 [잘라내기]를 하여 제거하며 반복해서 [서식초기화], [병합] 단추를 제거

❷ 매크로 삭제를 위해 [개발 도구] 탭 → [코드] 그룹 → [매크로]를 선택

❸ [매크로 이름]에서 사용자가 정의한 '매크로초기화'를 선택하고 [삭제]를 클릭하여 삭제

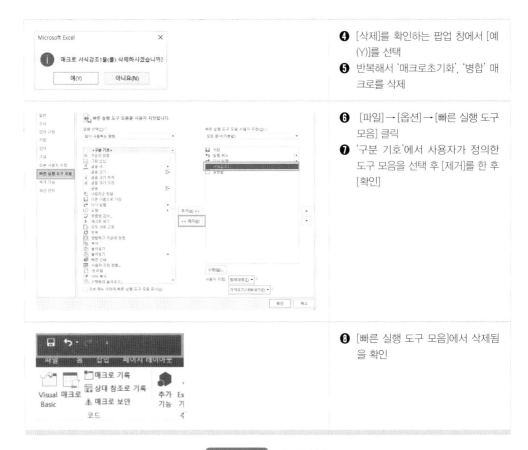

❹ [삭제]를 확인하는 팝업 창에서 [예(Y)]를 선택
❺ 반복해서 '매크로초기화', '병합' 매크로를 삭제

❻ [파일]→[옵션]→[빠른 실행 도구 모음] 클릭
❼ '구분 기호'에서 사용자가 정의한 도구 모음을 선택 후 [제거]를 한 후 [확인]

❽ [빠른 실행 도구 모음]에서 삭제됨을 확인

그림 11-18   매크로 삭제

제2절   스마트폰 이용 만족도 설문조사 결과표

다음 예제는 스마트폰을 실제로 구입한 60명의 구매자를 대상으로 이용 만족도를 설문조사한 가상의 결과이다. 앞에서 학습한 내용을 종합하는 성격의 예제이며 뒷부분에서 매크로를 적용하여 작업의 단순성을 확인할 수 있도록 구성한다.

1. 설문 데이터 분석시트의 완성

(1) 성별, 나이 산출

성별, 나이의 첫 번째 행을 계산한 후 [자동 채우기] 핸들을 더블클릭하여 값이 있는 마지막 셀까지 서식을 자동 채우기하도록 한다.

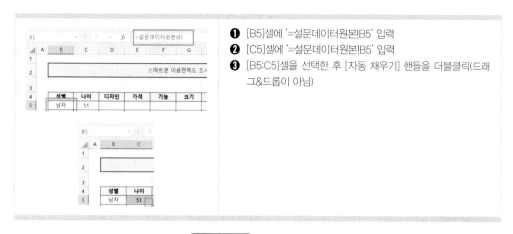

❶ [B5]셀에 '=설문데이터원본!B5' 입력
❷ [C5]셀에 '=설문데이터원본!B5' 입력
❸ [B5:C5]셀을 선택한 후 [자동 채우기] 핸들을 더블클릭(드래그&드롭이 아님)

그림 11-19 성별, 나이 산출

[B5]셀에 들어가는 수식의 의미는 그대로 입력해도 되지만, 입력 오타를 줄이고 눈으로 데이터를 확인하기 위해서 [B5]셀에서 '='를 입력 후 '설문데이터원본' 워크시트로 이동하여 '설문데이터원본' 워크시트의 [B5]셀을 클릭하면 된다.

(2) 서비스 품질에 대한 만족도 산출

디자인, 가격, 기능, 홍보, 편리성, 서비스, 브랜드는 서비스의 품질을 구성하는 주요 요인이다. 이러한 품질 척도에 대하여 사용자들이 응답한 결과를 숫자로 치환하고 그 값을 평균하여 전체 만족도를 구한다.

1) 점수응답표와 설문항목에 대한 이름 정의

가독성과 데이터 선택의 편의성을 높이기 위하여 점수응답표와 설문항목을 이름 정의한다. '설문데이터원본' 워크시트로 이동한다.

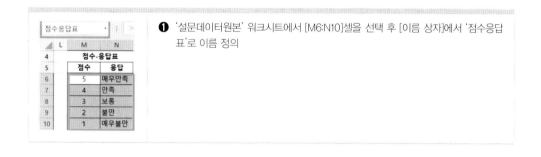

❶ '설문데이터원본' 워크시트에서 [M6:N10]셀을 선택 후 [이름 상자]에서 '점수응답표'로 이름 정의

❷ [P6:Q10]셀 선택 후 [이름 상자]에서 '응답점수표'로 이름 정의

❸ [S5:S11]셀을 선택 후 [이름 상자]에서 '설문 항목'으로 이름 정의

그림 11-20 점수응답표와 설문 항목에 대한 이름 정의

2) 서비스 품질 척도의 치환

'설문데이터분석' 워크시트로 이동한다. 서비스 품질 척도에 대한 원본이 '설문데이터원본' 워크시트에 있으며 '매우 만족-만족-보통-불만-매우 불만'으로 구성된다. 계산이 가능하도록 값을 숫자로 치환한다.

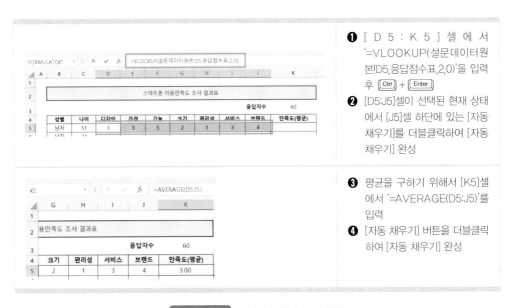

❶ [D5:K5]셀에서 '=VLOOKUP(설문데이터원본!D5,응답점수표,2,0)'을 입력 후 Ctrl + Enter

❷ [D5:J5]셀이 선택된 현재 상태에서 [J5]셀 하단에 있는 [자동 채우기]를 더블클릭하여 [자동 채우기] 완성

❸ 평균을 구하기 위해서 [K5]셀에서 '=AVERAGE(D5:J5)'를 입력

❹ [자동 채우기] 버튼을 더블클릭하여 [자동 채우기] 완성

그림 11-21 서비스 품질 척도의 치환

[K:K]의 '만족도(평균)'의 열은 소수점 두 자리에서 반올림으로 서식이 설정되어 있음을 알 수 있다. 확인을 위해서 '[Ctrl]+1'을 해보면 된다.

(3) 설문 항목별 만족도 환산

[M4:U11]셀의 표에서와 같이 각 설문 항목에 대하여 만족도(매우 불만 ~ 매우 만족)의 빈도를 구하고자 한다. 특정한 조건을 만족하는 빈도를 구하는 함수는 COUNTIF() 함수이다.

1) 설문 항목에 대한 이름 정의

'설문데이터원본' 워크시트로 이동한다. 만족도(평균)를 구한 후에 일괄 이름을 정의한다.

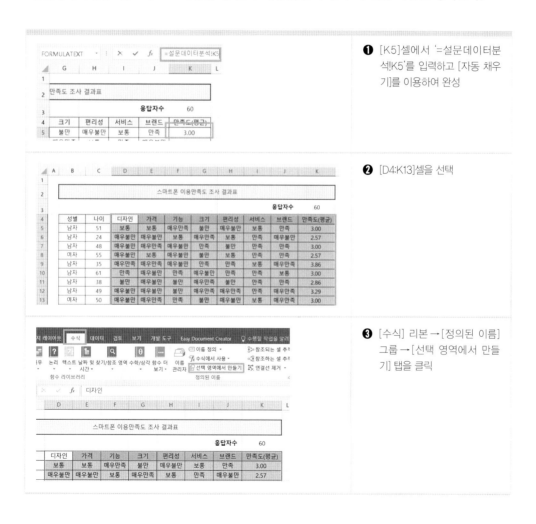

❶ [K5]셀에서 '=설문데이터분석!K5'를 입력하고 [자동 채우기]를 이용하여 완성

❷ [D4:K13]셀을 선택

❸ [수식] 리본 → [정의된 이름] 그룹 → [선택 영역에서 만들기] 탭을 클릭

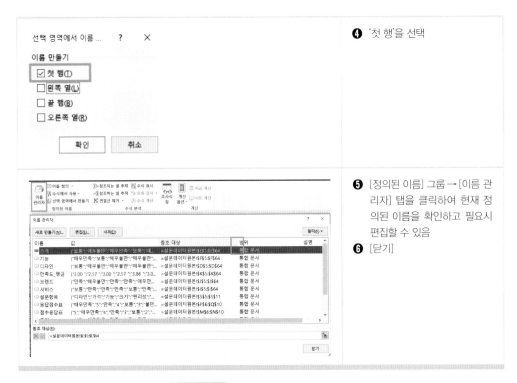

④ '첫 행'을 선택

⑤ [정의된 이름] 그룹 → [이름 관리자] 탭을 클릭하여 현재 정의된 이름을 확인하고 필요시 편집할 수 있음

⑥ [닫기]

그림 11-22　설문 항목에 대한 이름 정의

[이름 관리자]를 클릭하여 열린 화면에서 열과 열의 간격을 조절하여 해당 내용을 감추지 않고 볼 수 있다.

2) 설문 항목별 빈도 구하기

[M4:U11]셀의 표를 완성하는 단계이다.

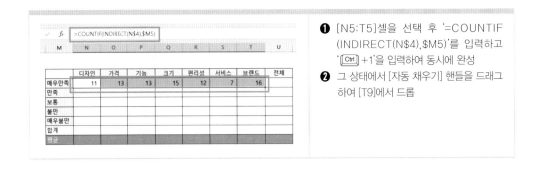

❶ [N5:T5]셀을 선택 후 '=COUNTIF (INDIRECT(N$4),$M5)'를 입력하고 'Ctrl +1'을 입력하여 동시에 완성

❷ 그 상태에서 [자동 채우기] 핸들을 드래그하여 [T9]에서 드롭

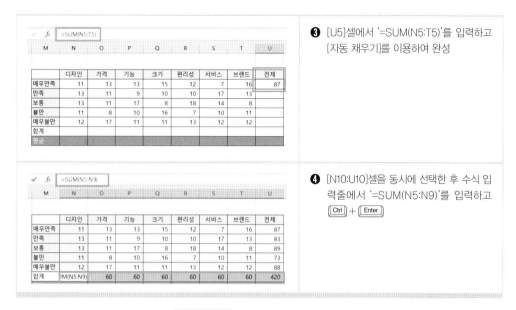

❸ [U5]셀에서 '=SUM(N5:T5)'를 입력하고 [자동 채우기]를 이용하여 완성

❹ [N10:U10]셀을 동시에 선택한 후 수식 입력줄에서 '=SUM(N5:N9)'를 입력하고 Ctrl + Enter

그림 11-23 설문 항목별 빈도 구하기

각 설문 항목의 평균을 구하는 것을 남겨 두고 있다. 데이터의 크기가 길면 이름을 정의하여 사용하는 것이 편리하나 현재의 과정처럼 데이터의 크기가 상대적으로 크지 않으며, 또한 앞으로 빈번하게 사용할 것이 예상되지 않으므로 데이터를 보면서 직접 선택하여 평균을 구한다.

❺ [N11:U11]셀을 동시에 선택 후 수식 입력줄에서 '=AVERAGE()'를 입력 후 데이터가 있는 구간까지 드래그한 후 마지막 셀에서 드롭

❻ '=AVERAGE(D5:D18)' 수식을 완료

❼ Ctrl + Enter 하여 평균 산출 완성

그림 11-24 설문 항목별 평균 구하기

2. 피벗 테이블의 완성

서비스 품질에 대한 사용자 응답을 요약 비교하기 위해 피벗 테이블을 작성한다.

(1) 추천 피벗 테이블 작성

'설문데이터분석' 워크시트의 서비스 품질 항목의 응답값이 있는 임의의 셀을 클릭한 다음 피벗 테이블 작성을 위한 [표]의 형태로 전환한다. '설문데이터원본' 워크시트로 이동한다.

피벗 테이블을 사용할 때 표를 엑셀 표로 전환하여 사용하는 것이 편리하다. 원본표에 데이터가 추가되었을 때 즉시 반영할 수 있기 때문이다. 표로 지정해 두지 않은 상태에서 새로운 값이 추가되거나 입력된 값에서 수정이 있을 경우 다시 범위를 지정해 주어야 하는 번거로움이 있다.

	❶ '설문데이터분석' 워크시트의 서비스 품질 항목의 응답값이 있는 임의의 셀을 클릭 ❷ [삽입] 리본 → [표] 그룹 → [표] 탭을 클릭
	❸ [표 만들기] 대화상자에서 범위를 '$B$4:$K$64'로 지정하고 '머리글 포함'을 선택한 후 [확인] ※ 범위 지정할 때 [Shift] + [Ctrl] + ↓ 와 [Shift] + [Ctrl] + → 를 이용하면 편리
	❹ 메뉴의 [삽입] → [표] 그룹 → [피벗 테이블]을 클릭

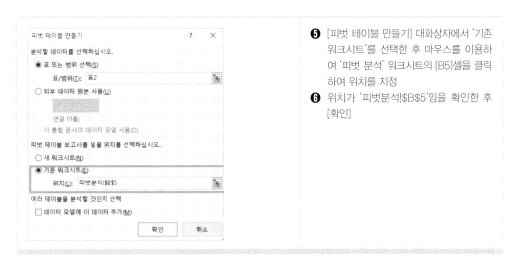

❺ [피벗 테이블 만들기] 대화상자에서 '기존 워크시트'를 선택한 후 마우스를 이용하여 '피벗 분석' 워크시트의 [B5]셀을 클릭하여 위치를 지정

❻ 위치가 '피벗분석!$B$5'임을 확인한 후 [확인]

그림 11-25   추천 피벗 테이블 작성

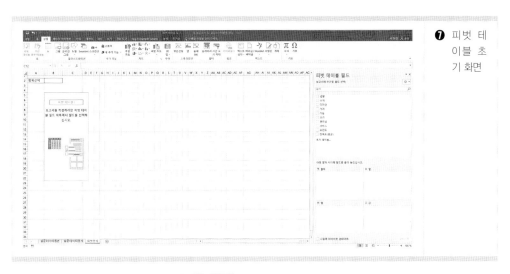

❼ 피벗 테이블 초기 화면

그림 11-26   피벗 테이블 초기화면

(2) 피벗 테이블의 수정

필요에 따라 행, 열, Σ값에 적절하게 배치하면 된다. 추천 테이블에서 '나이'를 '열'에 추가하고 연령대를 20대, 30대, 40대 등과 같이 요약한다.

1) 나이, 성별을 [열] 영역에 추가하고 디자인을 [행] 영역과 [Σ값]에 추가

후보에 있는 각 데이터를 필요에 따라 [필터], [열], [행], [Σ값]에 마우스를 이용하여 끌어다 놓으면 된다.

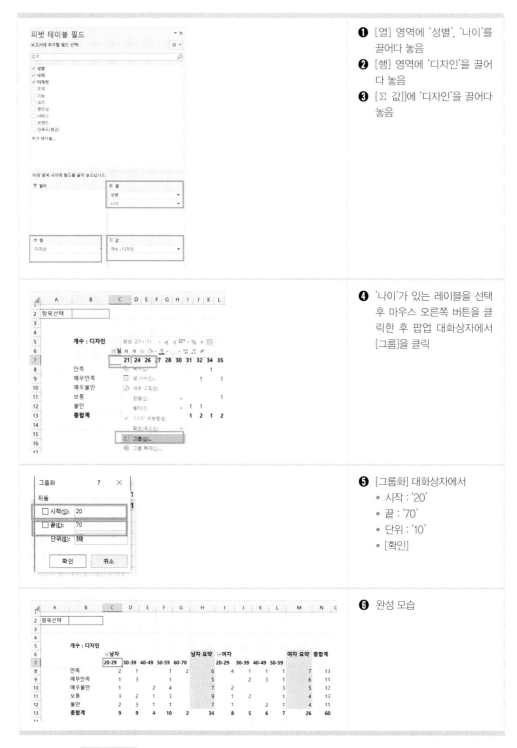

❶ [열] 영역에 '성별', '나이'를 끌어다 놓음

❷ [행] 영역에 '디자인'을 끌어다 놓음

❸ [Σ 값]에 '디자인'을 끌어다 놓음

❹ '나이'가 있는 레이블을 선택 후 마우스 오른쪽 버튼을 클릭한 후 팝업 대화상자에서 [그룹]을 클릭

❺ [그룹화] 대화상자에서
- 시작 : '20'
- 끝 : '70'
- 단위 : '10'
- [확인]

❻ 완성 모습

그림 11-27 나이, 성별을 [열] 영역에 추가하고 디자인을 [행] 영역과 [Σ 값]에 추가

2) 사용자 지정 목록 추가

오름차순(매우 만족 ~ 매우 불만)으로 되어 있는 [디자인] 필드의 항목을 만족도의 크기 순서 (매우 불만 ~ 매우 만족)대로 정렬하기 위하여 [파일] → [옵션]을 이용하여 사용자 지정 목록을 추가한다.

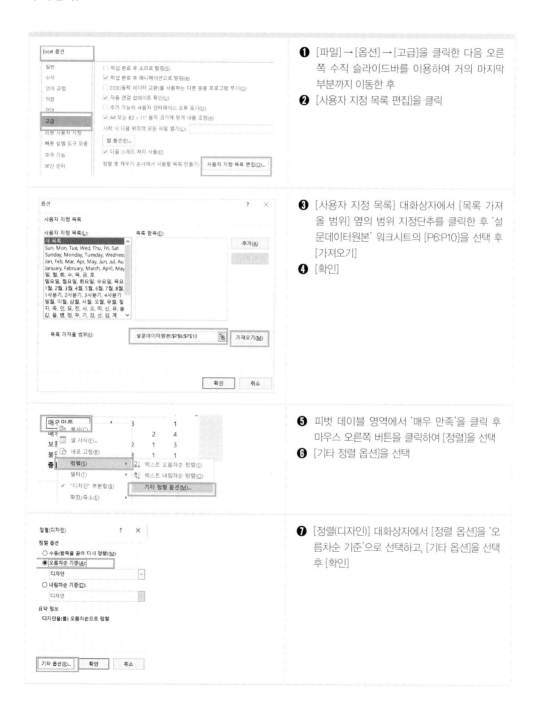

❶ [파일] → [옵션] → [고급]을 클릭한 다음 오른 쪽 수직 슬라이드바를 이용하여 거의 마지막 부분까지 이동한 후
❷ [사용자 지정 목록 편집]을 클릭

❸ [사용자 지정 목록] 대화상자에서 [목록 가져 올 범위] 옆의 범위 지정단추를 클릭한 후 '설 문데이터원본' 워크시트의 [P6:P10]을 선택 후 [가져오기]
❹ [확인]

❺ 피벗 데이블 영역에서 '매우 만족'을 클릭 후 마우스 오른쪽 버튼을 클릭하여 [정렬]을 선택
❻ [기타 정렬 옵션]을 선택

❼ [정렬(디자인)] 대화상자에서 [정렬 옵션]을 '오 름차순 기준'으로 선택하고, [기타 옵션]을 선택 후 [확인]

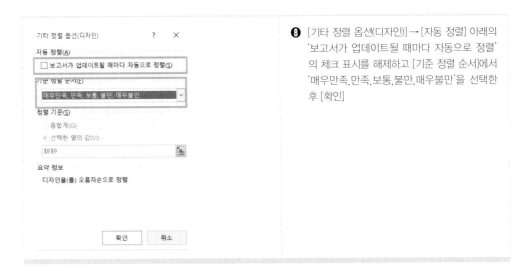

❽ [기타 정렬 옵션(디자인)]→[자동 정렬] 아래의
'보고서가 업데이트될 때마다 자동으로 정렬'
의 체크 표시를 해제하고 [기준 정렬 순서]에서
'매우만족,만족,보통,불만,매우불만'을 선택한
후 [확인]

그림 11-28   사용자 지정 목록 추가

3) [개수 : 디자인] 값 필드 이름 수정

나중에는 가격, 브랜드, 크기 등의 항목을 바꾸어서 분석할 목적으로 필드의 이름을 변경하여
범용성을 가지려고 한다. [Σ 값] 영역에서 [개수 : 디자인]의 필드 설정을 변경한다.

❶ [개수 : 디자인]을 마우
스 오른쪽 클릭한 후
[값 필드 설정]을 클릭

❷ [값 필드 설정]의 대화
상자에서 [사용자 지정
이름]을 '응답수'로 변경
한 후 [확인]

❸ 정리된 화면

그림 11-29   [개수 : 디자인] 값 필드 이름 수정

3. 피벗 차트 그리기

피벗 테이블의 값을 이용하여 피벗 차트를 만들어서 역동성을 포함한 시각화를 구현해 본다.

(1) 피벗 차트 만들기

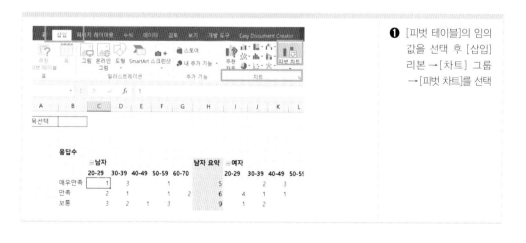

❶ [피벗 테이블]의 임의
값을 선택 후 [삽입]
리본 → [차트] 그룹
→ [피벗 차트]를 선택

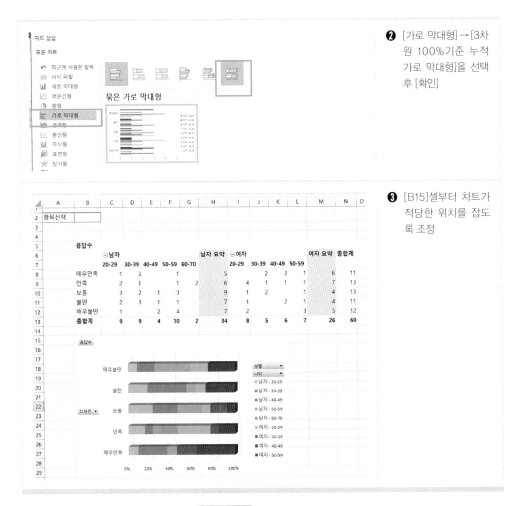

그림 11-30 피벗 차트 만들기

4. 피벗 테이블 필드 변경 매크로 작성

현재는 [디자인] 항목에 대한 만족도를 제시하고 있다. 이제는 매크로를 이용하여 항목을 변경하여 현재의 피벗 테이블과 피벗 차트를 출력하는 매크로를 작성하고자 한다. 다만 매크로 코드에 대한 이해는 이 교재의 범위를 넘기 때문에 코드를 복사하여 붙여 넣는다.

(1) '피벗설문항목선택' 매크로 만들기

[개발 도구]의 매크로를 이용하여 매크로를 만든다.

❶ [개발 도구] 리본
→[코드] 그룹-[매
크로] 탭을 클릭

❷ [매크로 이름]에 '피
벗설문항목선택'을
입력한 후 [만들기]
를 클릭

❸ [편집]을 클릭

❹ 파일 [1102_설문조사_피벗설문항목선택_CODE.txt]를 복사

❺ 소스 코드에 붙여넣기

❻ 창 닫기

그림 11-31 '피벗설문항목선택' 매크로 만들기

(2) 항목 선택 목록 상자 만들기

'피벗 테이블 분석' 워크시트로 이동한다. [B2]셀을 조건부 서식을 이용하여 목록형으로 만든다.

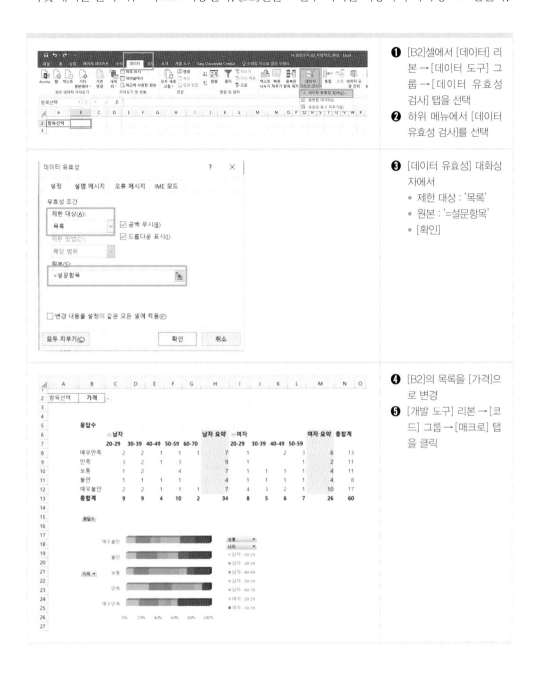

❶ [B2]셀에서 [데이터] 리본 → [데이터 도구] 그룹 → [데이터 유효성 검사] 탭을 선택

❷ 하위 메뉴에서 [데이터 유효성 검사]를 선택

❸ [데이터 유효성] 대화상자에서
- 제한 대상 : '목록'
- 원본 : '=설문항목'
- [확인]

❹ [B2]의 목록을 [가격]으로 변경

❺ [개발 도구] 리본 → [코드] 그룹 → [매크로] 탭을 클릭

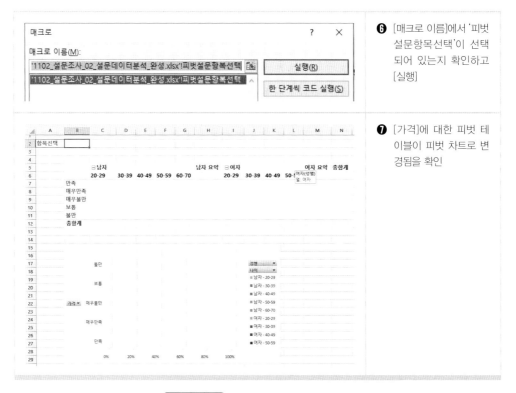

<table>
<tr><td>❻</td><td>[매크로 이름]에서 '피벗
설문항목선택'이 선택
되어 있는지 확인하고
[실행]</td></tr>
<tr><td>❼</td><td>[가격]에 대한 피벗 테
이블이 피벗 차트로 변
경됨을 확인</td></tr>
</table>

그림 11-32 항목 선택 목록 상자 만들기

(3) 매크로 실행을 위한 단추 만들기

매번 이렇게 항목을 바꾸는 것이 번거로우므로 매크로 실행을 위한 단추를 하나 만들어 본다.

❶ [개발 도구] 리본 → [컨
트롤] 그룹 → [삽입] 탭
→ [단추(양식 컨트롤)]
선택

❷ [매크로 이름]에서 '피벗 설문항목선택'을 선택 후 [확인]

❸ 마우스 오른쪽 버튼 클릭 후 [매크로 지정]을 클릭

❹ [텍스트 편집]을 하여 [OK!!!]로 수정

그림 11-33 매크로 실행을 위한 단추 만들기

(4) 매크로 동작을 통한 간편화

이제 [B2]셀에서 목록을 변경 후 [OK!!!] 단추를 누르면 [B21]셀에서 지정한 설문 항목에 해당되는 피벗 테이블과 피벗 차트가 출력되는 것을 확인한다. 이와 같이 번거로운 반복 과정을 매크로를 이용하여 단축할 수 있다.

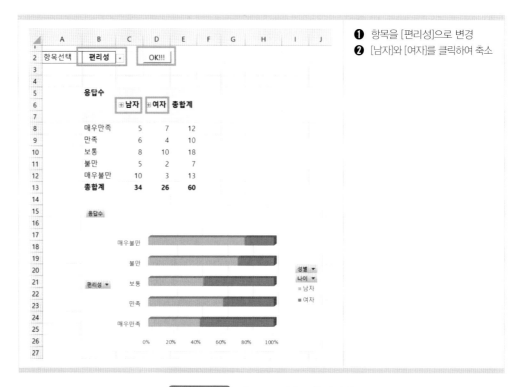

❶ 항목을 [편리성]으로 변경
❷ [남자]와 [여자]를 클릭하여 축소

그림 11-34 매크로 동작을 통한 간편화

제**12**장

R과 연동

제**1**절 R에 대한 이해

1. R 소개

뉴질랜드 통계학 교수인 로버트 젠틀맨(Robert Gentleman)과 로스 이하카(Ross Ihaka)가 1990년 초반에 개발하였고, 2000년 초에 정식으로 발표하였다. R은 통계분석, 데이터 시각화, 데이터 마이닝, 빅데이터, 인공지능 등에 강점을 가지고 있고, 다양한 전공 분야에서 활발히 이용되고 있다.

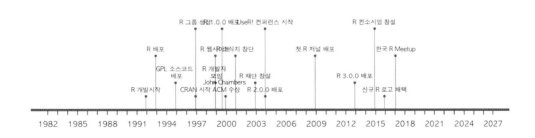

R 연대기

그림 12-1 R 연대기

출처 : https://statkclee.github.io/data-science/ds-r-lang.html

R은 무료라는 최대 장점 외 다음과 같은 장점이 있다.

- 간단한 명령어만으로 복잡한 계산을 수행할 수 있다.
- 패키지(package)라는 추가 기능이 있고, 1만여 개가 넘는다. 이 패키지 안에는 함수 · 예제 데이터 · 예제 프로그램 · 도움말이 있고, 새로운 패키지들이 빠르게 개발되고 배포되고 있어 유용하게 사용할 수 있다.
- 활발한 커뮤니티를 통해 성장할 수 있다. R과 관련된 커뮤니티 자체가 다 같이 참여하여 다 함께 만들어 간다는 생각으로 공유가 활발하여 도움을 주려 한다. 자신이 커뮤니티를 통해 성장했듯이 다른 사람들도 커뮤니티를 통해 성장하기를 바라는 마음이 강하다.
- 풍부한 도움말은 R을 이해하고 학습하는 데 많은 도움을 준다.

그러나 R에 친숙하기 위해서는 R이 사용하는 언어를 이해해야 한다. 또한 자고 나면 업그레이드되는 패키지의 특성으로 지속적으로 새로운 기능을 습득해야 한다. 어쩌면 이러한 살아 움직이는 프로그래밍 언어이기 때문에 더 많은 사람들이 열광한다. 나도 전문가가 될 수 있다는 가능성을 믿기 때문에!

2. RStudio

RStudio는 소프트웨어 개발 과정에서 필요한 코딩(coding), 디버깅(debugging), 컴파일(compile) 과정을 하나로 패키지화한 소프트웨어 통합개발환경(Integrated Development Environment, IDE)이다. RStudio를 사용하기 위해서는 반드시 R이 설치되어 있어야 한다.

제2절   R 데이터 분석을 위한 환경 만들기

R을 설치한 후에 편리한 작업 환경을 위해 RStudio를 추가 설치한다.

모두 공통적으로 다음을 확인한다. 중요한 체크사항이니 꼭 점검한다.

- 컴퓨터의 이름, 사용자 이름, 파일을 저장하는 폴더나 파일 이름을 한글로 하지 않고 영어로 하며, 특수문자나 공백을 포함하지 않는다.
- 자신의 운영체제에 맞는 버전을 설치한다.

1. R의 설치

(1) R 홈페이지에 접속하여 자신의 시스템 운영체제에 적합한 버전을 선택한다.

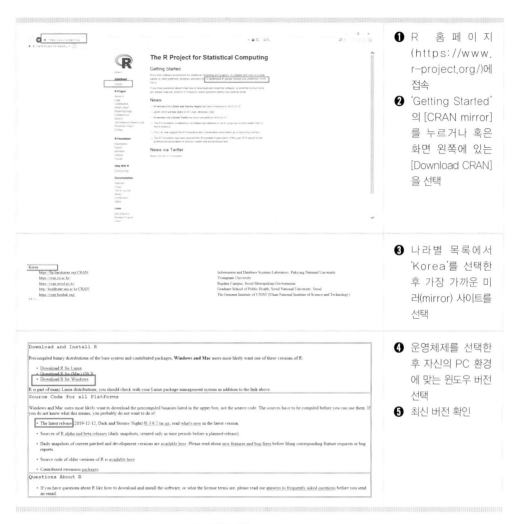

그림 12-2 R 홈페이지 접속

(2) '처음 설치'를 선택 후 설치를 시작한다.

그림 12-3 'R 처음 설치'를 선택 후 설치 시작

(3) 설치 과정 및 설치 완료

아래의 그림 순서대로 진행하여 설치한다. 다만 자신의 운영체제에 맞는 버전을 선택하는 것을 추천한다.

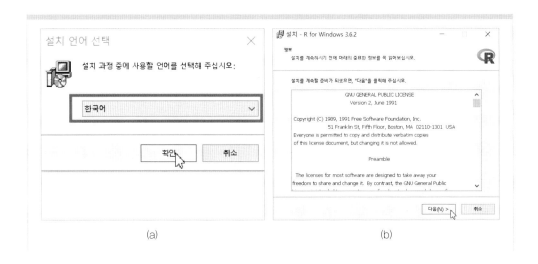

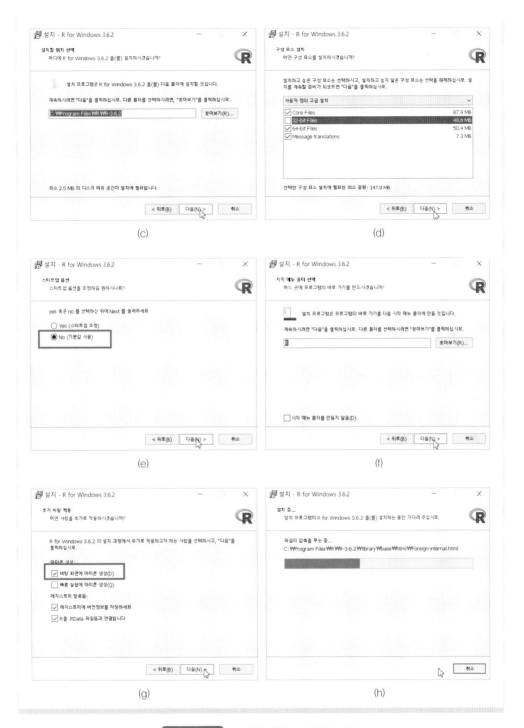

그림 12-4 R 설치 진행 과정 및 완료 화면

(4) 설치 완료의 확인

설치가 완료되면 바탕화면에 R 아이콘이 생성된다.

	❾ 설치된 후 바탕화면의 바로가기 아이콘 확인
	❿ 설치된 후 [시작] 버튼을 클릭하여 R의 설치 확인

그림 12-5 R 설치의 확인

2. RStudio의 설치

RStudio 프로그램은 R을 사용하는 데 편리하고 유용한 기능을 제공하며, R과 동일하게 오픈 소스 버전과 상용 버전 두 가지가 있다. 여기서는 오픈 소스 버전으로 개인이나 기관에서 무료로 사용할 수 있는 것을 설치한다. RStudio는 명령어를 직접 입력하는 방식으로 작동된다.

(1) RStudio 홈페이지에 접속

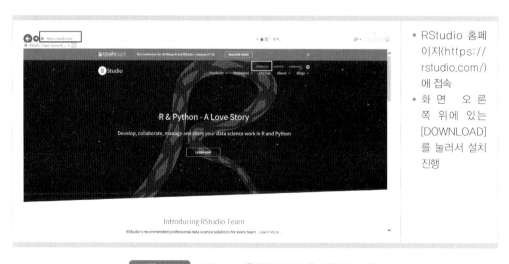

- RStudio 홈페이지(https://rstudio.com/)에 접속
- 화면 오른쪽 위에 있는 [DOWNLOAD]를 눌러서 설치 진행

그림 12-6 RStudio 홈페이지 접속 후 다운로드 시작

(2) 설치

1) 다양한 라이선스 중에서 RStudio 데스크톱 오픈 소스 라이선스 다운로드

데스크톱용 RStudio는 오픈 소스 버전과 상용 라이선스 버전이 있다. 오픈 소스 라이선스는 개인이나 기관에서 무료로 사용할 수 있는 것이고, 상용 라이선스 버전은 매년 995달러의 라이선스 비용을 지불해야 한다. 우리는 RStudio 데스크톱 오픈 소스 라이선스 버전을 선택한다.

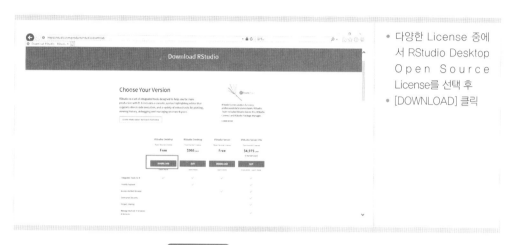

- 다양한 License 중에서 RStudio Desktop Open Source License를 선택 후
- [DOWNLOAD] 클릭

그림 12-7　RStudio 설치 옵션 선택

2) 자신의 PC 환경에 맞게 추천된 버전을 다운로드

자신의 PC 환경에 맞게 추천된 버전을 다운로드한다. 화면을 좀 더 밑으로 내리면 다양한 버전을 설치할 수 있음을 알 수 있다.

- 자신의 PC 환경에 맞는 버전을 추천
- 추천된 버전 다운로드

그림 12-8　PC 환경에 맞게 추천된 버전 다운로드

3) 설치하기

● 설치 팝업 창이 뜨면 [실행] 클릭

그림 12-9 RStudio 설치 시작

● RStudio 설치 완료

그림 12-10 RStudio 설치 완료

제3절 R에서 엑셀 파일 연동하기

1. RStudio와 친해지기

(1) 시작 화면

RStudio 프로그램 화면은 기본으로 4개의 화면으로 구성되어 있다. 프로그램 코딩을 하는 스크립트(Scrip), 명령어를 입력하거나 연산의 결과를 보여주는 콘솔(Console), 객체들을 보여주는 환경(Environment), 파일 경로, 그래프, 도움말을 보여주는 파일(Files)이다.

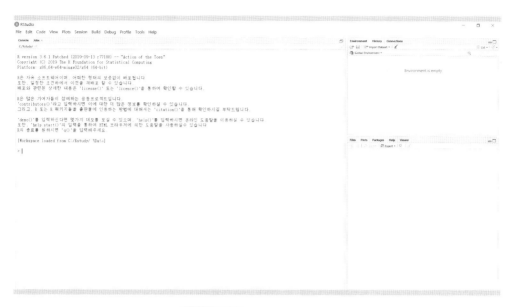

그림 12-11　RStudio 초기화면

표 12-1　RStudio의 기본화면

화면	기능
스크립트	• 코드를 작성하는 창 • Console과 달리 긴 코드 작성에 용이 • 필요한 부분만 선택하여 실행 가능 • 사용한 코드를 별도 파일(.R)로 저장 및 불러오기 가능 • 함수에 대한 자동완성 기능 제공
콘솔	• Console : 코드 실행 및 결과, 오류 확인 등 (R GUI) • Terminal : 운영체제 실행 창 (CMD)
환경	• Environment : 입력된 데이터 세트 확인 • History : 실행한 명령어, 결과 등 확인 • Connections : DB 서버와 연결 관리
파일	• Files : 파일 탐색기 • Plots : 그래프 출력 • Packages : 패키지 관리 • Help : 도움말 • Viewer : 그래프 웹 브라우저 출력

(2) 환경 설정

편리한 작업을 위해서 몇 가지 환경을 설정한다. 한글을 사용하기 위해서 필수로 해야 하는 것과 그 외에는 사용자 편리에 의한 옵션 설정이다.

그림 12-12   RStudio 설치 옵션 선택

1) 한글 사용을 위한 설정

한글의 코딩 처리를 위하여 기본 문자 엔코딩을 UTF-8로 설정한다.

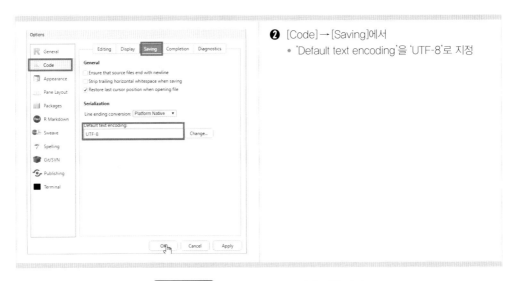

그림 12-13   RStudio 한글 사용을 위한 설정

2) 유용한 환경 설정

작업 디렉토리, 글꼴 및 테마, 자동 줄바꿈 등을 설정할 수 있다.

① 작업 디렉토리 설정

작업 디렉토리의 설정은 매우 중요하다. 자신이 분석의 대상이 되는 데이터, 코딩 소스가 저장되는 곳 등을 정확하게 지정해야만 경로 이탈(파일 경로 에러)이 생기지 않는다.

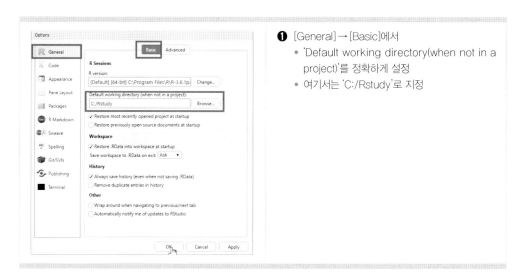

❶ [General]→[Basic]에서
- 'Default working directory(when not in a project)'를 정확하게 설정
- 여기서는 'C:/Rstudy'로 지정

그림 12-14 RStudio 작업 디렉토리 설정

경로를 지정할 때 브라우저 버튼을 누르지 않고 직접 입력할 수 있다. 이때 주의할 점은 R은 폴더를 구분할 때 '\(역슬래시)'를 사용하지 않고 '/(슬래시)'를 사용함에 주의해야 한다.

이 설정을 마친 후 RStudio가 다시 시작될 때 영향을 미치며 현재의 프로젝트에는 영향을 미치지 않는다. 당장 현재의 프로젝트에 영향을 미치기 위해서는 다음과 같이 설정한다.

❷ [Files] 창에서
- 오른쪽 위에 있는 [Go to directory]를 클릭

그림 12-15 작업 경로 설정을 위한 [Go to directory] 선택

많은 학생들이 메뉴의 [Files]로 가는데 거기가 아니다. 파일창은 RStudio의 4개 창 중에서 오른쪽 아래에 있는 창을 말한다.

❸ 파일 탐색기를 이용하여 'C:\Rstudy'를 찾음
❹ [Open] 클릭

그림 12-16 윈도우 탐색기를 이용한 경로 지정

헷갈리겠지만 이 작업은 윈도우 탐색기를 이용하고 있으므로 앞의 설명과 달리 폴더의 구분은 윈도우 탐색기 방식과 일치한다. 다음으로 이 폴더를 작업 디렉토리로 선언해 주면 된다.

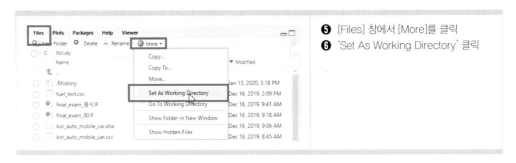

❺ [Files] 창에서 [More]를 클릭
❻ 'Set As Working Directory' 클릭

그림 12-17 작업 디렉토리의 지정

이 과정을 마치면 콘솔 창에 'setwd("C:/Rstudy")'라는 명령이 실행되었음이 나타난다. 또한 [Files] 목록에 해당 파일들의 목록이 보인다. 이 두 가지가 모두 일치해야 정확하게 작업 디렉토리를 잘 지정한 것이다.

(3) RStudio 기초 실행

1) 기초 사용법

RStudio는 콘솔 창과 스크립트 창에서 모두 명령어를 입력하고 실행시킬 수 있으나 거의 대부분 스크립트 창에서 코딩하고 동작을 실행시킨다. 다음 설명은 스크립트 창을 기준으로 한다.

표 12-2 RStudio 기초 사용법

입력 또는 실행	동작
#	주석(comment)의 기능으로 프로그램의 설명. 주석이 있는 뒤 문장은 R에서 지정된 문법을 검사하지 않으며 해석도 하지도 않는다.
;	하나의 명령어는 한 줄에 적으나 한 줄에 두 개의 명령어를 적을 때 하나의 명령어가 끝이 났음을 의미
Enter	다음 줄로 이동
Ctrl + Enter	마우스가 클릭한 줄의 명령어를 실행한다.
대소문자	R은 대소문자를 확실하게 구분한다.

2) 간단한 입력과 실행

변수, 패키지, 연산자 등에 R을 실습하기 위해서 알아야 할 것들이 많지만 그것은 다른 과목에서 배우기로 하고 R로 무엇을 할 수 있는지 간단하게 실습해 본다. 값을 저장하는 곳간을 변수라고 한다. 우리는 그 변수에 특정한 값을 저장한 뒤에 간단하게 산술연산을 해볼 것이다.

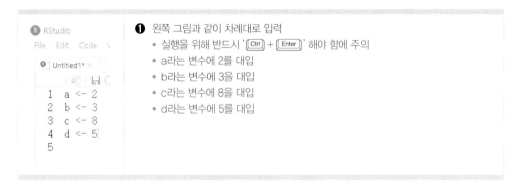

그림 12-18 RStudio 값 입력

R에서는 '<-'기호를 대입연산자(assign operator)라고 한다. 키보드를 이용하여 그 순서대로 '<(부등호)'를 먼저 입력한 후에 '-(하이픈)'을 입력하면 되나 단축키인 'Alt + -'을 동시에 눌러 사용한다. a와 b를 더하고, c를 b로 나누고, c와 d를 곱해 본다.

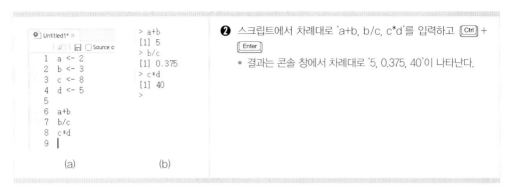

그림 12-19 간단한 사칙연산

2. 엑셀 파일 연동하기

분석하고 싶은 데이터는 대체로 문자(txt), 콤마 구분값(CSV), 엑셀 파일 형태로 저장되어 있다. 여기서는 가장 빈도가 높은 CSV 파일과 엑셀 파일을 열고 저장하는 것을 학습하고자 한다. 많은 다양한 열기 옵션이 있지만 우리는 가장 간단한 형태를 추구한다. 그 이상은 빅데이터 연계 전공의 '빅데이터분석개론', 경영정보학과의 '빅데이터분석'과 같은 과목에서 학습할 것을 권장한다.

(1) 파일 열기

빅데이터의 분석을 위해서 CSV 형태와 엑셀 파일 형태로 보관된 원시 데이터를 열어서 R에서 분석한다. CSV 파일을 여는 방식과 엑셀 파일을 여는 방식은 유사하지만 약간의 차이가 있다.

여기서 우리는 몇 가지를 더 알아야 한다. R은 공개된 소프트웨어이며 패키지들의 집합이다. 이 패키지들이 필요에 의해서 수시로 만들어지고 또 업그레이드되고 있다. 이 패키지를 스마트 폰의 앱이라고 이해하면 쉽다. 스마트폰에 수많은 앱이 생겨나고 또 업그레이드나 업데이트되고 있지 않은가? 스마트폰에서 앱을 사용하기 위해서 앱을 설치하듯이 R에서 특정한 패키지를 이용하기 위해서 사전에 패키지를 설치해 두어야 한다.

스마트폰 구입 때 앱이 기본 설치되어 있는 것처럼 CSV 패키지는 기본 내장이다. 그래서 그냥 열어서 사용하면 된다. 그러나 엑셀을 열기 위하여 패키지를 설치해야 한다. 저장을 위해서 또 패키지를 설치해야 한다. 하나씩 학습해 보자.

1) CSV 파일 열기

CSV(Comma Separated Value)는 엑셀 데이터의 특별한 형태로 콤마로 구분된 데이터이다. 나의 작업 디렉토리에 있는 'csv_exam.csv' 파일을 열어서 'csv_exam'이라는 데이터 세트에 저장하게 할 것이다.

먼저 작업 디렉토리에 'csv_exam.csv' 파일이 존재하는지 확인한다. CSV 파일이 저장된 경로가 작업 디렉토리가 아닌 다른 곳이라면 경로를 지정해 주어야 하며, 앞에서 언급한 것처럼 R에서는 폴더의 구분을 위해 슬래시(/)를 이용한다. C드라이브의 working 폴더 아래에 CSV 파일이 있다면 'csv_exam <-read.csv("c:/working/csv_exam.csv", header = T)'와 같이 적어 준다.

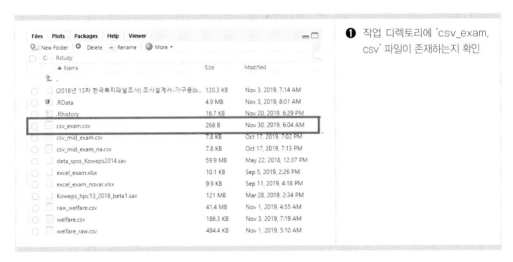

❶ 작업 디렉토리에 'csv_exam. csv' 파일이 존재하는지 확인

그림 12-20 작업 디렉토리에 'csv_exam.csv' 파일이 있는지 확인

- 데이터 세트 이름[①] <- read.csv("파일 이름[②]", header = T[제목 포함 여부 ③])
- csv_exam <-read.csv("csv_exam.csv", header = T)

표 12-3 CSV 파일 읽기 명령문

데이터 세트 이름[①]	CSV 파일을 읽어서 R에서 저장할 데이터 세트의 이름
파일 이름[②]	CSV 파일의 이름(경로 포함)
header = T[제목 포함 여부 ③]	CSV 파일에 제목이 포함되어 있으면 T(TRUE), 없으면 F(FALSE)

이 명령이 성공하면 R의 [Environment] 창의 [Data]와 [Values]에는 다음과 같은 값들이 표시된다.

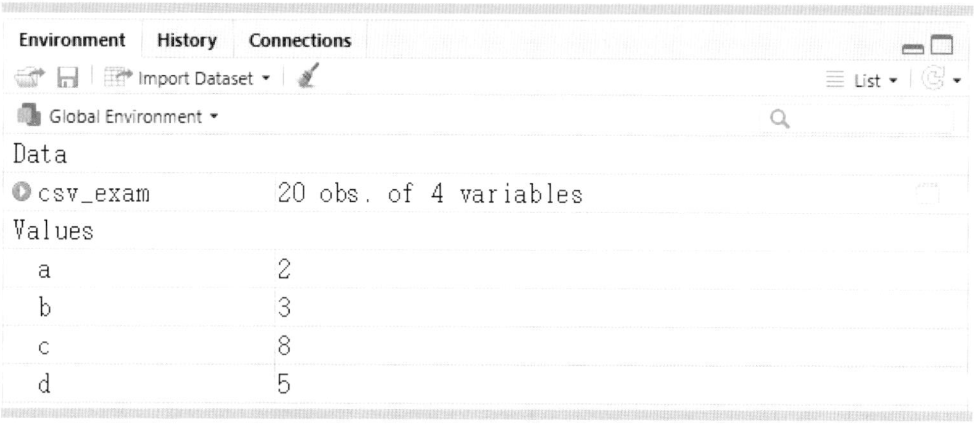

그림 12-21 'csv_exam' 파일을 열고 난 후의 [Data] 표시

2) 엑셀 파일 열기

엑셀 파일을 열기 위해서는 패키지를 설치해 주어야 한다. 패키지는 예제 데이터(data), 함수(function), 예제(example)를 포함하고 있다. 패키지는 한 시스템에 딱 한 번만 설치해 주면 되며, 필요할 때마다 library(패키지명)의 과정을 통해서 호출한다. 패키지를 설치할 때는 반드시 인터넷에 연결되어 있어야 한다. 패키지의 크기에 따라서 시간이 걸리기도 한다. R이 동작 중일 때는 콘솔 창의 제목 오른쪽에 '빨강' 불이 들어온다. 이 '빨강' 불이 들어오면 작업 중이라는 의미이다.

- install.packages("readxl")
- library(readxl)

패키지를 설치할 때는 큰따옴표(" ")로 불러올 패키지 앞뒤를 감싸지만 라이브러리를 이용한 호출 과정에서는 따옴표가 없음에 주의해야 한다.

엑셀 파일을 열기 위해서 readxl 패키지의 read_excel() 함수를 사용한다.

- 데이터 세트 이름[①] <- read_excel("path[②]", sheet = [시트의 위치]③, col_number = T[제목 포함 여부 ④])
- excel_exam <- read_excel("excel_exam.xlsx", col_number = T)

표 12-4   엑셀 파일 읽기 명령문

데이터 세트 이름[①]	엑셀 파일을 읽어서 R에서 저장할 데이터 세트의 이름
path[②]	엑셀 파일의 이름(경로 포함)
sheet[③]	불러올 엑셀 파일이 존재하는 여러 개의 워크시트 중에서 몇 번째 인지를 지정
col_number = T[제목 포함 여부 ④]	엑셀 파일에 제목이 포함되어 있으면 T(TRUE), 없으면 F(FALSE)

CSV 파일을 열 때와 지정하는 파라미터가 다르다. 이것은 스마트폰의 내비게이션마다 다르게 메뉴가 있는 것과 동일한 방법이다. 패키지마다 각자 다른 개발자가 있기 때문이다. 가능한 이전 패키지와 동일성을 유지하려고 노력하지만 그렇지 않은 경우에는 파라미터 지정이 다르다. 헷갈리면 도움말을 열어서 확실하게 확인하면 된다. R에서 도움말은 [Files] 창의 [Help]를 클릭하여 찾아볼 수 있다.

이 명령을 실행하고 나면 R의 [Environment] 창의 [Data]와 [Values]에는 다음과 같은 값들이 표시된다.

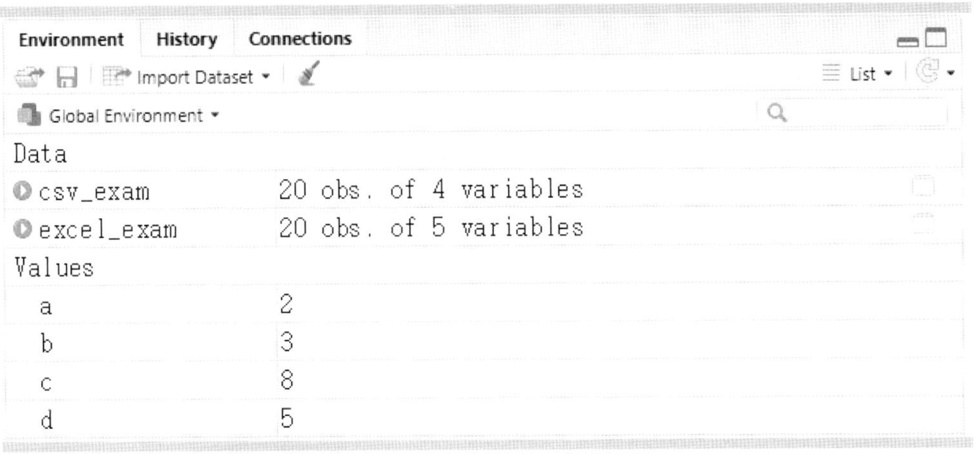

그림 12-22   'excel_exam' 파일을 열고 난 후의 [Data] 표시

불러온 외부 데이터를 보기 위한 방법은 여러 가지가 있으나 우리의 예처럼 크지 않은 데이터는 자신의 이름을 불러서 실행하면 된다.

- csv_exam
- excel_exam

실행 결과는 콘솔 창에 나타난다.

```
> csv_exam                          > excel_exam
  class math english science        # A tibble: 20 x 5
1     1   50      98      50             id class  math english science
2     1   60      97      60          <dbl> <dbl> <dbl>   <dbl>   <dbl>
3     1   45      86      78        1     1     1    50      98      50
4     1   30      98      58        2     2     1    60      97      60
5     2   25      80      65        3     3     1    45      86      78
6     2   50      89      98        4     4     1    30      98      58
7     2   80      90      45        5     5     2    25      80      65
8     2   90      78      25
```

그림 12-23 'csv_exam', 'excel_exam'의 내용 보기

3. R 저장하기

파일을 저장할 때 한글이나 특수문자를 포함하지 않는 것이 좋다. 또한 대소문자를 구분하므로 이를 유의해야 한다. 우리는 첫 번째 R의 실습이므로 'ex01'이라고 저장한다. R은 저장할 때 현재 작업 디렉토리, 생성된 데이터 세트, 변수 등을 모두 저장할 수 있다. R의 확장자는 '파일명.R'과 같다.

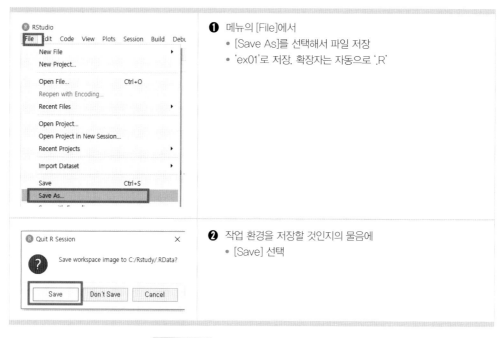

❶ 메뉴의 [File]에서
  • [Save As]를 선택해서 파일 저장
  • 'ex01'로 저장. 확장자는 자동으로 '.R'

❷ 작업 환경을 저장할 것인지의 물음에
  • [Save] 선택

그림 12-24 [File]-[새이름으로 저장하기]

저장한 R파일을 열면 이전의 작업 환경을 계속해서 이용할 수 있다.

그림 12-25 저장한 'ex01.R' 파일을 연 후의 화면-환경 설정을 포함하고 있음을 확인

제4절 간단한 통계처리

R은 정형·비정형 빅데이터의 분석에 특화된 프로그래밍 언어이다. 많은 분석이 가능하지만 간단하게 집단 간 비교와 회귀분석을 실시해 본다. 실제 분석에는 데이터를 열어서 구조를 확인한 후 결측치와 이상치에 대한 처리를 한 후에 분석을 위한 전처리(필요한 변수의 생성) 과정을 거치는데, 여기서는 모든 것을 생략하고 약식으로 진행한다.

1. 파일 열기

분석을 위해 'readxl' 패키지를 로딩하고 'excel_exam.xlsx' 엑셀 파일을 'sample' 데이터 세트에 보관한다.

- library(readxl)   #엑셀 파일 열기 패키지를 로딩
- sample <-read_excel("excel_exam.xlsx")

  #'excel_sample.xlsx' 엑셀 파일을 'sample' 데이터 세트에 보관

2. 집단 간 비교 : T-test, 분산분석

(1) 독립표본 두 집단 간 평균의 비교

등분산에 대한 검증 실시 후 T-test를 실시한다.

1) 등분산 검정

두 집단의 분산은 같다는 귀무가설의 검정을 다음과 같이 실시한다.

- var.test(양적자료 ~ 질적자료, data)
- var.test(total ~ sex, data=sample)   #성별에 따른 성적 등분산 검정

```
> var.test(total ~ sex,data=sample)

        F test to compare two variances

data:  total by sex
F = 1.3585, num df = 6, denom df = 12, p-value = 0.6122
alternative hypothesis: true ratio of variances is not equal to 1
95 percent confidence interval:
 0.3643706 7.2899363
sample estimates:
ratio of variances
         1.35848
```

그림 12-26 성별에 따른 소득의 등분산 검정

남녀 두 집단에 대한 total(성적 총점) 척도의 분산이 동일한지 F-검정 결과를 보면 된다. F-검정에 대한 유의확률이 0.6122로 사회과학에서 일반적으로 설정하는 유의수준 0.05보다 크다. 이는 '남녀 두 집단의 성적에 대한 분산이 동일하다'는 귀무가설을 채택할 수 있음을 의미한다. 그러므로 등분산을 가정한 T-test를 하면 된다.

2) 두 집단 간의 비교 : T-test

- t.test(양적자료 ~ 질적자료, data)
- t.test(total ~ sex, var.eqaul = F, data=sample)   #성별에 따른 성적 비교

```
> t.test(total ~ sex, var.eqaul = F,  data=sample)

        Welch Two Sample t-test

data:  total by sex
t = 0.60513, df = 10.847, p-value = 0.5575
alternative hypothesis: true difference in means is not equal to 0
95 percent confidence interval:
 -24.63387  43.27123
sample estimates:
mean in group 1 mean in group 2
      207.8571        198.5385
```

그림 12-27 성별에 따른 성적 합계 차이 T-test

독립표본 T-test 결과, 유의확률이 0.5575로서 0.05 수준을 상회한다. 이는 '남녀 두 집단의 성적 평균은 동일하다'는 귀무가설을 채택할 수 있음을 의미한다. 따라서 유의수준 5%에서 남녀 두 집단의 성적 평균은 차이가 없다고 볼 수 있다.

(2) 분산분석–학급에 따른 성적의 차이 비교

거주지에 따라서 소득 수준이 동일하다는 귀무가설을 검정한다.

- 분산분석 결과물 = aov(양적자료 ~ 질적자료, data=데이터명)
- result_var <-aov(total ~ class, data=sample) #거주지와 소득에 대한 차이 검정
- summary(result_aov)

```
> result_var <- aov(total ~ class, data=sample)
> summary(result_aov)
              Df Sum Sq Mean Sq F value Pr(>F)
sample$class   1    222   221.6   0.247   0.62
Residuals    186 166888   897.2
```

그림 12-28 학급에 따른 성적 차이 검정

분산분석의 결과, 유의확률이 0.62로서 0.05 수준을 상회한다. 이는 '학급별로 소득평균은 동일하다'는 귀무가설을 채택할 수 있음을 의미한다. 따라서 대립가설인 학급별 소득평균에는 차이가 없다고 볼 수 있다.

3. 회귀분석

회귀분석은 인과관계를 파악하는 방법으로 독립변수(설명변수)가 종속변수(반응변수)에 통계적으로 유의한 영향을 미치는지, 영향을 주면 얼마나 주는지를 분석하는 방법이다. 독립변수 1개로 종속변수 1개를 설명하는 것을 단순회귀분석, 독립변수 k개로 종속변수 1개를 설명하는 것을 다중회귀분석이라고 하는데, 여기서는 단순회귀분석만 실시한다.

(1) R에서 회귀분석

- 회귀분석 결과물 = lm(종속변수 ~ 독립변수, data = 데이터명)
- summary(회귀분석 결과물)

- reg <- read_excel("regression_sample.xlsx") #분석을 위한 엑셀 파일 열기
- result_lm <- lm(x ~ y, data=reg)
- summary(result_lm)

```
> result_lm <- lm(x ~ y, data= reg)
> summary(result_lm)

Call:
lm(formula = x ~ y, data = reg)

Residuals:
     Min       1Q   Median       3Q      Max
-1.04142 -0.43480 -0.03178  0.19905  1.70381

Coefficients:
            Estimate Std. Error t value Pr(>|t|)
(Intercept) 16.404181   1.317667   12.45 1.62e-06 ***
y            0.082804   0.006545   12.65 1.43e-06 ***
---
Signif. codes:  0 '***' 0.001 '**' 0.01 '*' 0.05 '.' 0.1 ' ' 1

Residual standard error: 0.8798 on 8 degrees of freedom
Multiple R-squared:  0.9524,    Adjusted R-squared:  0.9465
F-statistic: 160.1 on 1 and 8 DF,  p-value: 1.431e-06
```

그림 12-29   단순 회귀분석 예제

회귀분석의 결과 회귀모형은 타당하며(F 값 160.1, <0.01), x라는 독립변수가 y라는 종속변수에 통계적으로 유의한 영향을 미치고 있다. 독립변수가 종속변수를 설명하는 정도는 94.65%이다.

(2) 엑셀에서 분석

R의 결과와 엑셀에서의 결과를 비교해 본다.

1) 파일 열기

[regression_sample.xlsx] 파일을 연다.

2) 데이터 분석 실행

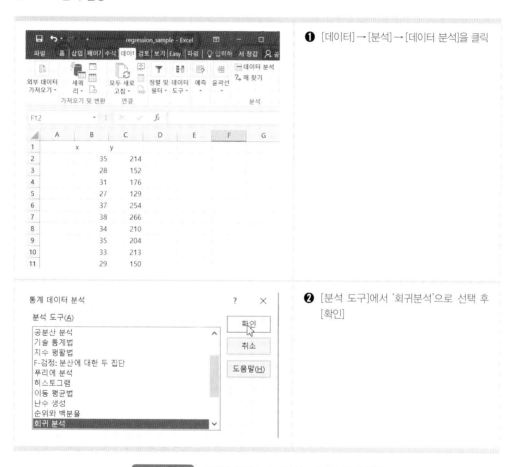

❶ [데이터] → [분석] → [데이터 분석]을 클릭

❷ [분석 도구]에서 '회귀분석'으로 선택 후 [확인]

그림 12-30 엑셀에서 단순 회귀분석-데이터 분석 실행

3) 회귀분석 대화상자에서 값을 입력

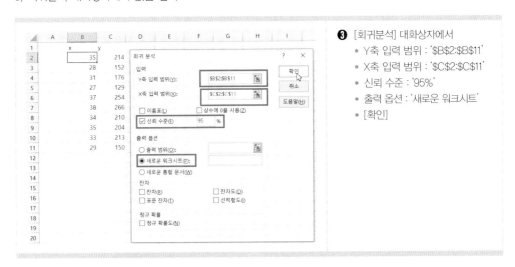

❸ [회귀분석] 대화상자에서
- Y축 입력 범위 : '$B$2:$B$11'
- X축 입력 범위 : '$C$2:$C$11'
- 신뢰 수준 : '95%'
- 출력 옵션 : '새로운 워크시트'
- [확인]

그림 12-31 엑셀에서 단순 회귀분석-데이터 분석을 위한 설정

4) 분석 결과

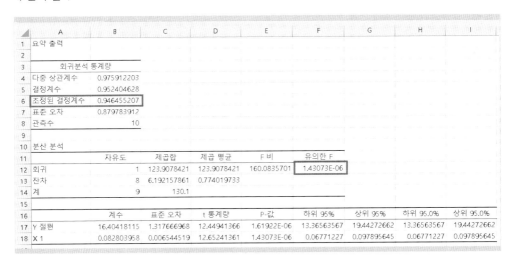

그림 12-32 엑셀에서 단순회귀분석 결과

엑셀을 통한 단순회귀분석 결과 R의 분석 결과와 엑셀의 분석은 모두 동일함을 알 수 있다.

찾아보기

지은이 소개

서창갑
동명대학교 경영정보학과 교수

김진백
동명대학교 유통경영학과 교수

박영재
동명대학교 경영정보학과 교수

신미향
동명대학교 경영정보학과 교수

정기호
동명대학교 경영정보학과 교수

정이상
동명대학교 경영학과 교수

황종호
동명대학교 경영정보학과 교수

김정인
동명대학교 컴퓨터공학과 교수